JN071528

日本における大学の自治と政策

小池聖一 著

現代史料出版

はじめに

第二次世界大戦の敗戦により、大学令の第一条において、「大学ハ国家ニ須要ナル学術ノ理論及応用ヲ教授シ並其ノ蘊奥ヲ攻究スルヲ以テ目的トシ兼テ人格ノ陶冶及国家思想ノ涵養ニ留意スヘキモノトス」とされた日本の大学も大きく変わることとなった(1)。

その変化とは、国家主義から民主主義へ、エリート教育から大衆教育へ、象牙の塔から社会に開かれた大学への変化であった。システムも、ドイツ型から、アメリカ型への変更であったのであるが、これらの変化を、大学人と呼ばれた大学教員が受け入れた訳ではなかった。

また、戦後、日本国憲法の第二三条で「学問の自由は、これを保障する」と簡単に記載され、さも当たり前のように学問の自由は獲得されたが、これを保障するシステムとしての大学の自治には、解釈と認識に大きな幅があった。

本書は、大学の自治と大学人(大学教授・知識人)に焦点をあて、過去と現在を通じて未来の高等教育機関・大学を考察するものである。

学問の自由が最初に問題となったのは、大正九(一九二〇)年の森戸事件であった。森戸事件で学問の自由がはじめて問題となり、大学の自治が必要であると認識された。東京帝国大学・京都帝国大学で慣習として成立したとされる大学の自治であるが、戦前期、日本の大学の自治は、学問の自由を守ることはできなかった。

敗戦後、日本は、連合国の占領下で民主化を行った。六・三制に代表される教育機会の均等・拡大とともに、高等教育機関である大学も民主化（国立大学の州立大学化）として教育刷新委員会で審議された。しかし、大学法・大学管理法が成立しなかったため、大学人が固執した帝国大学以来の教授会自治で運営したが、大衆化した大学には対応できなかった。その機能不全が白日のもとにさらされたのが大学紛争であった。

そして、戦後教育改革を未完のままとさせつつ、国立大学法人化がなされたが、より、問題は深刻化しているのではないだろうか。そして、第四次産業革命という新たな科学の革新が世界を大きく変えようとしているなかで、日本の大学にとって真に必要なものが何なのかは、本当は既に明らかになっているのではないだろうか。

本書の第一部「大学の自治と大学人」は、大学人・知識人に焦点をあてつつ、日本における大学の自治と教育を歴史的に明らかにするものである。第一部で分析視角の中心に置くのは、森戸辰男である。森戸は、森戸事件の被告であり、河合栄治郎との大学顛落論争において大学を社会制度として位置づけ、労働者教育を実践し、戦後、文化国家論をもって教育刷新委員会委員、文部大臣、広島大学長、中央教育審議会主査・会長として教育改革・大学問題の最前線に居続けた人物である。この森戸を中心として分析することは、戦前・戦後を通じて、学問の自由と大学の自治が、社会制度として存在し、新制大学教育が、教養・一般教育による人間の育成を基盤として成立していたことを明らかにすることとなる。

第二部「国立大学法人化」では、第一部で明らかにした新制大学の本質をもとに、第一部に引き続き、管理運営に着目しつつ、国立大学法人化の過程と法人化後の実態について明らかにする。それは、高等教育において最も大切である学生を人間としてではなく人材にし、高等教育機関ならざる研究機関と化さしめて迷走する国立大学の実態を明らかにすることとなる。

そのうえで、第三部「第四次産業革命下の大学」では、地方（ローカル）の視点を加え、高度大衆社会のなかでの高等教育機関としての大学を、戦後教育改革の延長線上に、国立・公立・私立大学を含めた総体として再整理した政策を提案することとしたい。

占領期と第三の教育改革、そして、今日は、類似した環境下にある。第二次大戦後は、原子爆弾による人類滅亡が想定され、そして、第三の教育改革時は高度情報時代の到来による人間の疎外が、そして、第四次産業革命の今日は、ＡＩ等の発達によって人間性の回復が必要となっている。科学主義による創造と破壊のなか、三つの時代に通底する教養教育・人間の育成こそが大学の使命であるとするのが本書のテーマである。

注

（1）大正七（一九一八）年一二月六日勅令第三八八号、https://www.mext.go.jp/b_menu/hakusho/html/others/detail/1318056.htm。

日本における大学の自治と政策　目次

第二部　国立大学法人化

第一部　大学の自治と大学人

東京帝国大学最後の総長であり、新制東京大学の初代「総長」南原繁は、[1] 昭和二四(一九四九)年一二月九日、アメリカ教育評議会主催、国務省協力のもとに行われた被占領諸地域を対象としたワシントン教育会議で演説を行った。[2] このなかで、南原は、世界的な大学の危機の原因を、原子爆弾を生んだ原子力を一例に「科学主義」に求めた。南原は、科学主義が「自然主義哲学の児として生まれたものであるが、これがいまや傲岸にも人類一切の問題、世界一切の困難に対して、自然科学的方法のみが正当な解決を提供しうるものと過信しております」と述べ、この危機を克服するためには「人類相互の諸関係における内的統一と、その精神と自然との調和をいま一度恢復することにより、近代文明に生命を注入するような、そうした文化的理想を創造すること、これに措いて他にないと私は思う」とした。さらに、「近代人に共通なる欠点はかならずしも専門的知識あるいは職業的鞭撻の不足に存するのではなく、ただ根本的意味における教養の欠乏にあるのであります。精密なる科学的理論や技術の進歩にもかかわらず、人生や世界に関しては、かれらは実に恐ろしく無知であります。現代ヨーロッパのある著名な思想家は、かかる近代人を批評するにあたって、「新しい野蛮人」の出現について語りました。[3] まことに有史以来その比を見ない文明および科学の発達にもかかわらず。一方にははなはだしく残忍野蛮が、しかも組織的な形態において、前者と正比例して増大し来ったことを思うならば、この標語には若干の真理があるかに思われるのであります」と述べた。

戦争による科学の進歩は、人類を幸福にするのではなく、広島・長崎への原子爆弾の使用に象徴される人類滅亡を導くものであった。「大学の危機」とは、「大学人」が戦争を抑止できなかったばかりか、その残虐性を助長したのであり、そのことに「恐ろしく無知」であったことこそが、理性と学問の府としての大学の危機であると南原は訴えたのである。

南原繁をはじめ当時の知識人は、行き過ぎた科学主義がもたらした戦争の惨禍を人類滅亡の危機ととらえ、戦争を抑止するものとして文化を対置した。そして、行き過ぎた科学主義を制御するものとして教養の必要性を説いたのであった。

第一部では、この科学主義と「新しい野蛮人（近代の野蛮人）」の存在を底流に置きつつ、大学人（知識人）の変容を、戦前と戦後における大学の自治の推移・大学改革の過程として明らかにする。特に本書では、大学の管理運営と教養教育に焦点をあわせて分析することとしたい。

それは、大衆化した大学と大学人にとっては、失われたものを知る過程であるだけでなく、自ら放擲していった過程であることも理解できるだろう。同時に、大学改革の本質的な理念と、未完の戦後教育改革として今も続く大学改革の意味を理解することになるのではないだろうか。

注

（1）あえて、「総長」とした理由は、法科大学、工科大学等の単科大学の集合体としての旧帝国大学では、各単科大学学長の上に、総長が存在した。しかし、学校教育法（昭和二二（一九四七）年三月三一日法律第二六号）において、学部制が導入されたことにともない、第九二条で「学長」となっている。にもかかわらず、東京大学は、総長との名称にこだわり、昭和二四年七月四日の第五七回新大学制実施準備委員会で「東京大学の場合は慣行通り「総長」の名称を用いることが確認されている」（東京大学百年史編集委員会編『東京大学百年史』通史三、一九八六年、一一一頁）。大学内では総長であるが、本来は学長であった。他の旧帝国大学でも、東大にならって総長としている。

（2）南原繁「日本における教育改革の理想」『中央公論』第六五巻第三号、一九五〇年三月。

（3）「12「専門主義」の野蛮性」ホセ・オルテガ・イ・ガセット『大衆の反逆』白水社、二〇〇九年。

第一章　大学の自治の戦前と戦後

日本で最初に、学問の自由と大学の自治が問われたのは、大正九（一九二〇）年の森戸事件である。この事件の被告、森戸辰男は、日本で最初に学問の自由に殉じた者となった。

学問の自由とは、研究・講義などの学問的活動を外部、主に国家からの介入や干渉を受けないで自由に行うことである。欧米では、市民的自由とともに、一九世紀に確立され、市民的自由が不十分であったドイツでも、一八四九年のフランクフルト憲法で保障されることになった。学問の府である大学で、この学問の自由を保障するシステムとして設けられたのが大学の自治である。ドイツの影響を受けた日本の大学・帝国大学では、大学の自治を慣習として成立させていった。しかし、大日本帝国憲法において学問の自由は記述がなく、高等教育の拡張を図った原敬内閣のもとで公布された大学令（大正七年一二月六日勅令第三八八号）でも、学問の自由は保障されず、大学令第一条「国家ノ須要ナル学術ノ理論及応用」を教育・研究する場所とされたのであった。このため、学問の自由は、著しく制限されたままであったのである。

このようななかで起きた森戸事件で被告となった森戸辰男は、明治四三（一九一〇）年七月、第一高等学校から東京帝国大学法科大学経済学科に進学し、大正五（一九一六）年に助教授となっている。専門は、ドイツ歴史学派に基づく、社会改良主義的な社会政策であった。森戸は、事件後、大原社会問題研究所に移り、研究を継続するとともに同研究所運営の中心であった。そして、大阪労働学校等で労働者教育に挺身し、雑誌等で積極的な言論活動も行ったのである。

一方、戦後の森戸は、文化人・社会党代議士として日本国憲法の制定に、(1)片山・芦田両内閣の文部大臣として戦後教育改革に深く関与した。その後、広島大学長、日本育英会長、そして、中央教育審議会の主査・会長として活躍、「ミスター中教審」とも呼ばれた。森戸は、中央教育審議会、昭和三八（一九六三）年一月二八日答申「大学教育の改善について」（三八答申）、昭和四六年六月一一日答申「今後における学校教育の総合的な拡充整備のための基本施策」（四六答申）を主導し、戦後教育改革の再定着に尽力した人物でもある。(2)

戦前の森戸は、学問の自由と大学の自治に挺身した学徒であり、戦後は、大学の自治を抑圧したとされ、戦前・戦後における森戸の立ち位置、およびその思想と行動を、「変節」(3)、戦後だけでも「変身」(4)と評する者がいる。

本章は、森戸辰男を通じて、学問の自由と大学の自治の戦前・戦後の連続性について考察することで、日本における学問の自由と大学の自治の位相を明らかにしたい。

I　戦前森戸の学問の自由と大学の自治

戦前期、実質的に森戸事件に始まる学問の自由と大学の自治をめぐる問題は、政府と大学との関係について東京帝国大学・京都帝国大学を中心に展開した。確かに、学問の自由と大学の自治を連関させ、前者のため、後者の自治の慣行を積み上げてきたのは両校であった。(5)しかし、一般に大学問題への関心を広げたのは、森戸辰男であった。

1　森戸事件における学問の自由と大学の自治

戦前期の学問の自由と大学の自治を象徴する最初の事件は、森戸事件である。(6)森戸事件は、森戸が大正八（一九一九）年一二月、論文「クロポトキンの社会思想の研究」を東京帝国大学経済学部の機関誌『経済学研究』に発表し、これに対して東京帝国大学内の興国同志会が危険思想であると非難したことに端を発する。政府も同論文を危険視し、森戸は、大正九年一月一四日、新聞紙法第四二条朝憲紊乱罪によって起訴されて大学を休職となった。そして、同年一〇月二日、有罪が確定したことで大学を追われたのであった。

森戸事件には、二つの意味があった。一つは、学問の自由をめぐる問題である。森戸事件とは、大正七年一二月六日に公布された大学令第一条の「国家思想」に、森戸が無政府主義の研究を通じて学問の自由を対置したことを意味していた。いま一つは、経済学部の教授会が森戸の休職を承認したように、外圧に屈し、東京帝国大学が森戸の身分を守らなかったこと、すなわち大学の自治が機能しなかったことである。

しかし、森戸は、当事者の一人として事態収拾に奔走した山川健次郎総長の努力を高く評価し、「筋目を正して事を処理しようとされた尊敬すべき人物」と回顧しているように(7)、大学の自治の問題とはしていない。森戸が起訴にともない休職となったことを「云ひ度いことがないでもないですが、総ては世論と当局の意向を明確に知る事が出来た上で弁駁する必要があれば弁駁もしようし、或は黙過するかも知れません、私としてはあの事は決して罪悪だとも考へないのみか、寧ろ人間として云ふべきことを云つたまでのことです」と(8)、学問の自由をめぐる問題として考えていた。判決も、クロポトキンの研究が「我国家の存立を危殆ならしむる虞」がある……それも東京帝国大学の教官が書いた……ことが問題であったように学問の自由が問題であった。

2　「大学顚落論」論争にみる学問の自由と大学の自治(9)

その後、大原社会問題研究所員であった森戸が大学を本格的に問題としたのは、河上肇京都帝国大学経済学部教授の辞職からであった。河上辞職の発端は、共産党事件にともない文部省が左傾教授の休職処分を京都帝国大学に要求したことにあった。荒木寅三郎総長はこれをうけて河上肇に辞職を求め、同大経済学部教授会も辞職要求に同意することを決議した。[10] 河上は、決議と同じ日の昭和三（一九二八）年四月一六日、「毫も辞職の必要を認めざるものなれども、既に教授会の議を経て総長より辞職の勧告を受けたる以上、総長及び余の属する学部の意思を尊重すべきものと認め、茲に辞意を決定するに至れるものとす」として大学を離れた。[11]

森戸は、河上肇辞任一年後の昭和四年六月二九日、京都帝国大学で行った講演を、雑誌『改造』に「大学顚落論」（昭和四年九月）として書いている。森戸は、思想善導の帰結として、大学がマルクス主義に対する「反動的思想機関となりさがりつつある」とした。[12] 森戸は大学を部分社会として位置づけて現状を説明するとともに、「現社会の根本的認識においてはプロレタリア社会科学のブルジョア社会科学に対する優越は絶対的である」との確信を持っていた。この森戸の「大学顚落論」に河合栄治郎東京帝国大学経済学部教授が反論を行った。[13] 河合は、大学の転落を防ぎ、再建するためには「自由主義の傾向を促進するの外に路はない」とし、「その場合に自由主義者をして援助を躊躇せしめる失態を醸さないことが、マルクス主義者の義務」とした。[14] これへ森戸が『帝国大学新聞』紙上で反論したことによって、顚落論争が始まった。

森戸と河合は、ともに、第一高等学校で新渡戸稲造校長の薫陶をうけ、また雄弁部の先輩・後輩であり、森戸事件によって森戸が東大を免職となり、大原社会問題研究所に移ったあと、河合が農商務省から東大に異動してきたという関係にあった。その両者による論争は、昭和初期知識人の水準を示し、往々にして人事や、個人的な感情に矮小化される傾向のある日本において、堂々としたものであった。

森戸は、「大学の運命と使命」を表し、河合に対して「大学の顚落」を「考察分析の誤謬を指摘し私の確実した史的事実を否定する他の事実を確定し、もつてマルクス主義の虚妄を論証すべきであつたろう」と主張した。[15] 河合は、同じく『帝国大学新聞』に昭和四年一二月二日・九日、「大学の運命と使命　森戸辰男に答ふ」を表し、「大学とは学問研究の機関たると共に、学問教育の機関である。ここに大学なる部分社会が国家とか教育とかその他の部分社会に対する特異性が在る[16]」と、河合は、森戸と大学の定義が違っていることを明らかにしたうえで、大学改革の主体は、マルクス主義者ではなく、自由主義者であると述べた。

森戸・河合間の顚落論争は、二つの要因から成り立っていた。一つは、昭和三年の「三・一五事件」で共産党関係者として「学生社会学連合会」に関係する全国の学生が検挙され、それにともない、前述の河上肇をはじめ、九州帝国大学の向坂逸郎・石浜知行・佐々弘雄の三教授、東大経済学部においても大森義太郎助教授が辞任していた。森戸の立場は、親友であり、大原社会問題研究所の所員でもある大内兵衛教授とその周辺、いわゆる東大経済学部マルクス経済学グループに近かった。論争の過程で、大内は森戸に対し、「K（河合栄治郎…筆者注）はしきりにウソを云ふ。一例、最近下條康麿が博士論文を出した。委員を互選した。そのときKは満場一致で当選した。そして投票の数は彼をいれて数と一致した如き。その他まだある[17]」、また、

（前略）中央公論や大学新聞で河合君が大に大原の悪口や貴兄の悪口を云ってゐるのみならず盛場では特にそのことある由、伝聞してゐます。小生に対するマヌーヴァーと閑却してゐますが、小生ハゆるゆる対陣のつもり。貴兄の方について何等かやる意思があるならばやられて差支がありませんが、あんなベラボウな男には真面目にやっては損をします。この点に注意を乞ふ。即ち悪罵かヒヤかしかより外はない。之でも彼をほめるやうなことハ損です。彼はウソつきのデマですから。（後略）[18]

と伝えていた。森戸の議論は、東大経済学部少数派である大内等の立場を守る意味を持っていた。

もう一つの要因は、当該期における思想上の対立があげられる。森戸は、国家主義（保守主義）に対して無産運動を基盤とするマルクス主義（理想としての無政府主義）を想定していた。一方、河合は、保守主義・自由主義・マルクス主義を措定し、自由主義と保守主義、自由主義とマルクス主義の二つの対立軸を設定していたのである。

森戸は、さらに「大学の復興」で、河合の所説を、「(一) 理想主義哲学よりするマルクス主義哲学の論撃、(二) 研究の自由に即して見た我国大学の現状認識並びにこれが対策に関する所説、(三) 河合教授式自由主義の疏明」の三点に整理し、このうちの (二) に重点を置いて議論を展開した。大学の保守性とは、「社会的に規定された特殊の具体的形態」であり、「保守主義が新興ブルジョアジイの思潮」「に対する反動として意識的に建設され」たもので「大学の保守性と大学の資本家的階級制とは必ずしも同一ではなく、しかも我々の重点が主として後者に置かれてあることはいふまでもない」とした。また、森戸は、河合が大学保守化の特殊原因とした実証主義について「観念論の台頭による実証主義の頓挫に、特にそれの代表する二傾向、即ち精神的・宗教的部面に対する社会的・経済的部面の強調と思弁に対する経験重視との不徹底に求められるべきではなかろうか」とする。「国家主義」については、富国強兵主義と国体観念の二要素に区別でき、「国体観念を中心とする観念論的諸思想は保守主義として、我国大学が資本主義の最先端に立つことを妨げ」、「富国強兵主義こそが我国の諸大学をして久しく我国文化の指導的地位は保ためしめた社会力」であると分析した。そのうえで森戸は大学復興を、河合の言う「自己反省」でなく、「現在の大学を顚落に運命づけたものが一定の社会的存在である以上、大学復興の道はこの社会的存在を一定の方向に向つて変革することに存しなければならぬ」とし、論争について一応の終結を宣言した[19]。河合は、「大学の運命と使命　再び森戸辰男氏に答ふ」を表し、マルクス主義イデオロギーに対する理想主義的自由主義の優位性を主張した。そして、河合は「私共はこの国において幾度かこの試練の前に立たねばならない敏感過ぎるこの国において独自の路を歩むことは荊棘に満ちた路であり、孤独の路でありそれ故に寂寞の路である。然し権力に媚びるなく大衆に阿るなく、孤笻に杖ついて真理の山岳を分け登ること、これのみが大学の教授に課せられた任務であろうと思ふ」とした[20]。そして、河合も論争の終結を宣言したのであった[21]。

3　顚落論争その後

森戸・河合間の論争は昭和五（一九三〇）年に終結した。しかし、森戸が言う「大学の顚落」は止まらなかった。昭和五年五月、東京帝国大学経済学部山田盛太郎助教授と法科大学平野義太郎助教授が「共産党シンパ事件」で検挙され、大学を追われた。また、昭和八年四月には京都帝国大学で瀧川事件が起こった。法科大学瀧川幸辰教授の著書二冊が発売禁止処分になるとともに、文部省が文官分限令をもって京都帝国大学法科大学教授会・小西重直総長の反対を押し切って瀧川教授を休職処分とした。そして、昭和一〇年二月一八日には天皇機関説問題が貴族院で起こり、美濃部達吉東大名誉教授は、貴族院議員を辞職したのであった。

大学は再び転落の状況をしめしていた。その対象は、マルクス主義者から自由主義者に広がりつつあった。

瀧川事件に最も早く反応したのが、河合栄治郎であった。瀧川の休職発令の三日後の五月二九日付の『帝国大学新聞』に「大学自由の問題」を発表した。河合はこの論文で「之は一京大法学部の問題でもなければ、一帝国大学の問題でもない。正に帝国大学全体の問題であり、更に全大学教育界の問題」であるとした。河合は、社会民主主義研究のため、昭和七年、ベルリンに再留学し、自らの学問・自由主義と社会民主主義研究を深化させた。そして、ナチスに対する批判的洞察から、(22)「五・一五事件の批判」を昭和八年に著し、(23)国家主義・軍部に対して正面から批判を行っていた。(24)後に、二・二六事件についても、恐れることなく軍部批判を行ったのであった。(25)

森戸も、「「大学顚落」の新段階」との論文を、「京大紛擾事件総評」と題する『中央公論』夏季特集号（昭和八年七月号）に掲載した。森戸は、瀧川事件の本質を、これまで「大学の形式的自由の確保は、教授間に実質的自由擁護の精神の熾盛ならざる限り、屢々実質上における大学自由の侵害を形式上正当化する××（欺瞞）的手段となることができる。（中略）従来、少なくとも行動が問題とされてゐたのに、この度は純乎たる学説思想が問題とされるに至つたことは、大学自由の侵犯の新なる段階に這入つたことを意味する」とする。「今や、大学自由の防衛戦は、マルクス主義防衛の第一陣地より自由主義防衛の第二陣に遷り、実質的自由の防衛と共に形式的自由の防衛を為さざるに至つた。それに適応して大学の顚落過程は一層深化し、ここに吾吾は大学顚落の新段階に当面しつつある」。そして、昭和八年、瀧川事件と時同じく起きた、ドイツの大学がユダヤ人教授を追い、ナチズムと相容れない思想を排撃したのに対して、京都帝国大学法科大学が「いまだ擁護さるべき「大学の自由」が存在し、且つ、熱意を以てこの脅威せられたる大学の自由を擁護せんとする勢力がなほ学内・学外に存在することを証するものと見ることができる」とした。しかし、「「大学顚落」の新段階」は、非ドイツ的書籍二万五〇〇〇巻を焚書に処したナチスドイツ同様、「我国の発売禁止や輸入禁止はヨリ陰険にしてヨリ徹底的な無煙の焚書である」とし、その行為を「「非常時」を支配する」「覆面の又は鉄兜の社会的勢力」「特殊の強力なる集団をその中心勢力に持つところの世人の謂ゆる国粋主義的乃至ファショ的勢力」の「政治的・社会的発展の新段階に照応するものにほかならぬ」とした。そのうえで森戸は、「全く河合教授の提説せられるところに唱和して、全国諸大学の教授が——官公大学も私立大学も、文化科学部も自然科学部も共に——このたびの大学自治の侵犯が単に京都帝国大学全学の問題たるに留まらず、我国全大学界の問題たることを認識されるに至らんことを切望するものであるが、さらに一歩を進めて彼等がこの認識に照応する実践を以て反動勢力の侵犯に対して大学の自由を擁護するために結束蹶起せられんこと、これ筆者の——遺憾ながらかすかなると附言せざるをえない——希望であり、期待である」とした。この時期、森戸は、無産政党のなかでも、中間派（日本労農党系）に位置し、右派との連携を模索する立場にあった。これに対応して、「大学顚落」論争時、森戸は、「左よりの駁論」としての「大学放棄論」と、右側・河合栄治郎からの批判があったと紹介しつつ、本論を通じて河合栄治郎・自由主義者との連携の必要性を主張したのであった。

そして、昭和一〇（一九三五）年一〇月、東大経済学部、経友会の招きに応じて森戸辰男は、瀧川事件・天皇機関説問題等による国体明徴運動の進行により、大学の自治が危機に瀕しているとして「教学の刷新と大学の自由」と題

した講演を行った。当日、司会を務めた河合栄治郎は、九月一六日、森戸に宛て、

> （前略）学兄とは思想も意見も違っても一高以来その人を知ってゐる為か、少しも距離のある感情を覚えないでよくどうなすったかと思ふことがあります。扨経友会の集会部で学生委員の希望もあり私も至極賛成なのですが学兄に帝大で御講演をお願ひ致したひのです。御存じの通り大学の自由が危機に瀕してゐる時に何よりも大切なのは学生に大学自由への意識を不断に喚起して置くことだと思ひます。此の際学兄に是非御ひでを熱望するのですが如何でせうか（中略）若し東京で御宿が必要でしたら拙宅で喜んで致しませう。何にしても大学の為に又私としても久振りに御目にかゝりたひといふ私情から折入って御頼み致します（後略）[26]。

との書簡を出していた。

そして、行われた講演会で森戸は、前述の「「大学顚落」の新段階」から、美濃部達吉の天皇機関説排撃という自由主義憲法学説まで弾圧をすすめ、このようななかで大学が「林の如き静けさ」のなかで無力に屈服していることを指摘し、改めて「大学は奪はれた自由の恢復に努めると共に、いまだ残つてゐる自由を断乎として擁護」することを求めたのであった[27]。

この森戸の講演後、学生により河合・森戸両先生を囲む会が喫茶店でもたれ、大内兵衛も参加した。「大内先生は森戸君を呼んでくれたことに対して河合君に感謝すると挨拶され、河合先生は、森戸君と意見がちがうけれども立派な学者である」とのエールの交換もなされたとされる[28]。

森戸は、昭和一二年七月五日に脱稿した「平穏なる大学[29]」で、慶応義塾に対して福沢諭吉の建学精神に戻り、平穏な「顚落」からの脱却を求め、同年一一月二六日脱稿の「矛盾としての大学[30]」では、大学の現実と理想との矛盾に対して、大学に本質からの「自己反省」が必要であると主張した。森戸は、改めて「大学の使命」のうち、教学刷新の風潮のなかで、大学が単なる職業学校・国家的思想のための修養道場としての機能にのみ特化しつつある現状から、

「この呪縛を美化することなく、之を断ち切ることをその目標を定めることを衷心より希うからである」としたのであった。

しかし、河合の「提説」は、森戸の「希望」「期待」にもかかわらず実行されなかった。相変わらず、河合に対するマルクス主義左派からの攻撃が続き、一方で、大学人の多くは、無力にも沈黙したままであった[31]。そして、昭和一二年の矢内原事件で矢内原忠雄教授が東大を追われ、翌一三年には第二次人民戦線事件で大内兵衛教授、有沢広巳・脇村義太郎両助教授が検挙され、起訴とともに休職となった。この過程で、河合も著書『ファッシズム批判』が発売禁止処分となり、昭和一四年一月、「平賀粛学」により休職となった。昭和一五年四月から、起訴された河合は徹底的な法廷闘争を行ったが、昭和一九年二月一五日、急死することとなる。

Ⅱ　戦後、森戸の学問の自由論

1　日本国憲法の制定と学問の自由

敗戦後、森戸は、昭和二〇（一九四五）年一〇月、恩師・高野岩三郎等の提唱による日本文化人聯盟に参加し[32]、同聯盟による憲法研究会の中心メンバーとなった。

憲法研究会において学問の自由は、第一案・新憲法制定の根本要綱では、単に「芸術、学術、教育の自由と保護との規定」と記されただけであり、検討の対象にもなっていない[33]。また、第二案の憲法改正要綱でも、「二、人権」の「九、学術、芸術、教育、宗教の自由と保護」と記されているにすぎない。そして、昭和二〇年一二月二六日に発表された憲法研究会案・憲法草案要綱でも「国民権利義務」「一、国民ノ言論学術芸術宗教ノ自由ヲ妨ケル如何ナル法令ヲモ発布スルヲ得ス」とされただけであった[34]。

この間、大原社会問題研究所では、研究所の今後を決めるべく「大原の人々の戦後の進路」が相談され、大内兵衛の回顧によれば「森戸（辰男）君は出でて政界で活躍するがいい、大内は東大に帰ってそこで学問をするがいい、久留間（鮫造）君は大原研究所を守って伝統を伝えるがいい、高野先生はＮＨＫで日本国民民主化のために最後の御奉公をするがいい。そして権田（保之助）君は高野先生の片腕としてＮＨＫに入るがよいということになった」[35]。

森戸は、昭和二〇（一九四五）年一一月に、日本社会党に入党し、翌年、広島三区から立候補して当選した。森戸は、政策審議会長に就任し、当該期の日本社会党を政策的にリードした。

憲法研究会から引き続き、森戸は、社会党でも衆議院憲法改正案検討特別委員会の委員、同小委員会（芦田小委員会）の委員として、憲法制定に大きな役割を果たした。この憲法改正・日本国憲法制定の過程でも、憲法第二十三条に結実する学問の自由は自明のこととされていた。

昭和二一年六月二五日の第九〇回帝国議会衆議院本会議で、自由党の北昤吉（北一輝の弟）は「二十一條の學問の自由と云ふことが少し漠然として居るから、此の意味を明かにして貰ひたい（中略）是は學術研究と云ふ意味であるか、大學の教授の自由に重きを置いて居るのか」との質問を行っている。これに対して、吉田内閣憲法担当国務大臣金森徳次郎は、「大學教授の自由と云ふやうな狭い意味には考へて居りませぬ、學問の自由と云ふ言葉の持つて居る其の總ての意味に於きまして、學問の自由を憲法が保障して居ると考へて居ります、随て個人的な研究の範圍に於ける學問の自由、大學の學園に於て行はれて居る所の學問研究の自由も、共に包容して居る」と答えている[36]。また、帝国憲法改正案特別委員会小委員会（芦田委員会）においても、日本進歩党の林平馬が「學問と云ふものは自由だと云ふことは、是は決して憲法に規定しなくても宜いと私は思ひますが……」と質問し、芦田委員長も「過去にさう云ふ弊が多かつたものだから、わざわざ斯う云ふものを入れたのだと思ふのです」としていた[37]。

しかし、貴族院では、河井弥八が日本共産党学生細胞の活動を問題としており、田中耕太郎文部大臣も「學生なり、生徒なりは未完成、自己を完成しなければならない過程にあるものですから、勿論言論の自由も、政治的結社の自由も認められて居りますけれども、學校の學生としては學園内に於きまして政治運動の稽古を致すべきではないと云ふ建前で居るのであります（中略）従つて學生が大學の人事に容喙する、さう云ふ權限を要求すると云ふのは斷乎として是は排撃して居ります」と答えていた。(38)

一方、大学における自治は、学問の自由を前提としつつ、その範囲を拡大する方向性にあった。

2　森戸文部大臣期の学問の自由

戦後、大学は、敗戦という社会的変化のなか、GHQの指令によって学問の自由と大学の自治を回復・獲得した。昭和二〇（一九四五）年一〇月二二日の「日本教育制度ニ対スル管理政策ニ関スル件」によって「軍国主義的及ビ極端ナル国家的イデオロギー」が禁止され、戦前に大学を追われた教育関係者の復職が求められ、同年一〇月三〇日付の「教員及教育関係者ノ調査、除外、認可ニ関スル件」で、国家主義者などの追放が決定した。そして、各大学では、これに対応して戦時色を払拭することを大学の自治の再建とした。結果、大学に反軍的言論等をもって免職・休職となっていた……マルクス主義者と自由主義者が復帰し、彼らと、サイレント・マジョリティーを形成する言論活動に依らない戦争協力者（理系教員が中心）と消極的協力者とで新しい大学を形成した。(39)

当該期、大学では、学生運動が盛んになり、単一のナショナルセンター・全日本学生自治会総連合（全学連）も結成された。この学生運動において、最も影響力を持った政治勢力は日本共産党であり、青年共産同盟という学生組織も持っていた。

昭和二三年六月二三日、関東地方の大学・高等専門学校二四校で、スト（「盟休事件」）が行われ、同月二六日には、全国一一三校一斉ストに発展した。この最中の六月二四日、参議院文教委員会で、学生運動を擁護し、学費値上げを問題とする共産党岩間正男議員の質問に対して、文部大臣となっていた森戸辰男は以下のように答えていた。

「昨日各学校に人を派して、一体どういう目標でストをやつているのかということを、実は調べさして見たのでありますけれども、授業料値上ということはどうも表面には出ていないようであります。これから数日前に、全國國立大学高専代表会議という名の下で、私共の下に要求書が出されているのであります。これを読みまして、これは二二項目要求が掲げられているのであります。値上がどこにあるかというので、いろいろ尋ねて見たのでありますが、第二の「イ」に授業料値上撤回、入学金その他の値上撤回、地方教育税反対という「イ」の項目の更に小さな部分に挙げられているのであります。この事態は私は非常に注意すべきではないかと思つているのであります」。そのうえで、「岩間君と雖も、私は学生が六・三制完全実施ということを第一に掲げて、これが通らなければストをやるということは、確かに御賛成にならぬと私は思います」、「学生が同盟休校によつてその目的を達しようということについては、私共はこれは穏当でない。又かような方途でその目的を達することは、学生として私は、大いに考慮しなければならんものであると実は存じておるのでございます」としていた(40)。

そして、森戸は、「教育復興と学生運動」と題するラジオ放送を七月一六日に行った。森戸は、この学生ストを「全学生の総意によることなく、成心をもつ少数者の意志に従って決定されるようなことは断じて許さるべきではない」とし、「学生自治運動においてこそ、民主主義のモデル形態を造り上げてほしいという強い希望を持っている」としたうえで、「学生大会に出席して自分の意志を表明する熱意と勇気を持たなかった消極的な学生諸君に強い反省を促し」「「流れに抗して」も毅然として自分の意志を表明する確信と勇気をもってほしい」とした。それは「日本のインテリにこの勇気の欠けていたことが、戦前戦時においてあの悲しむべき軍国主義の跳梁を許した重大原因の一つであった」との教訓を踏まえてのことであった(41)。

また、昭和二三年一〇月八日付文部次官通達「学生の政治運動について」で文部省は、大学を「学問教育の場であって、政治闘争の舞台であってはならない」とし、教育基本法第八条第二項をもとに、学園の秩序維持を乱す政治的運動について「許さるべきではない」とした。さらに、「学校における学生の自治活動は、当然学校長はじめ教職員が責任を以て指導すべき教育上の課題である。従つて、学外の横断的組織が、これに優先して個々の学校（校長、教官、学生を含めた）の意志を外部より拘束する様なことは学生自治運動の性格からも許さるべきでない」としたのであった。[42]

3　学問の自由をめぐる幻の国会質問案

芦田内閣崩壊後、森戸は、野党となった日本社会党を代表して、国会で「思想弾圧の問題」について質問を予定していた。森戸辰男関係文書には、昭和二四（一九四九）年九月から、ごく短い間に用意されたと思われる本会議用質問案が下記の二点残されている。[43]

①「思想弾圧の問題につき質問原稿[44]」

②「大学における学問の中立性・自由につき文部大臣への質問書原稿断簡[45]」

この①と②は、別々のものではなく、一つの質問案の前半（①）と後半（②）である。①の原稿は成案に近い形態を有しており、②は下書き段階の原稿と考えられる。そこで、以下では、①②の順で内容を見ていきたい。まず、①のなかで森戸は、以下の五点を質問点としてあげていた。

第一には、文化基本権の尊重について

第二には、教員の政治的信条など思想の自由について

第三には、教育の中立性について

第四には、大学における学問の自由について

第五には、学園内における政治的団体の取扱いについて

このうち、①では、第一から第三までの三点について書かれている。首相に文化基本権の尊重を、文部大臣に思想・信条の自由とともに、教職員の整理解職の程度・基準を問いただしている。そのうえで、教育基本法第八条を前提に、教育の政治的中立を「われわれが思想弾圧の暗黒を一掃して学園に明朗を回復するよう最善を致すことは、民主主義の最重の義務であると信じます。わけても大学の転落の苦い経験を身を以て体験した私は、もう一度、新しい我国に軍国主義日本の踏んだ愚な歴史を繰返させたくないという、国を憂うる切々の情をもつて、以上の質問を致した次第であります」としたのであった。

①が政府の姿勢に関する質問であったのに対して、②では、第三点の教育の中立性について、「教育の中立性と市民的自由との限界を明示すること」と、「教育の中立性の背反逸脱が存在する場合には、予めよく関係者に警告し、その反省を促すことが親切な措置」を求めていた。そのうえで森戸は、文部大臣に、「特定政党の支持または反対の言動をなしたものも皆無でないということであります。この少数者のうちに共産党関係者の多いことも甚だ遺憾ながら事実なのであります。しかるにすべての学校当局、教授会が、これらの違法にたいして適当な措置をとったとは申せられません。また、かような事態に処して、文部当局は、適時に適切な警告又は勧告を与えてきたかどうか、この点を承わりたい」とした。さらに、第四の学問の自由については、「一部の大学教授が自粛自戒において欠くるところがあり、この正当な埒をこえ、一党一派に偏した政治的言論又は行動のあったことを極めて遺憾に思っている」とし、「大学の自治を守るべき教授会がその責務の忠実な履行を怠り、これを黙過したと思われる事例も皆無ではありません。自治と自由を堅持する大学と教授会は、上からの圧力にたいしてと同様、横からまたは下からの圧力にたいしても、学問の自由を守るべき確信と勇気を持つべき」と主張する。そのうえで、第五の点については、「学校管理者の責任において禁止その他適当の措置をとればよいのではありませんか。したがってこれにたいして別に法令に

よって一般的な禁止を行うことは単に必要でないばかりか、却って逆効果を生ずる恐れがあると思うのであります」としたのであった。

森戸は、政府による「思想弾圧」とともに、共産党が主導する「横」（「一部の大学教授」）と「下」（学生運動）からの「圧力」を大学の自治に対する脅威ととらえたのであった。

戦前、学問の自由の脅威を、森戸は、思想善導の名のもとに行われる政府の国家主義的な施策に求めた。そして、その対象となったのがマルクス主義であり、範囲が拡大されて自由主義にまで及んだこと、学問の自由を守るべき大学が、大学の自治の名のもとで自由を失っていったことを身をもって知っていた。森戸は、それを大学の「顚落」と呼んだ。森戸は、河合栄治郎との間で「大学顚落」論争を行ったが認めあい、瀧川事件以後、河合と学問の自由のため、一種の統一戦線を組んだ。しかし、大学も、大学人も、河合の「提説」を受け入れることなく、「平穏」のうちに学問の自由を失っていった。

反面、戦後、学問の自由と大学の自治は、あたかも当然のように認められた。しかし、森戸は、「大学の自治が戦後回復したのは」「敗戦という、それに伴う社会的な変化によって回復した」と理解していた(46)。それだけに、森戸は、「社会的の条件が変つたということが直ちに真実に大学が本来の自由と意義とを持つて来たとは考えられない。河合君の強く力説されたところが実はもう一度振起されなければならぬと私共は考えておる」と述べ(47)、河合が主張した大学固有の「自由」を根付かせる必要性を痛感していた。そして、森戸は大学に対する脅威を「軍国主義ではなく、それと異なった角度から民主主義と対立する、あたらしいかたちの全体主義の勢力が、国際関係の作用もくわわって、思想的に、政治的に、知識層のあいだにひじょうに増大してきておることです。そして、その影響は、当然、大学のなかにも浸透してまいります。たんに学問研究のうえだけでなく、とりわけ、政治的実践のうえに顕著なものとなっております。かようなあらたな事態は、大学の正常の機能と秩序を混乱させ、その自由と自治とをおびやかすとともに、外部権力が大学へ干渉しうる契機」を与えるものと理解していた(48)。

森戸は、日中戦争開始から一年後、マルクス主義から、社会民主主義に回帰した(49)。しかし、それは、「顚落」する大学をめぐって河合栄治郎との連携のなかで準備されていたともいえよう。

また、敗戦という社会的な変化によって、国家権力の一部をなす文部大臣になったことが森戸の思想の変化を意味するのではない。むしろ、本章が明らかにするように、学問の自由を守るべく、確信と勇気をもって発言した姿勢に変化はない。大学が社会的な存在であるとの考えも一貫しており、大学の重要拠点化を策した外部からの干渉に強く反対したのであった。

学問の自由と大学の自治を見る限り、森戸の姿勢は、戦前戦後を通じて一貫していた。同様に、大学でサイレント・マジョリティーを構成していた言論活動に依らない戦争協力者と消極的協力者、そしてその継承者達も変わらなかった。森戸の「勇気」と「確信」、河合が求めた「自由」は、そもそも彼らには困難であったのかもしれない。このことは、後の大学紛争で実証されることとなる。むしろ、変化したのは、森戸が「逆の転向者」とした知識人であった(50)。

森戸は、昭和二四年、「日本の再建は青年の向背にかかるという」確信を持って代議士から広島大学長に転じ(51)、教育現場で直接、「横」と「下」からの圧力とも対峙することとなる。

注

（1）拙稿「森戸辰男からみた日本国憲法の制定過程」『日本歴史』第七二八号、二〇〇九年一月。
（2）大崎仁著『大学改革：一九四五～一九九九』有斐閣選書、一九九九年。
（3）伊ケ崎暁生著『大学の自治の歴史』新日本出版社、一九六五年、四二頁。

（4）海後宗臣監修『教育理念（戦後日本の教育改革　第二巻）』東京大学出版会、一九七六年、はしがき四頁。

（5）代表的な著作としては、竹内洋著『大学という病』（中央公論新社、二〇〇一年）、立花隆著『天皇と東大』（二巻、文藝春秋、二〇〇五年）がある。また、東京大学経済学部編『東京大学経済学部五十年史』（東京大学出版会、一九七六年）参照。

（6）森戸事件に関する先行研究としては、「国家と文化の対立―森戸辰男事件をめぐって」『法学研究』六六巻七号（一九九三年七月）等、中村勝範氏による一連の論文がある。

（7）「山川健次郎総長のこと」森戸辰男著『思想の遍歴』上巻、春秋社、一九七二年、四二―四七頁。

（8）大正九年一月一四日付『読売新聞』。

（9）先行研究としては、宮坂広作「ファシズム前期における大学自治論―河合栄治郎・森戸辰男の「大学顛落」論争―」『山梨学院大学法学論集』第三八号（一九九七年）がある。

（10）京都大学百年史編集委員会編『京都大学百年史　総説編』財団法人京都大学後援会、一九九八年、三五〇―二五九頁。

（11）河上肇「三、大学を辞するに臨みて　辞職理由書」京都大学百年史編集委員会編『京都大学百年史　資料編二』財団法人京都大学教育研究振興財団、二〇〇〇年、二六八―二六九頁。河上肇著『自叙伝』第一巻、岩波書店、一九五二年、二四一―二四二頁。

（12）森戸辰男著「大学の顛落」『大学の顛落』同人社、一九三〇年、一六頁。森戸が大学問題について最初に論及したのは「彼等の『大学の自由』」『我等』（昭和二（一九二七）年三月号）からであった。

（13）森戸は河合を暗にさして「支配階級の反動主義に対する和親的な寛大と無産階級的思想並に運動に対する所謂『厳正なる批判』をもって本質」とする「古い型の自由主義」であるが、「真実に大学の反動化を憂ひ之れと戦ひつつある自由主義」者としている（森戸辰男著「大学の顛落」『大学の顛落』同人社、一九三〇年、四七頁）。

（14）河合栄治郎「嫌悪すべき学界の一傾向」『改造』（一九二九年一〇月号）、『河合栄治郎全集』第一五巻、社会思想社、昭和二八年、六五頁。

（15）昭和四年一〇月一四日付『帝国大学新聞』。帝国大学新聞社編輯部編『日本教育史基本文献・史料叢書13　大学の運命と使命』大空社、一九九二年、七頁。
(16)「大学の運命と使命　森戸辰男に答ふ」同前注書、二〇頁。
(17)昭和五年四月二六日付森戸辰男宛大内兵衛書簡『横浜市所蔵森戸辰男関係文書』（MYE07690100）。
(18)昭和五年一〇月二九日付森戸辰男宛大内兵衛書簡『横浜市所蔵森戸辰男関係文書』（MYE07720100）。
(19)昭和五年一月二七日、二月三日・一〇日・一七日『帝国大学新聞』。帝国大学新聞社編輯部編『日本教育史基本文献・史料叢書13　大学の運命と使命』大空社、一九九二年。
(20)昭和五年二月二四日、三月三日・一〇日・一七日『帝国大学新聞』。帝国大学新聞社編輯部編『日本教育史基本文献・史料叢書13　大学の運命と使命』大空社、一九九二年。
(21)ただ、この後も森戸は「反マルクス主義者の論陣―『大学の顚落』に対する河合教授の批判に答ふ―」『批判』（昭和五年九月号）を、また、河合も「大学の自由とは何か」『中央公論』（昭和五年一一月号）を明らかにしている。後者の河合論文は、大学論を大学本質論、大学自由論、大学政策論の三種に分類している。
(22)河合栄治郎「国家社会社会主義判批」『帝国大学新聞』第四一三号から四一六号、昭和七（一九三二）年一月に四回にわけて掲載。
(23)『文藝春秋』昭和八年一一月。
(24)河合栄治郎著『ファッシズム批判』日本評論社、一九三四年。
(25)「二・二六事件に就いて」『帝国大学新聞』昭和一一年三月九日。
(26)広島大学文書館所蔵『森戸辰男関係文書』（TA01020103010）。
(27)森戸辰男「教学刷新と大学の自由」『中央公論』昭和一〇年一二月号。
(28)丸山真男の証言『聞き書 南原繁回顧録』東京大学出版会、一九八九年、一八八頁。
(29)『横浜市所蔵森戸辰男関係文書』（MYC01800100）。
(30)『横浜市所蔵森戸辰男関係文書』（MYC02000100）。
(31)大内兵衛でさえも、昭和七年二月五日に「学者議員一切にファショ化した。僕ハ積極的にさうならぬだけがせめてもの自慰だ。何となさけないことか」と書き送っている（昭和七年二月五日付森戸辰男宛大内兵衛書簡『横浜市所蔵森戸辰男関係文書』（MYE077200100））。

(32) 森戸辰男著『思想の遍歴』下巻、春秋社、一九七五年、二七七―二七九頁。

(33) 鈴木安蔵「憲法研究会の憲法草案起草および憲法制定会議提唱」『愛知大学法経論集』第二八集、一九五九年一〇月。

(34) 憲法研究会の制定過程については、佐藤達夫著『日本国憲法成立史』（第四巻、有斐閣、一九九四年）、拙稿「史料紹介森戸辰男関係文書のなかの日本国憲法（1）～憲法草案と森戸辰男～」『広島大学文書館紀要』第九号（二〇〇七年三月）および拙稿「森戸辰男からみた日本国憲法の制定過程」『日本歴史』第七二八号（二〇〇九年一月）参照。

(35) 大内兵衛著『経済学五十年』下巻、東京大学出版会、一九五九年、三四五―三四六頁。

(36) 帝国議会議事録検索システム、第九〇回帝国議会衆議院本会議第五号、昭和二一年六月二五日。

(37) 帝国議会議事録検索システム、第九〇回帝国議会衆議院帝国憲法改正案委員小委員会第四号、昭和二一年七月二九日。

(38) 帝国議会議事録検索システム、第九〇回帝国議会貴族院予算委員第三分科会第一号、昭和二一年九月六日。

(39) この大学再建は、学識と人格が問題とされず、人事権を行使する教授による「自治」は、「ボス」支配にすぎないとする批判もあったなかでのことでもあった（昭和二二年六月一五日付「声　学問の自由」『朝日新聞』）。

(40) 国会会議録検索システム、第二回参議院文教委員会第四号、昭和二三年六月二四日。

(41) 「森戸辰男氏　談話・放送・説示録」広島大学文書館所蔵『森戸辰男関係文書』（TA02052500500）。

(42) 昭和二三年一〇月八日付文部次官より国公私立大学高等専門学校長、教員養成諸学校長宛発学四五八号「発学四五八号学生の政治運動について」広島大学文書館所蔵『森戸辰男関係文書』（MO02011201400）。そして、森戸は、国立総合大学学長協議会の席上で、学生運動について「国際状勢をも反映して我国の思想的政治的紛糾は必ず学生にも強く働きかけ教育上色々と困難な問題は益々深刻になるかに考へられます」との現状認識をしめしていた（「国立総合大学総長協議会における大臣挨拶要旨」広島大学文書館所蔵『森戸辰男関係文書』（MO02120101700））。

(43) この問題について日本社会党では、河野正男参議院議員が、昭和二四年一〇月二八日に本会議で質問している。

(44) 『横浜市所蔵森戸辰男関係文書』（MYB04700100）。本史料は、B５原稿用紙一三枚、基本的に青ペン書であるが、水濡破損している。

（45）『横浜市所蔵森戸辰男関係文書』（MYC0900100）。本史料は、B5原稿用紙九枚、青ペン書で水濡破損している。

（46）東京大学経済学部編『東京大学経済学部五十年史』（東京大学出版会、一九七六年）九〇〇頁。

（47）社会思想研究会編『河合栄治郎　伝記と追想』（社会思想研究会出版部、一九四八年）二三九頁。

（48）森戸辰男著『学問の自由と大学の自治（IDE教育資料第一八集）』民主教育協会、五五―五六頁。森戸と同じ思想弾圧の対象者であった瀧川幸辰も同じように理解していた（伊藤孝夫著『瀧川幸辰―汝の道を歩め』ミネルヴァ書房、二〇〇三年）。

（49）日中戦争開始後、労働組合が右旋回して産業報国会に参加するなか、時局評論を一年あまり控えて沈黙していた森戸は、雑誌『中央公論』に「知的動員と知識階級」を発表した（『中央公論』第五三巻第一一号、一九三八年一〇月）。長期化が想定される戦争のなか、長期戦を「同時に長期建設」と理解し、「事変の深刻化に伴うて漸次その重大性を認識し、之を逃避せず之に圧倒されず、真向からこれと思想的に取り組んで自己了解を遂げんと励み且つ悩」み、「平和・自由・文化の愛好、人道的・社会的志向、国際的なるものへの関心」を維持しようとする立場を明らかにした。森戸は、マルクス研究から離れた。もともと森戸は、初期マルクスに共鳴していたのであり、革命論を中心とする後期マルクス主義に対しては否定的であった。だからといって、国家社会主義に与したわけでもなかった。ソ連型のマルキシズムも国家社会主義も全体主義であるとしたうえで、森戸は、マルキシズムを守って沈黙するのではなく、労働者と知識人の立場を擁護し、その生活が少しでも改善することを願って、発言し続けることを選択したのである。

（50）森戸辰男「独立と知識人」『毎日新聞』昭和二九年一月六日。

（51）国会会議録検索システム。昭和二五年四月一八日第七回国会衆議院本会議第三八号。

第二章　森戸辰男と文化へゲモニー

―知識人の行動、その戦前と戦後―

文化ほど、多義・多様なものはない。そして、その言葉に込められる思いは、人と時、そして場所によって大きく異なっている。そして、文化は、時として戦争によって破壊され、忘却されていく。そして、近代に入り、文化は、戦争の道具ともなった。戦争に従属して存在し、プロパガンダや、あるいは、戦意作興を目的とした文化も存在したのである。

そのような文化は、日本において大きく運命を変えることとなった。敗戦は、戦争に従属した文化を否定し、破壊の対象とされていた文化に改めて価値を与えることとなる。勝者は、勝利に寄与した文化を中心に据え、敗者は勝利者が有する文化への同質化を求められたのであった。

日本は、敗戦を境に大きく立場を変えたために、基本的に進歩は戦前・戦後の非連続を、保守は連続を主張するものとされた。しかし、日本の保守は、よくいえば柔軟かつ多様であり、進歩をも内在化させ、勝者によりもたらされた文化にも同化していった。また、進歩の連続性は、戦中期を空白にし、問題を転向問題に集約して、その評価を定式化させた(1)。しかし、転向問題もまた、進歩と保守の対立も、敗戦と「戦後」という状況に大きく規定されるものであった。

そうであるだけに、日本の場合、戦前戦後で、政治勢力としての保守と革新（進歩）の位相は変化し、その行為において保守的な「護憲」と改革的な「改憲」が、思想的な位相とは逆に展開されるという特異性をも有したのである。

戦後日本は、多様な価値観を包含する（はずの）保守と、単一的な支持基盤とイデオロギーを持った革新という政治構造を生み出した。しかし、このような政治状況は、本質的に文化としての進歩の連続・非連続を行動において問うものでなかったため、戦争とは別次元に存在した日本固有の文化を改めて内在化させることはできなかったのではないだろうか。特に、政治に文化が内在化されなかったことが、戦後、政治から切り離された新たな大衆文化・サブカルチャーを発展させた理由であったのではないだろうか。

また、戦前期、日本において文化は、大学卒の「知識階級」によって教育という手段を通じて広がり、動員もされた。教育は、知識の普及（啓蒙）によって文化の担い手を拡大させるという意味も持っていた。文化の担い手は誰なのか、また、誰が担い手となるべきなのかも重要な意味を持ったのである。教育は、重要な文化伝達の手段であり、教育者は、文化の継承・発展において重要な役割を担ったのである。

本章では、森戸辰男を通じて、森戸が求めた文化の戦前と戦後を明らかにし、その連続・非連続を考察することで、当該期における知識人というものの位相の一端を明らかにしようとするものである。(2)なお、「戦後」は、サンフランシスコ講和や高度経済成長、そして、現在までも含む時期概念である。そこで本章における「戦後」は、占領期に限定する。

森戸を取り上げた理由は、昭和二〇（一九四五）年八月一五日を挟み、戦前・戦後を通じて文化人として最前線で活躍していた点にある。

森戸は、象牙の塔・帝国大学に籠り、あるいは、その権威を背景に発言したのではない。また、戦後は、日本社会党（以下、社会党）に入党、政治家に転身し、片山・芦田内閣で文部大臣となったが、戦前期、政府・体制側に与せず、また、戦中期に入っても大政翼賛会・産業報国会等と距離を置きつつ発言し続けた稀有な存在であった。戦中期の森戸については、マルクス主義から距離を置いたこともあり、全体主義への傾斜を指摘する研究も存在する。しかし敗戦後、社会党幹部の多くが日本共産党（以下、共産党）から戦時中の活動を暴露され、非難の的とされるなか、森戸はその対象とならず、共産党に対する最も論理的な批判者であった。このことが示すように、全体主義への傾斜というのは印象論であり、実証性に問題があると考えている(3)。

なお、本章は筆者の能力からも文化全体を俯瞰するものではない。あくまでも、同時代的な実証的手法を用いて、知識人の「思想」ではなく、「行動」に焦点をあてることとする。その結果として、戦前・戦後を通じて第一線に立ち続けた森戸の行動を軸に分析することで、当該期の知識人についても、改めてその位相を明らかにできると考えている。

Ⅰ　文化と教育

1　森戸にとっての社会科学

戦前期、文化の担い手の中心は、大学卒の「知識人階級」「知識階層」であった。森戸は、第一高等学校時代に師事した新渡戸稲造の教育に感銘を受け、新渡戸とともに、通俗大学の講師を務めていたように、教育を通じての教養を重視した。同時に、森戸は、東京帝国大学への進学にあたり、法科大学経済学科を選択した。経済学を中心とする社会科学を学ぶことで社会政策学の体系化と、その社会への還元を試みたのであった(4)。森戸は、東京帝国大学経済学部助教授として大学教育・専門教育に従事しつつ、教育機会の拡大とそのための社会科学研究という二つの方向性を有していた。

しかし、大正八（一九一九）年一二月下旬に発行された東京帝国大学経済学部内経済学研究会機関雑誌『経済学研究』創刊号に掲載された森戸の研究論文「クロポトキンの社会思想の研究」が朝憲紊乱罪に問われ、森戸は有罪が確定して入獄した。その収監前、東大を追われ、大原社会問題研究所の一員となった大正九年秋、森戸は、労働者を主たる対象とする社会問題研究読書会を提案した。読書会は、大阪（第一組）と東京（第二組）で開催された。森戸は、婦人を対象として東京で行われた第二組第一回の読書会を行っていた。

出獄後、大原社会問題研究所より、ドイツを中心とする海外留学に渡航し、森戸は、敗戦直後のドイツにおける社会主義運動を体験的に観察し、労働者教育や労働運動に関与し、研究も含めてより実践的な方向に移行していった。森戸事件を契機として、森戸は、大学教育・専門教育から、具体的に大学生等知識階層を対象とする社会科学の普及と、実践としての労働者教育に向かっていったのである。

前者、大学生等知識階層を対象とする社会科学の普及は、東大新人会五周年、京都帝国大学学友会講演会等、各種講演会の原稿をもとにした論文「思想と闘争」のなかで、森戸は、「社会生活の観念的形態の方向に直接の興味を持つものとして、『支配階級の下僕』たる範囲を多く脱却してゐない社会科学を真実の科学たらしめ、それにふさはしい社会科学的技術を発見するための努力が、実生活上に於ける解放運動と、たとへ同列でなくとも、之に次ぐ重要な任務であることを確信したい」と述べていた。そして、社会科学不進歩の理由として次の四点をあげていた。

第一が「社会科学上に於ける自由研究の直接的圧迫」であり、第二が、言論・報道の自由がないことをあげ、それが「民衆の間に、独立したる判断力理解力を養ふことを最も等閑視し、その反対に、与へられたる一定の社会的見地を盲目的に受け容れ」させているとする。第三が経済的圧迫であり、第四が、「社会科学者の心理的限界、即ち彼の支配階級的意識又は無意識」である。そして、最後に、「社会科学に於けるやうに、誠実、即ち真理に対する忠信をその学者に期待し得ないこと」をあげている。しかし、資本主義の独占的傾向にもかかわらず、「無産階級社会への進展を可能ならしむる経済的条件」とともに、「階級的制約を超脱しようとする社会科学上の思想的努力」と「階級支配を超脱しようとする社会運動」が発展しているため、社会科学をして真の科学への道を開いているとする。そして、「階級社会に於ては、真剣に敏感なる社会科学研究者は、必ず階級的イデオロギイの障壁に突き当らざるを得ない」、「現代の階級社会に於ては、真実に社会科学上に思想すると言ふことは、同時に主として観念の世界、思想の世界に於て、階級的に闘争することをも意味する」とし、その闘争こそが「学問の進歩を使命とする学術団体の一員たる諸君青年学徒各自の本務」であるとしたのであった。(5) この論文は、修正のうえ、改造社より著書『青年学徒に訴ふ』として出され、ベストセラーとなった。

2　大阪労働学校

そして、後者、労働者教育の実践とは、大阪労働学校での教育であった。労働学校とは、大阪労働学校「宣言」にあるように「労働者に向つて主として社会科学の無産階級的な教育を施す常設的教育機関」であり、「広い意味での無産階級運動の一翼を形造る」もので、目的として「権力と資本から独立に、無産運動の諸分派からも自由に、汎く労働者の立場に立つて、主として社会科学を教授し、専ら無産大衆の間に真実の科学的知識を普及せんとするにある」ものであった。(6) 大阪労働学校は、大正一一（一九二二）年二月に創設された労働者教育機関であり、戦前期、多くの労働学校が三・四年程度で活動を停止するなか、前年の大正一〇年に東京で設立された日本労働学校とともに、昭和一二（一九三七）年までの一六年もの間、年三回開講する教育活動を続け、延べ一二〇〇人以上の卒業生を送り出した。大阪労働学校の学生は、一七歳から三〇歳の青少年労働者が約八割を占めていた。学生の日給は、二円未満の者が八割を占めており、大阪労働学校の月謝は一円とはいえ、彼らにとって授業料や、交通費は大きな負担であった。

森戸は、大正一四年九月一五日より開講した第一〇期より、講師として、また、病気がちであった高野岩三郎運営委員長の代理として、それ以上に、農民運動に重点を移して労働運動から身を引いていた賀川豊彦にかわって実質的な校長として無報酬で活動した。学生からは、「大阪労働学校の象徴」として慕われる存在であった(7)。

森戸の講義回数は一四八回にも上り、全講師のなかで一番多い（二番目は経済学を担当していた斎藤広）。さらに、経営が刷新された一〇期から最後の四五期にいたるまで、短期講習も含めて全ての期において講義を行っているのは、森戸だけであった。そして、森戸は一度も休講しなかった。大原社会問題研究所でも、高野岩三郎が一二回、大内兵衛が七回、櫛田民蔵が五回、久留間鮫造が四回、細川嘉六が三回、権田保之助が一回であり、森戸の大阪労働学校への貢献は抜きんでていた。森戸は、開講式や修了式の出席も五四回に上り、一〇期から四五期全体の七七%にも及んでいる。修了式において森戸は、「校歌合唱のときやや調子外れのところもあったが、卒業まで残ったわずかな学生とともに、声を張り上げて力唱する姿」を学生に印象付けている(8)。運営委員会についてもそのほとんどに出席し、経営を中心となって担ったのである（表1）。

森戸が労働者教育に熱心であった理由は、「特殊国主義」「精神主義」を特色とする日本の国家主義的な学校教育に対して、反動に対する解放闘争の手段として教育が重要であると考えていたためであった(10)。労働運動の新しい指導者育成のためにも労働学校の重要性を認識していた。実際、大阪労働学校は、関係者・生徒のなかから、西尾末広、西村栄一、大矢省三、松沢兼人、井上良二等の労働運動指導者を生んでいた。

森戸は、昭和九・一〇年の両年、特に大阪労働学校における教育実践と、労働者教育問題に関心を集中させた。背景には、満州事変後、労働学校数が激減していったという状況があった。

昭和九（一九三四）年六月一二日、大原社会問題研究所月次講演会で「我国における労働者教育」との題目で講演を行うとともに、同じ題名で『月刊大原社会問題研究所雑誌』第一巻第二号（昭和九年八月）から第四号まで三回にわたって講演草案に基づく同名の論文を連載した。

本論文で森戸は、労働者運動における文化運動としての労働者教育と労働学校の重要性を説くとともに、満洲事変

表1　主な大阪労働学校主要出講者（数値は回数、5回以上）

期数	1－9期	10-27期	28-40期	41-45期	計
時期	T11.6-14.5	T14.9-S6.5	S6.10-11.2	S11.4-12.10	
総計講義数	※判明分のみ	558	363	88	1009
赤松五百麿		5	8		13
井上良二		74	7		81
色川幸太郎		6	13		19
大内兵衛		5	2		7
賀川豊彦	6	12	2		20
上条愛一			4	8	12
河上丈太郎		13	16	2	31
喜入虎太郎		7			7
櫛田民蔵	1	3	1		5
小岩井浄	13	45	11	4	73
河野密	10	17	1		28
後藤貞治	3	9	14	3	29
斎藤広		63	59	4	126
阪本勝	10	19			29
沢村幸夫	4	1	2	1	8
新明正道	10				10
杉山元治郎	1	6	3	1	11
住谷悦治	24		5		29
高野岩三郎		10	1	1	12
高橋貞三			17		17
辰巳経世		16	1		17
田万清臣		2	3	2	7
中島薫			6	5	11
西尾末広	1	3		1	5
林要		9			9
古野周蔵		14	2	1	17
細迫兼光	3	7			10
松沢兼人	13	47	44	14	118
村島帰之	5	8			13
森戸辰男		68	58	22	148
笠信太郎		15	34		49
矢加部勝美			5		5
山名義鶴	14	6			20
山本宣治	11	4			15
山村喬	8	12			20
吉永茂			5		5
討論会			23		23

（9）

大原社会問題研究所編『大阪労働学校史』（法政大学出版会、昭和57年）等より作成

後、労働学校が振るわない理由を、校数が激減し（特に大学が関係する労働学校）、学生数も減少していること、肉体労働者から、未組織労働者やサラリーマン・市民層の割合が漸次増加していること（女性も参加していた）、独立系労働学校の開講期間が短縮され、反対に「官的労働者教育機関」が発達していることをあげている。不振の直接原因として、労働組合の分裂にともない経営主体が消滅していること、また、資金難での行き詰まりと生徒募集難、組織面でも講師難・校舎難を列挙している。そして、官憲・事業主等からの圧迫とともに、学生の厳しい労働環境を指摘していた。

さらに森戸は、労働学校不信の根本原因として、（一）恐慌と反動の時代相、（二）この時代相にともない組合財政が逼迫され、組合活動が多忙となることで労働者教育が閑却され、反対する組合幹部もいたこと、（三）「我国における左翼運動の努力の一半は、合法運動の乗取り、分裂、破壊、誹謗に尽された観があり」、労働学校もその対象となったこと、（四）組合に教育部や図書館ができ、文化運動や機関誌等の出版物によって教育機会が増加し、労働者教育運動における労働学校の独占的な地位が失われたこと、（五）労働学校自身の魅力減退、の五点をあげていた。

その影響は、「社会科学的啓蒙の不足」により、「わが国労働者運動の精神的指導は」、右翼組合による「労働者の功利心に訴へる組合主義的実利教育か」、左翼文化団体による「社会的感激に訴へるアジ・プロ的政治教育かに委ねられて、それが最も必要とすべき現実闘争に即した社会科学上の理論的訓練を欠如することとなった」とする。そのうえで、森戸は、労働学校の将来を反動・恐慌という「流れに抗して」、不振原因を取り除く労働学校振興策とし、労働団体の労働学校に対する関心を高め、労働学校自体の教課と教授法を改善し、「学校から労働者の方へ進出する工夫」等による「ただ不断の努力によつて切り拓かれる荊棘の道が、やがて吾々を勝利の山頂に導きうるのである」として論文を結んでいる。

このために、森戸は、昭和一〇年二月、イギリスにおける協同組合運動の指導原則としての「ロッチデール原則」を紹介するジョン・H・ニコルソンの論文を「英国における労働者教育」として訳出してもいた[11]。

大阪労働学校では、在阪の無産団体に呼び掛けて「労働者教育について」の懇談会を開き、昭和一一年六月、全国の労働組合を対象に「労働組合講座」を開くこととした。この「労働組合講座」開催のため、第四一期は期間を短縮し、一期三カ月分の授業料も二円に減額するなどし、新入生を倍増させている。また、労働組合短期講習会を昭和一一年六月一四日から三日間、開催してもいた。しかし、日中戦争の開始により、第四四期と四五期は短期講座となり、昭和一二年一〇月開講の第四五期が最後の学期となった。

大阪労働学校閉鎖の直接的理由は、大原社会問題研究所の東京移転により、大阪労働学校運営の中心であった森戸が東京に移ってしまったためである。昭和一三年一月一一日の新期第一二回経営委員会で大阪労働学校は生徒募集を中止し、当分休講することとなった。そして同年二月三日、東京で開催された第六回大阪労働教育会館理事会で、大阪労働学校の閉鎖が正式に決定され、森戸辰男によって在阪の関係者に伝えられた。

森戸は、教育を社会革新の精神的一翼と把握していた。森戸にとって「教育は究極的には社会的存在によって規定されたところの、しかし同時に社会の進展において能動的に作用する不可欠の要因であるところの、観念的な社会力」であった。森戸は、昭和一三年四月、ロバート・オウエンとウィリアム・モリスという二人の社会主義者を教育家とする著書『オウエン　モリス』を岩波書店の大教育家文庫から出版した。森戸は、オウエンとモリスの思想・事績に仮託して、二人が「労働と教育との結合といふ合言葉が之を示唆してゐるやうな、現実生活に即した全人的教育を唱導し」、「個人格の尊重の上に立つ人間的な、真実の全体主義的教育観を採り」、「諸民族の国民性とその文化的特徴とを尊重・保維しつつ、しかも彼らの自由なる交通による民族親善と世界平和と世界文化の繁栄を理想とするところの謂はば国際的＝国民的教育観を確持」し、「教育普及の現実的促進者」で、「特に勤労大衆への教育の普及に努力した」ことを重要視したのであった。(12)

Ⅱ　戦争と森戸の選択

1　無産運動と森戸

労働者を文化の対象者と考えていた森戸は、労働者による無産運動に対しても協力的であった。その活動は、恩師・高野岩三郎が森戸と同様に社会主義政党の中間派に着目してヨーロッパ・ロシア視察から帰国した昭和二（一九二七）年末以降、活発化することとなった(13)。

森戸は、大正一四（一九二五）年の総同盟第一次分裂の後、昭和四年九月の総同盟第三次分裂頃から、中間派との関係を強めていった。この間、昭和三年一二月二〇日、日労党、無産大衆党、日本農民党、九州民憲党等四地方政党が合同して日本大衆党が結成されると、その中央執行委員長に高野岩三郎が推薦されている。しかし高野は、胆石病もあり、健康を理由に党首就任を断っていた。森戸は、常に高野とともに行動しており、無産政党と労働組合の両面で中間派の結集を図っていた。森戸は、右派の現実追従主義と左派の観念的急進主義をともに批判する中間派の育成が必要であると認識していたのである。

森戸は、森戸事件後、大原社会問題研究所研究員としてドイツに留学し（大正一〇（一九二一）年～大正一二年）、その時の体験を大正一四年、『最近ドイツ社会党史の一齣』として出版していたが(14)、国際的に第二インターナショナルと第三インターナショナルが分裂したように、日本においても無産政党の足並みがそろわないと予想していた。戦線の分裂と同士討ちが、「縄張的割拠主義と指導者における個人的な感情対立」により助長され、昭和五年二月二〇日に実施された第一七回総選挙で無産政党は惨敗した(15)。この敗北を契機に無産政党間で合同気運が醸成されたものの、森戸は、「全合同の実現といふ歴史的な大事業が、いったい、何から始めらるべきか」「合理的な目標と希望ある努力を吾々の陣営内に育成せんことを欲するならば、眺めるに愉快なバラ色の夕栄えに見入ることではなく、それが如何に不愉快であろうとも、現に吾々の立つてゐる灰色の泥土を直視しなければならぬ」と説いていた。森戸は、全合同が客観的には困難であることを実証しつつ、漸進的な全合同への過程として中間合同を提唱したのであった。それは、全合同に対して「小手先きの策動には没頭するが真摯実践によつて大衆の欲望に可能なる満足を與へうるの確信と決断とを持ちえない合法無産政党に愛想をつかし、或は政治的無関心に、或は反政治的経済運動に、或は非合法的政治運動に転向するのではなかろうか」との危機意識を背景にしたものであった。[16] 森戸は、ドイツでの経験から、共産党による統一運動を「特定の方向に導いて、自党の発展に利用し」「共同戦線の目的は社会民主主義幹部の暴露と、その支配下にある大衆の奪取」であると認識していたためであった。[17]

昭和五（一九三〇）年五月一八日、全国同盟大阪連合会大会は、中間派の部分合同推進を決議し、六月一日に労働組合全国同盟（全国同盟）と日本労働組合同盟（組合同盟）の合同によって全国労働組合同盟（全労）が成立し、これに対応して、七月二〇日、全国民衆党・日本大衆党等によって全国大衆党が結成された。この全国大衆党の成立にあたって昭和五年三月一五日消印の河野密からの書状からも、中間派合同に関して、高野とともに森戸が内面で指導していたことが理解できる。この書簡の最後で河野は「合同問題は夫婦喧嘩の仲裁と同じでありますのでどうぞ癇癪をおこさずに面倒を見て頂きたいことを呉れ〴〵もお願い致します」と書き送っていた。[18]

成立した中間派は、左右両派に対して熱心に統一を呼びかけ、昭和六年六月二五日、右派労働組合との間で日本労働倶楽部が結成されたのを契機として、七月五日には左派の労農党等と合同して全国労農大衆党が結成された。そして、森戸は、全国労農大衆党大阪府支部連合会の顧問に就任した。[19]

時は、昭和恐慌のさなかであり、また、昭和六年九月一八日には満州事変が開始され、加熱する新聞報道のなか、国民は、鬱屈した感情を外に向けるようになっていった。九月一九日、全国労農大衆党大阪府支部連合会が主催する演説会で、森戸は反戦発言を行ったため、憲兵により演説を中止させられた。

昭和七年七月二四日、社会民衆党と全国労農大衆党が合同して社会大衆党が結成され、九月、日本労働組合会議が結成されるなど、右派と中間派の戦線統一が進んだ。大阪でも昭和八年八月、全労大阪連合大会で右派に接近する方向が示された。森戸は、戦争と恐慌のなか、組織維持を第一に、組織整備に乗り出していった。その際、森戸は、反動期の象徴としてナチスを取り上げつつも（一方でソ連のみを社会主義思想発展の根拠ともしていない）、そのナチスですら、国民社会主義ドイツ労働者党との正式名称から「社会主義」を標榜しているとする——森戸自身これは「詭弁であり、欺瞞である」としているが——。森戸は、ナチスの思想的根源の一つが「社会主義的な無産階級の思想であり」、アメリカの統制経済についても同様であるとしている。さらに、日本における急進的国粋主義ですら「歪曲された形においてであるにせよ、その（社会主義の）進展を意味するのである」とした。そのうえで、森戸は、「悲しむべき事態は、社会主義諸団体の分立、わけても無産階級的社会主義陣営の国際的・国内的分裂であり、しかもそれが屡々労働者階級自体の分化によつて社会的に基礎付けられてゐるという事実である」とし、「支配階級と対峙しながら、自己の陣営における分裂の創痍を回復すると共に中層的大衆をも包容しうるところの思想的・組織的統一を確立すること、これこそ今日、無産階級運動に課せられた最も困難な歴史的偉業である」と主張したのであった[20]。森戸は、この認識をもとに日本労働組合会議と全国労働組合会議との合同を調停者として働いたのであった。

昭和一一年一月一五日、全労と総同盟が合同して全日本労働総同盟が結成され、二月二〇日投票の第一九回衆議院総選挙で、社会大衆党は、一八議席を獲得した。しかし、民政党と政友会の二大政党はそれぞれ二〇五、一七五議席を確保していた。無産政党の躍進とは、政党政治のなかでも大きな影響力を与えるものではなかった。さらに、投票から一週間もたたないうちに、陸軍青年将校によるクーデター、二・二六事件が発生していた。そして、この事件にともない政党の発言力は著しく減退し、反対に軍部の発言力は格段に強化された。

軍の政治進出に対して森戸は、昭和九年一〇月に陸軍省が発行したパンフレット『国防の本義と其強化の提唱』に対し、原稿「軍部社会主義論」のなかで、「軍部の社会的綱領の背景に推定される社会主義的乃至反資本主義性とその急迫性とが民衆の間に軍部の社会的声望をとみに高めた根本原因がある」とし、その国家社会主義としての内実を分析、批判を加えていた。森戸は、軍部社会主義がそのままであれば勤労国民・無産運動に対する反対物であるとしていたのである。(21)

森戸は、二・二六事件を「自然的ファッショ」と呼び、その脅威により、無産政党の躍進が「ケシ飛んで了」う可能性を強く認識したうえで、無産政党進出の根拠として、①無産政党の「主義主張と不断の闘争の結果が最近の社会情勢の下に収穫」され、②「既成政党に対する反感に動かされてゐる小市民と、主としてファッショに対する反感に支配されている知識階級とは、必ずしもその共鳴し支持する条項を同じくしないとはいへ、両者が無産政党と無縁の衆生でない」こと、③無産政党運動自体、特に「合法政党は社大党に統一され、組合戦線また労働組合会議の結成と全労総同盟の合同により統一に巨歩を踏み出した」ことにあるとしていた。(22)

同時に、森戸は、無産政党をラッサール（Ferdinand Lassalle・ドイツ社会民主党の創設者）になぞらえつつ、その現実政策的実効主義が、正反対の立場にあったビスマルクとの共闘と「侵略的・好戦的民族主義への転換」となったことを事例に、国家観と国民観の理論的弱さを指摘し、「マルキシズムの限界を逸脱するとき、それは急速にブルジョア的改良主義かファッショ的国家社会主義かへの顚落の道を辿る」として戒めもしたのであった。(23)また、「非常時」「準戦時下」にあっても、世界平和のため国際主義の重要性を説き、(24)国際連盟に基づく国際協調と着実な社会主義発展を信じていた。それはデモクラシーを信頼し、「革新」という言葉が氾濫するなかで、「専制と独裁」に対抗するものとしての無産政党に期待するものであった。新党運動を「ファッショの穏和化によつて実現された金融資本との抱合にほかならぬ」と批判、国体明徴がナチスの反ユダヤ主義のような「国民的対立を促進」し、「国民精神の固定化・反動化・狭隘化」について注意を喚起するとともに、無産戦線の分裂が「労働者階級の労働貴族と在職労働者団と失業者群とへの分化」について警鐘を鳴らした。

しかし、昭和一二（一九三七）年七月七日の盧溝橋事件に端を発する日中戦争の勃発は、森戸の意図を打ち砕くものであった。一〇月には、全日本労働総同盟はストライキ絶滅と戦争支持を宣言し、社会大衆党も、一一月に「国体の本義」に基づいて運動するとした新綱領を採択した。戦争によって国民は高揚し、堰を切ったように戦争協力に流れていった。穏健な合法労働運動と無産政党に依拠しつつ、無産階級・中間階級・知識階級の連動による戦争の抑止という森戸の意図は、実行困難となったのである。

2　森戸の選択——知識人の行動——

日中戦争そしてそれに続く太平洋戦争は、国家総力戦であった。国民は、兵士として、また、銃後における勤労奉仕等を通じた戦争協力を余儀なくされていった。一方、戦時下、知識人の対応そして行動は様々であった。それを分類するならば、次のようになるだろう。

第一は、日本精神論を高唱し、積極的に戦争に協力した者達であり、第二が科学の進歩と戦争協力を同一視し、積極的に関与した者達である。第三が、「知識人」として権力に近づき、その方向性を是正しようとした者達であった。第四が、前提としての戦争を受け入れつつも、従来からの立場、理想を限りなく実現しようとした者達である。第五が、第四と同じように、現状を受け入れつつも、木陰に身をひそめ、逼塞を余儀なくされた者達である。第六は、戦争という現状に異を唱え、自らの思想、信条を維持した者達である。

第一の者は、日本の近代化にあってマイノリティーとなっていたと感じる者達であり、国粋主義的あるいは復古的な動きをし、時に、西洋対東洋という形で排外主義的な動きを行った。第二の者は、戦争が一つの好機となった者達であり、研究上の理想・科学の発展と、戦争協力……兵器の開発等を同一視した者達である。特徴的なのは、彼等には、戦争に協力するのを当然のことと考えており、また、戦争それ自体についてはある意味で無自覚であったことである。第三の者は、昭和研究会に参集した知識人達が代表例となるが、彼等は、現状を受容しつつ、自らの専門性をもって戦争指導を行う者に密着することで、その方向性を変えようとしたといえよう。第五は、「疾風の野にある一つの石かげ」と大内兵衛が称した東京・柏木時代の大原社会問題研究所のような「内への亡命」が一例であろう(25)。また、多くの言論を封じられることとなった大学人・文系の知識人もこの類型に相当するであろう。東京帝国大学法科大学にあって「洞窟の哲人」であった南原繁(26)や丸山真男もこの類型である。第六の知識人の代表例は、裁判闘争中に亡くなることとなった河合栄治郎(27)や、牢獄にあった共産党員などが相当しよう(28)。

そのようななかで、森戸は、一年間の内的葛藤をへて、第四の立場を選択した。その際、森戸は、マルクス主義という理想体系を放棄し、社会民主主義を選択した。森戸は、長期化が想定される戦争のなか、長期戦を「同時に長期建設」と理解し、「事変の深刻化に伴うて漸次その重大性を認識し、之を逃避せず之に圧倒されず、真向からこれと思想的に取り組んで自己了解を遂げんと励み且つ悩」み、「平和・自由・文化の愛好、人道的・社会的志向、国際的なるものへの関心」を維持しようとする立場を明らかにした(29)。

森戸は、また、戦時下における戦争至上主義と、これに基づく戦争文化促進論を批判した。戦争が文化促進の条件を持つとすれば、生産力の発展と新興勢力の登場であるとし、それが「労働・知識両階層の擡頭」であるとし、これに基づく、「新秩序」が必要であるとした。方法としては、文化の擁護であり、担い手としての知識人には、「国際的識見と人道主義的熱意とをも兼ね備へた新しき愛国者としてのインテリゲンチャに独自の使命」があるとしたのであった(30)。

一方、森戸は、戦時体制下の労働生活状況を、「保健状態は不良化し、その重要指標たる結核比率は依然として下がらず、災害率もまた甚だしく増大」し、「実質賃金は定額賃金において約二割五分、実収賃金において約二割の減収となった」事実を背景に、失業者は著減したものの、労働者の雇用制限、労働力の計画的配置により、自由主義的調節機能が不全化し、労働力荒廃の危険が深刻化しているとする。このような状況下で、戦時社会政策としてドイツを事例に「(一) 労働の尊重」「(二) 生活最低限の擁護」「(三) 生活の安定」「(四) 負担の均衡」「(五) 革新の方途」とし、ドイツ並みの国民労働法の制定と国民的労働組織の建設が必要であるとし、勤労国民の生活安定のため最低賃金制度の導入を提唱している。(31)

森戸は、産業報国運動に期待していた。森戸は、社会的・文化的国家への公道、デモクラシーと階級闘争は、ともに封鎖されているが、高度国防国家は「非常時」の存在であり、「上からの革新」の限界性を克己する意味で、また、国防国家であったとしても、国家目的として社会的・文化的使命を有しているとする。そして、国民的生活協同体、国民的労働協同体、国民的業績協同体のなかで産業報国運動が労働統制のみならず新社会秩序の形成上重要であると主張した。(32) 森戸は、「我国においては、特に保守的勢力並に資本家階級の側に反労働組合的傾向が非常に強く、また国家権力による直接規制の主張も官僚の間に伝統的に盛であり、さらに労資協調・事業一家の思想は特に協調会等によつて絶えず提唱されて来てゐた上に、労働組合がいまだ産業上の決定勢力にまで発展してゐなかつたなどの事情から、事業一体的な経営協同体主義秩序に転換する可能性も亦充分に存在していた」との背景説明をなしたうえでドイツ労働戦線を重要な典型とすべきであるとし、ドイツ労働戦線が「反資本家フロント」に移行しつつ、労働統制の有効な組織であるとともに、社会政策上の組織ともなっているとした。しかし、森戸同様、「死守を誓った城砦の放棄を強要」されながらも、「国家大局のためにする「死の跳躍」によつてこの難関を美事に突破することができた」労働運動家・鈴木悦次郎が、「下からの革新」の代表として大日本産業報国会の審議員・理事にもなれずに死去したように、産業報国運動が革新官僚による「上からの革新」にすぎないものであるとドイツと比較しつつ指摘したのであった。(33)

それでも森戸は、新官僚による産業報国運動をして、資本・経営・労働の三位一体にあたり、経営を重視した資本による専制的支配を廃するべきだとしている[34]。また、「文化遺産の保維という極めて卑近で地味な仕事から着手さるべきだ」とし、「文化的努力が狭隘な排外主義と結びついて固陋な文化的反動に墜する危険も全然存在しないわけではない」と警告し、そのうえで文化階層を委縮させずに創造的文化意欲を喚起すべきと主張して知識階層を擁護した[35]。この姿勢は、太平洋戦争開始後においても、労務管理の重大化を指摘し続けるとともに、継続された[36]。このような森戸を大内兵衛は、後年、次のように述べている。

（前略）私は昭和十三年から終戦の直前同じ家で戦災を喰うまで森戸君と同じ屋根の下で共同の勉強をした。当時森戸君は「中央公論」その他に幾つかの論文を発表していた。それは軍靴によつて文化がふみにじられるのに憤慨、それに抗弁をしたものであつた。文化は軍靴にふみにじられるべく、あまりに貴いものだというのが彼の主張であつた。彼の論文は検閲当局によつてさんざんに削除された。彼はそれをいたく憤慨したが、そのため彼はますます反抗的になつて次の論文を書いていた。彼の勇気はために百倍し、彼は弥々検閲をのがれることに興味さえ覚えていた。彼の行動は勇気ある人のそれだと私は思つていた。（後略）[37]。

Ⅲ　敗戦と「文化国家」としての再生

1　文化国家としての再生

昭和二〇（一九四五）年八月一五日正午に流された玉音放送を、森戸は家族とともに、栃木県真岡の疎開先で聞いた。東京空襲が始まる以前より、戦争の帰趨を見定めていた森戸は、来るべき敗戦と、敗戦後の日本に思いをめぐらす日々を送っていた。この八月一五日、玉音放送が終わるとすぐに、森戸は上京したのであった。

ポツダム宣言の受諾にともなう無条件降伏を前提に、森戸は、第一次世界大戦の敗戦国ドイツの姿を念頭に置いて戦後を構想した。森戸は、ポツダム宣言の第一二条「前記諸目的カ達成セラレ且日本国国民ノ自由ニ表明セル意思ニ従ヒ平和的傾向ヲ有シ且責任アル政府カ樹立セラルルニ於テハ聯合国ノ占領軍ハ直ニ日本国ヨリ撤収セラルヘシ」の実現、日本の独立を常に念頭に置いていた。同時に、森戸は、連合国による占領統治下にあること、それからの独立にあたっては、敗戦による廃墟にある日本の再生を重要視したのである。

敗戦から昭和二一年五月までの間に出された森戸の各種論文等を参考に、森戸の戦後構想を整理するならば、一つの原則と相互に連関する三つの主張に整理できるだろう。

森戸にとっては、なによりも「対内対外に民族危機の緊迫せるにかんがみ、国家民族の再建復興をもつて最高の原則とする。この原則と調和し、これを助成するものとしてまたその限りにおいて、民主的社会的変革は力強く推進されるべきである」とした(38)。

このために、森戸は、第一に日本の民主主義を拡充する必要を説いた。しかし、政治的かつ制度的な民主主義化は、連合国による占領政策として遂行され、日本側の対応は、受動的にならざるを得ないものであった。それゆえ、森戸は、民主主義には「政治の足と文化の足と社会の足」があり、政治諸制度の民主化も、国民意識の変革、「人格観念の確立・合理性の発達・直観力の陶治」という基礎が必要であり、「政治上の民主主義変革に平行して、民主主義的な文化革命」の推進が必要であるとした(39)。森戸は、占領政策によってもたらされた民主主義を国民が内在化しうる必要性を説いたのである。一方、民主主義化にあたって、森戸は、日本の国家主義・軍国主義の背景に封建制度があり、それが民主主義の発達を阻害していたと認識する(40)。そのなかで、農民は、戦時中、軍国主義者、官僚、軍需産業に従属してきたことから見れば、待遇は改善されており、農地改革に対しても猜疑心を懐いているように、一般的に保守的であるとし、民主化の担い手としては、都市の産業労働者が中心であるべきだとした。昭和二〇年一一月七日、P

OLADのジョン・エマーソン（John K. Emmerson）の質問に対しても、森戸は、都市と農村、産業労働者と農民を対置し、反動的な農村を助長する政策ではなく、民主化の担い手である産業労働者のための重化学工業による日本の復興が必要であると、占領政策の転換を求めたのであった(41)。

第二に、森戸は、経済の社会化を主張した。民主化の担い手としての産業労働者であるが、労働組合の力は弱い。その理由は、戦前の労働組合の中心が重化学工業の組織労働者であったためである。森戸は、「政治上の民主主義変革に平行して、民主主義的な文化革命を力強く推進める」ためにも、「現代の民主主義は社会主義と結びついてのみ、よくその本領を発揮しうる」とし、財産と所得の分配のみならず生産に進出し、国家管理の必要性を説いたのである(42)。より具体的に、森戸は、「経済危機突破のため、総合的な計画経済を行ふ。そのさい、超重点産業政策と民主化された国家管理と生産者の積極的協力とがとくに重視される」とした。さらに、「経済再建は生産と生産従事者の利益を中心とし、寄生的・買弁的事業とインフレ及びヤミ利得者の犠牲と負担において行ふ。インフレ克服においてはとくにこの見地を充分とり入れられる必要がある」としたのである。

第三に、森戸の主張の中核であったのが文化国家論である。森戸は、戦後、派生する広範な文化運動に対して「現下の課題は、この自生的な運動に統一的な方向を与へ、その個人主義的傾向に代へるに協同体精神をもつてし、文化の低俗化、頽廃化に抗して剛健な道義性を喚び醒まし、文化的高踏を警めて実生活の現実的動向と直結し、ローマン的反動化と機械的な過激化を斥けて、人間性の豊かな均衡のとれた高次の革命的政治性を与へ、資本主義的な営利文化のより多くの享受を求める受け身な運動から民主主義的・社会主義的な労働文化の創造に努力する能動的な運動に転化すること」とした(43)。そして、国際社会に日本が復帰するうえで、軍国主義国家でも、経済的国家でもない、文化国家という方向性を明確にしたのであった。森戸の文化国家論は、高度国防国家において、政治・文化・経済が戦争の道具となったことに対するアンチテーゼであり、戦争の対極にあるものとして文化を定置し、同時に文化を最高価値とし、「文化を理解し、文化に参加する民衆の支配」による民主的文化国家であると主張するものであった。その基盤として「民主主義国家」「社会主義国家」「平和主義国家」を据え、「民主国家の建設についてみても、民主国家は大衆の意思の支配するところでありますが、しかし大衆の意思がもし新しい理想と理念に満たされなかつた時には、大衆の支配はいわゆる衆愚の支配になつてしまはざるを得ない」としてその喫緊性を主張し、古い文化を包摂しつつ、また、排外的な文化主義を警め正しく民族の個性を活かし、世界性を持ったものにしなければならないとしたのであった(44)。森戸は、なにより文化国家としての再生を考え、「民主主義国家」「社会主義国家」「平和主義国家」を基盤に据えたのであった(45)。

森戸の文化国家論は、戦前の主張と一貫していた。大原社会問題研究所、大阪労働学校等を通じての労働運動との関係も維持・継続していたものの、森戸は、労働組合を支持母体にしたわけではなかった。また、森戸は戦中期、産業報国運動、大政翼賛会、翼賛政治会に参画していなかったため、パージの対象となることもなかった。一方で、戦前・戦後で様相が一変した政府に動員されることとなった大学人・教授グループにあっても、森戸は、学者の範疇にとどまらない、総合性に抜きん出た存在であった(46)。

2　日本文化人聯盟

戦前から文化の重要性を主張してきた森戸にとって、敗戦日本の国と民族の危機克服の方策とは、第一次世界大戦後のワイマール・ドイツがそうであったように、文化国家としての再生でもあった。その最初の場が、思想・イデオロギーの差異を越えて自由な討論・研究・提案ができる日本文化人聯盟であった。

日本文化人聯盟は、戦後最も早くに成立した民主的団体の一つであった。八月末に杉森孝次郎、伊佐秀雄（室伏高信に近い）、秋沢修二等が相談しはじめたのが最初であった。この会は、敗戦前から、室伏が戦争終結を考えた日本版バドリオ政権構想が前提であった、と秋沢は記憶している。そして、九月に入って高野岩三郎・森戸辰男・新居格らが参加して準備会が発足した。準備委員会は、四回開催され、馬場恒吾はシャツに下ばき姿で参加し、パージになる前の山本実彦や、辰野隆、有島生馬、上田辰之助、軽井沢から参加した正宗白鳥などが熱心な準備委員であった。九月末には、日本文化人聯盟設立発起人会があり、すくなくとも一〇月一〇日過ぎには、正式な創立総会が行われ、一一月一三日、丸の内精養軒で結成大会が開かれた。参集した会員は、七〇名余。高野岩三郎の開会の辞、杉森孝次郎を座長に、伊佐秀雄が経過報告を行った。そこで、日本国憲法の原案の一つを作った憲法研究会や、連合国記者団との二回にわたる会談等について報告がなされ、そして、森戸から綱領と当面の活動目標についての説明がなされた。綱領は次のようなものであった。

日本文化人聯盟綱領

一、われらは日本の民主主義化を促進し文化的にこれらを完成するため広く各職域における真摯なる文化人を結合す
一、われらは偏狭固陋な排他的民族主義、軍国主義的、封建主義的、帝国主義的思想並にこれに基づく文化一切を排してデモクラシーとヒューマニズムに基づく新日本文化を創造し、平和的進歩的文化日本の建設に努力す
一、われらは海外の民主主義的文化人と国際的に協力して世界平和文化の発展に貢献せんことを期す

そして、森戸からは、「デモクラシーとヒューマニズムに基づく新文化の建設および世界平和文化の発展のための国際的文化活動の重要性が説かれ」た。(47) 来賓であった日本自由党植原悦二郎、社会党黒田嘉男、共産党徳田球一が祝辞を行った。

同連盟の中心は、委員長であった杉森、室伏、伊佐、秋沢、新居、そして、高野と森戸であり、リベラルと社会民主主義との合同団体であった。森戸は、聯盟の事務局長であり、専門部会であった思想・社会科学部の部長でもあっ

た。

そして、同聯盟は「平和と民主主義」を目標とし、そこに「森戸の提案で「独立」」が加わった。当座の活動目標は、「教育制度の民主主義的改革」「国語の整理統一、漢字の制限」「民主憲法の作成」「日本歴史の科学的把握」「芸術理論の研究」「新中国の政治経済思想文化状況の研究、日支の新なる文化的提携」「婦人問題特に婦人の人権問題」「協同組合の理論と実際、特に協同組合運動と文化運動との結合」であった[48]。具体的には、大山郁夫の帰国招請等が行われた。しかし、活動開始後、室伏が新生社、雑誌『新生』に力を入れていったため、次第に影が薄くなり、代わって高野と森戸が会の中心となったものの、活動は数カ月で、「次第に衰えた」。

その原因を森戸は、「①自由主義者と社会主義者　共産主義者　共同戦線」「②憲法研究会」「③民科」「④高野、森戸が職につく　放送協会、文部省」としている[49]。秋沢修二は、「室伏氏や鈴木安蔵氏らは憲法研究会を連盟から切離してしまいました」、「自由党、社会党、共産党が出そろって、それらの間の対立は日増しに激化してゆきました。この結果、日本文化人連盟でもリベラルと社会民主主義者との間の共同歩調はますますとれなくなってゆきます」そして、「高野先生が放送会長になられたのは会にとってさほど痛手ではなかったのですが、森戸先生が文部大臣になられたのは、会にとって決定的な痛手でした」と述べている。「平和と民主主義」という目標で、自由主義者（自由党等）と社会民主主義者（社会党）を一つに結び付ける文化運動の客観的な条件は失われていた[50]。さらに、共産党系は、昭和二一年一月二三日、聯盟の会員でもあった小倉金之助を会長として民主主義科学者協会（民科）を発足させ、事実上、聯盟から離れた。このため、新居や秋沢は、聯盟を社会党の文化団体としての再編も考えたが果たせず、結果として、自然消滅の状態になっていったのであった。

森戸が求めた文化とは、社会科学の実践であった。森戸は言論活動のほか、労働者教育を通じて、また労働組合運動・無産政党に関与することで、文化的生活を豊かにし、その生活を改善するものとして行動したのであった。そして、文化とは戦争を上回る価値を有するものとして重要視し、戦後は戦争の対抗概念として捉えていった。

森戸の文化運動としての労働者教育、大阪労働学校における献身は顕著であった。また、森戸の無産運動に対する活動は、理想を有しつつも常に現状との関係からその拡大可能性を追求するものであった。

そして、日中戦争開始後、無産運動・無産政党が戦争協力へと転回するなかで、森戸の内では、思想と行動が対立することとなった。一年の沈黙ののち、森戸は、マルクス主義という思想体系を放棄し、労働者擁護というこれまでの活動・行動を選択した。その行動・姿勢は、産業報国運動の内的改善を求めるに際してナチス・ドイツを例示しようとも、一貫したものであった。そして、労働者・日本国民が有している、あるいは有すべき価値としての文化は、戦争に従属するものではなく、常に、戦争から自立したものであると説き続けたのであった。森戸の言説は、当局によって添削されたが、可能な限り、戦時下においても追及されたのであった。

そして、戦後、行動としての文化を保障するため、芦田小委員会（衆議院帝国憲法改正案委員小委員会）の委員であった森戸は、原案になかった日本国憲法第二五条生存権を日本国憲法に盛り込むことに努力し、成功したのであった(51)。

森戸は、戦後日本の独立を文化国家としての再生として目指した。民主的文化国家とは、「民主主義国家」「社会主義国家」「平和主義国家」であった。そして、具体的にリベラル主義者と社会民主主義者との連合体である日本文化人聯盟を組織したのであった。

行動する知識人として森戸は、このように戦前も戦後も活動し、戦前の理想を、戦後、現実化するために尽くしたという点で、連続して存在した。知識人として森戸は、その行動ゆえに戦前・戦後を連続として捉えることができたのである。森戸は、伝統としての文化を継承しつつ、知識階級から、その担い手の拡大としての民主化を促進しようとした。それは、戦前期に抑圧された文化の再評価であるとともに、担い手の拡大も考慮したものであった。この点で森戸は、戦前・戦後を通じて、行動において一貫していたのである。

森戸は、河合栄治郎のように正面から体制を批判し続けたわけでなかった。抵抗の結果として、投獄・収監という形で沈黙を強要されたわけでもない。また、自らの思想体系を守るために「石かげ」や、象牙の塔に籠ったわけでもない。体制に接近し、その方向を変えるように努力し、あるいは、内面で反対であっても体制に従属して行動したわけでもなかった。森戸は、行動において常に、文化と文化の担い手であるべき労働者を守ることを行動の規範とし、自らが「かげ」を作りえる「石」になろうとしたといえよう。しかし、戦後、「石かげ」や、象牙の塔に籠っていた者達が、戦後の文化を評価し、戦前・戦中期に行動しなかった自らを擁護した結果、戦後の文化は、戦前との連続性を持たず、また、行動を伴わなかったつけは、大学紛争という行動のみの反抗によって改めてその弱さを露呈することとなる。

その後、森戸は、片山・芦田内閣文部大臣として文化国家としての再生を現実にしようとした。しかし、GHQという壁、総選挙敗北後は、社会党内での路線対立にあって一定の成功と挫折を味わうこととなる。そのようななか、森戸は、戦前からの教育機会の拡大という点を常に意識しつつ、新たな日本を創造する青年教育に活路をみいだし、新渡戸稲造の薫陶を受けた第一高等学校の教育と、自らが行った大阪労働学校での教育との連続のうえに広島大学長となる。

注

（1）思想の科学研究会編『転向　共同研究』上中下巻、平凡社、一九五九〜六二年。それは、現象面では、日本共産党の壊滅と指導層の下獄による空白と日本社会党関係者の大政翼賛会活動に対する不問を意味している。

（2）代表的な研究としては、竹中佳彦著『日本政治史の中の知識人—自由主義と社会主義の交錯（上・下）』（木鐸社、一九九九五年）がある。
（3）高橋彦博「帝国体制下の社会科学研究所―大原社研における森戸辰男の営為―」『戦間期日本の社会研究センター』柏書房、二〇〇一年。
（4）東京帝国大学経済学部において森戸は、社会政策学の完成のため、労働者問題を研究した。理論研究と実証研究を並行して行ったが、理論研究では、アントン・メンガー（Anton Menger）の社会主義・労働者法律学、ルヨ・ブレンターノ（Lujo Brentano）の自助的社会政策と、クロポトキンの無政府主義を並行して行った。
（5）『改造』第七巻第一号、一九二五年一月。
（6）法政大学大原社会問題研究所編『大阪労働学校史　独立労働者教育の足跡』法政大学出版局、一九八二年、一八頁。
（7）村上桃二「私の大阪労働学校時代」同前注、二六四頁。
（8）山崎宗太郎「大阪労働学校の思い出―塾風労働者教育―」同前注、二八四頁。
（9）ただし、三期から七期までは、正確な回数がわからないため、集計していない。このほか、具島兼三郎と佐藤善郎、下田正美、暉峻義等が二回。尾崎秀実、神尾茂、木村毅、清瀬一郎、田中慎次郎、前川正一、森下政一、吉田賢一等も一回出講している。
（10）「闘争手段としての現代教育」『改造』第八巻第一一号、一九二六年八月。
（11）「英国における労働者教育」『月刊大原社会問題研究所雑誌』第二巻第二号、一九三五年二月。
（12）森戸辰男著『オウエン　モリス』岩波書店大教育家文庫21（昭和一三年、序、三頁）。大阪労働学校における森戸の献身もまた、このような認識のもとにあったといえよう。
（13）高野は、ヨーロッパ・ロシアの旅（大正一五（一九二六）年～昭和二（一九二七）年一一月）に出て、ドイツ・ロシアのマルクス研究事情および政治情勢について学んだ。また、高野は、日本労農党の党首に推薦される存在でもあった。なお、森戸は、「大学を中心とする社会科学研究団体の進化」『我等』第八巻第一〇号（一九二六年一〇月）において、社会政策学会を社会改良主義的協調主義的であるとして批判している。この社会政策学会の発展に寄与した一人として森戸があげているのが恩師の高野岩三郎である。しかし、森戸は、高野が東京帝国大学を辞して社会政策学会から距離を置き、また、高野を取り巻く研究集団としての同人会がマルクス主義化したこと、また高野自体が、この外遊の過程でマルクス主義を受容すると、高野と森戸は大原社会問題研究所の運営のみならず、実践的な労働運動に対しても一致して行動するうえでの背景となった（高橋彦博「「森戸事件」前後―社会運動史における知的脈略―」『社会労働研究』第四〇巻第三・四号、一九九四年二月）。

(14) 森戸辰男著『最近ドイツ社会党史の一齣』同人社、一九二五年。

(15) 森戸辰男「無産党全合同は可能なるか」『改造』第一二巻第五号、一九三〇年五月。

(16) 同前。この森戸の現実的な中間合同に対して、山川均が同じ『改造』誌上で「無産政党合同の可能と不可能」を表して批判したが（山川均「無産政党合同の可能と不可能」『改造』第一二巻第六号、一九三〇年六月）、森戸は、山川の単一無産政党論に対して、非現実的であると再批判を加えている（「無産政党中間合同とその展望」『改造』第一二巻第七号、一九三〇年七月）。森戸は、山川の単一無産政党論それ自体を否定したわけではない。しかし、思想的に偏在する各無産政党が離合集散を繰り返す実態に対して、中間派を核として左右をまとめていく方向性を重視した。森戸は、山川の単一無産政党論を理想としては認めつつも、その実現可能性を現実面から否定したのであった。

(17) 同前。

(18) 広島大学文書館所蔵『森戸辰男関係文書』（TA01010904040）。また、河野は、森戸に宛てて第一回の正式の合同協議会の模様を伝えるとともに、大阪側に誤解がないよう、また、党名に「大衆党」を入れること、執行委員長だけは、日本大衆党から出してもらいたいとの東京側の要望を森戸に伝え、大阪側・全国民衆党に対する斡旋を求めている。高野が病気がちであったため、森戸は、東西間の仲介にあたり、中心的な役割を担っていた（昭和五年七月一〇日消印森戸辰男宛河野密書簡「社会大衆党の党内状勢について」『横浜市所蔵森戸辰男関係文書』（MYE082100100））。

(19) 森戸と労働運動については、三輪泰史「森戸辰男と大阪の労働運動―中間派の挫折と転向」『ヒストリア』（一〇九号、一九八五年一二月）がある。

(20) 森戸辰男「社会主義思想の進展」『中央公論』第四九巻第三号、一九三四年三月。

(21) 「軍部社会主義論」『横浜市所蔵森戸辰男関係文書』（MYC05800000）。

(22)「無産政党の躍進」『中央公論』第五一巻第四号、一九三六年四月。
(23)「ラッサアルの政治的遺産」『改造』第一八巻第四号、一九三六年三月。
(24)「国際主義と無産階級」『改造』第一九巻第一号、一九三六年一二月。
(25)大内兵衛著『経済学五十年』東京大学出版会、一九六〇年、三一二―三一三頁。高橋彦博著『戦間期日本の社会研究センター』柏書房、二〇〇一年、一一八―一二三頁。
(26)加藤節著『南原繁―近代日本と知識人―』岩波新書、一九九七年。丸山真男・福田歓一編『聞き書　南原繁回顧録』東京大学出版会、一九八九年。
(27)社会思想研究会編『河合栄治郎伝記と追想』社会思想研究会出版部、一九四八年。江上照彦著『河合栄治郎伝』社会思想社、一九七一年。最新のものとしては、松井慎一郎著『河合栄治郎　戦闘的自由主義者の真実』中公新書、二〇〇九年。
(28)日本共産党『日本共産党の八十年』日本共産党中央委員会出版局、二〇〇三年。
(29)「知的動員と知識階級」『中央公論』第五三巻第一一号、一九三八年一〇月。
(30)「戦争と文化」『改造』第二一巻第四号、一九三九年三月。
(31)「戦時社会政策論」『中央公論』第五四巻第七号、一九三九年六月。
(32)『新体制』の世界史的進路」『中央公論』第五五巻第一一号、一九四〇年一一月。
(33)「独逸労働戦線と産業報国運動」『改造』第二三巻第四号、一九四一年一月。
(34)「独逸労働戦線と産業報国運動」『改造』第二三巻第四号、一九四一年一月。
(35)「革新の推進と知識層の任務」『改造』第二三巻第一三号、一九四一年七月。
(36)「経営協同体への労務管理」『統制経済』第八巻第一号、昭和一九(一九四四)年一月、「勤労昴揚方策とその基礎条件―経営社会政策の重要性と限界に関する若干の考察」『厚生問題』第二八巻第六号、一九四四年六月。
(37)大内兵衛「森戸辰男君の思想について」『横浜市所蔵森戸辰男関係文書』昭和二三(一九四八)年三月一〇日。
(38)「国家・民族再建につきメモ」『横浜市所蔵森戸辰男関係文書』(MYC1000100)。
(39)「民主主義の拡充」『放送』一九四六年一月号。

(40) 座談会「日本政治経済の変革　その過程と動向」『評論』創刊号、一九四六年二月。座談会自体は、昭和二〇（一九四五）年一〇月九日に行われた。参加者は、森戸辰男、向坂逸郎、東浦庄治、宇野弘蔵、今中次麿であった。
(41) 伊藤悟編『政・官・識者の語る戦後構想』東出版、一九九五年。
(42) 「民主主義の拡充」『放送』一九四六年一月号。
(43) 『毎日新聞』一九四六年五月七日。
(44) 森戸辰男氏講演『文化国家の建設』一九四六年七月、日本社会党福山市支部。
(45) 森戸の平和観については、拙稿「森戸辰男の平和論」『広島平和科学』第二八号、二〇〇六年七月、参照。
(46) 深山繁「森戸辰男論」『人物評論』第一巻第七号、一九四六年九月。
(47) 『日本文化人聯盟会報』第一号、一九四六年一月。
(48) 昭和三四（一九五九）年四月一三日付秋沢修二より森戸辰男宛書簡『横浜市所蔵森戸辰男関係文書』（MYE154700100）。
(49) 「文化人連盟・憲法研究会について」広島大学文書館所蔵『森戸辰男関係文書』（TA02043800700）。
(50) 同前。
(51) 拙稿「森戸辰男からみた日本国憲法の制定過程」『日本歴史』第七二八号、二〇〇九年一月、参照。

第三章　戦後教育改革における大学の自治

敗戦下、日本は、GHQのもとで民主化を行った。連合国・GHQは、民主化に反対し、戦前の日本への回帰という方向性を追放という形で徹底的に弾圧した。近代化に成功し、大正デモクラシーの経験を持つ日本ではあるが、占領下という軛のなかで、アメリカにより、半ば「押し付けられた」民主主義を、日本風にアレンジして受容すべく努力していった。

ただ、アメリカ流民主化の受容は「解釈」をともなうものであった。来るべき自立のための方便と考えて耐え忍ぶ者もいれば、この民主化を日本の民主主義と接合しつつ、新たな発展を期する者もいた。民主化を利用して旧体制を打破し、さらに、この民主化を超えると考える体制への展開を策する者もいた。この三つの立場は、相互に連関しつつ、今でも戦後教育改革の評価を左右し、今日の政治的位相をも規定している。

実際、戦後教育改革の中核を担った者達のことを南原繁は、昭和二四年一二月九日、アメリカ教育評議会主催、国務省協力のもとに行われた被占領諸地域を対象とした教育会議の演説で次のように語っていた。

（前略）日本の歴史はルネサンスを知らず、宗教改革を知りません。この史実の中に日本の精神的後進性の、たとえ唯一ではなくとも、主たる解明が見出されるでありましょう。しかしながらわれわれ日本人の中にもまた選ばれたる魂が皆無であったのではなく、かれらはいかなる危機と困難にあってもその確信の勇気を失わず、すでに蒔かれた「真理」と「生命」の種子を育てながら、やがて来るべき今日のために備えつつあった、と告げうる

ことは私の幸福とするところであります。（後略）[1]

この者たちの中心であったのが、第一高等学校で新渡戸稲造の教育を受け、内村鑑三の教えを受けた者達である。教育刷新委員会には、新渡戸四天王と呼ばれた一人である田島道治、南原繁の一高・東大の同級生だけでも、森戸辰男、関口泰、山崎匡輔がおり、他に、連絡委員の澤田節蔵がいた。澤田は、南原の同級生澤田廉三の兄であった。そして、一高の同級生として天野貞祐がいた。[2]

一概に、戦後教育改革といっても、義務教育期間の拡大を意味した六・三制の導入は、最大の成果であったが、新制大学の導入については、大学法の不成立と、後述する学園紛争・大学紛争をもたらした点で大きな問題を持っていたといえよう。

以下では、教育刷新委員会の委員長として、新制大学の成立、なかでも、その管理運営について東京大学総長・南原繁に焦点をあてて分析することとしたい。

なお、南原繁は、明治二二（一八八九）年、香川県に生まれた。香川県立大川中学校をへて第一高等学校に進み、新渡戸稲造校長に学び、内村鑑三と出会い信仰を得た（無教会主義キリスト教）。その後、東京帝国大学政治学科に入学し、小野塚喜平次のもとで学んだ。卒業後、内務省に入り、富山県射水郡長となり、内務省に戻ってからは労働組合法の草案作成に従事するも廃案となり、大学に戻り、小野塚のもとで助教授となる。政治学史・政治哲学を専攻し、激動のなか、基本的に「洞窟の哲人」[3]として過ごすも、毅然とした態度を維持し、敗戦直前の昭和二〇年三月、東京帝国大学法科大学長となり、同一二月に、最後の東京帝国大学総長となる。そして、教育刷新委員会の副委員長・委員長となっている。

Ⅰ　教育刷新委員会と南原繁

1　教育刷新委員会における国立大学の地方委譲と中央機構問題

昭和二一年八月一〇日、教育刷新委員会が、文部省の影響力を限定的とするため内閣総理大臣直属の組織として設置された。審議は、アメリカ教育使節団報告書に基づき、学制改革を中心とする教育改革案を審議することであった。戦後の教育改革は、この教育刷新委員会が計画面でリードした。

当初、委員長であった安倍能成が文部大臣となって去ったあと、委員長となった東京帝国大学総長・南原繁が「戦後教育改革のまさにキーパーソン」であった(4)。

戦後教育改革は、対日占領政策の一環なのであり、国粋主義・軍国主義の除去としての教職追放、そして、アメリカ教育制度を日本に導入することが主眼であった。しかし、米国教育使節団報告書（昭和二一年三月三一日）における高等教育に関する記載は、詳細なものではなかった。このため、学制については、日本教育家委員会の案が踏襲され(5)、また、国立大学の地方委譲問題も戦前に起源を持つとされる(6)。それ以上に、占領下では、米国教育使節団報告書でも地方分権化が前提であり、新制大学については、アメリカの州立大学がモデルであったことの方が重要であった。

教育刷新委員会（昭和二一年八月一〇日設置）では、連絡委員を置き、GHQの指示を受けつつ、如何に日本の国情にあわせてカスタマイズするかが議論の重要な論点であった。教育刷新委員会では、民主化を象徴するものとして義務教育年限の延長（六・三制の導入）に強いイニシアティブをとった。また、中央集権化の排除、教育界への政府干渉を制御することについても熱心であったが、以下にあるように、大学の地方分権化については、敗戦後の財政難もあり、慎重な意見が多かった。さらに、六・三・三・四制の最後、大学の在り方、特に、その管理運営をめぐっては、占領当局GHQ・CIE（民間情報教育局）と教育刷新委員会委員長であった南原繁との間に大きな溝が存在していた。

以下では、まず、国立大学の地方委譲問題について教育刷新委員会の議論を確認する。

国立大学の地方委譲を強く要求するＧＨＱ・ＣＩＥに対して、南原は、「地方委譲を、ただいかんという困難な理由だけではいけないのでありまして、積極的に国立大学は相当な数を大体において現在に近いものを認めて行く、それには大学の自由を守って行く、つまり統制というものをなくすためには機構（中央教育委員会）は必然的である」としていた。(7) 南原は、国立大学の拡大、大衆化を認めながらも、なによりも大学の自由の確保を最重要視していた。

教育刷新委員会第一〇特別委員会主査であった務台理作は、国立大学の地方委譲が困難である理由を、「第一は今日の事情では、地方教育委員会は大学の管理に当るほどまだ高められておらない。それから地方教育委員会は地方の事情に非常に支配され易いので、文化の向上、大学の自治というような理解ができるかどうか危険である。第二は、従来の大学は、常に日本全体の文化向上を目的にしたものであって、決して或る地方の特別な文化向上を目的にしたものでなかった。場所はどこにあろうと、そこに入って来る学生は、日本全国から来るものであり、又その卒業生も全国へ配置されるように計画されて来たものである。これを今一挙に地方へ移すと、混乱が起る。第三には財政の問題」の三点にまとめていた。(8) この点に、他の委員からも疑義はなく、問題は、「主義の問題についてはは異論がないので、いつどういうようにしてやろうかということ」であった。(9)

さらに、教育刷新委員会における地方に対する認識は、「地方は国費負担において地方大学を建ててくれということをいっておる」（戸田貞三・東京帝国大学文学部長・教授）、「科学的な金がかかるようなものは地方が手を引くというようなことが私は考えられる。必ずしも反対じゃない、儲かればやるということになって、医科大学ばかりで綜合大学の方は国庫にして貰いたいという肚になって来はしないかと考えるのであります」（田中豊・前東京大学教授）というものであった。(10) 地方委譲の要件としては、戸田貞三が「その大学に入学を志望する者が大体或る地方の人々に限定せられる。少くとも半数は地方の人々であるというふうなものは地方に移管するということがそう無理ではないじゃないか」と述べ[11]、南原繁も賛成していた。そして、教育刷新委員会第五〇回総会で、「大学の地方委譲自治尊重並びに中央教育行政の民主化に関する決議」が昭和二二年一二月二六日になされた。この決議で「三、大学の自由を尊重しその運営の自治を認めること」が挿入され、中央教育委員会の設置と、文部省の文化省（仮称）への改組が求められた[12]。

南原主導の教育刷新委員会においては、国立大学の地方委譲をできるだけ避けつつ、大学自治のための「中央教育行政の民主化」として、中央教育委員会と文部省の改組が求められたのである。

文部省の改組については、第一〇特別委員会第六回委員会で、入江俊郎による「今後の文部省の在り方（二三、一、三〇）」が提出されている。

このなかで、入江は、日本国憲法に対応して、「文部省は、学芸および教育の向上と普及について、必要且つ適切な諸般のサービスを国民に提供し、教育の地方分権に伴ひ、地方において行われる教育に対しては充分なる援助を与ふると共に、あくまで、基本的人権を尊重して精神活動の自由を保障することをその主要なる任務とし、いやしくも国家権力をもって、学術及び教育の実体に干渉を加ふるがごときことのないようにせねばならない。又、その任務の遂行に当っても、文部当局は、できる限り民意を尊重して独善におちいるがごときことを避けなければならない」とするものであり、文部省の名称変更も求めるものであった[13]。また、務台理作も「文部省の機能と組織を根本的に改めてこれを文化省（学芸省）に転換し、従来の行政管理権を全面的に縮少（ママ）し、再び官僚統制、中央集権の弊に陥ることのないように徹底した民主化が施されなければならぬ」として次の三点を「文化省」の根本方針とした。

一、文化省は教育・科学・文化の均整的な向上発展のためのよき奉仕者となり、個人と民衆の創意と活動に対するよき奨励者、斡旋者となり、それ以上の管理権をのぞまない。

一、文化省は、政党の支配力から完全に独立し、特に偏した政治思想と政治的目的に利用されることなく、文化それ自身の創造的発展を護るために強力な自治的機関の下に運営されなければならない。

一、文化省が教育・科学・文化生活の向上発展のために必要とする経費は国費全体に対して優先的に確保されなければならない(14)。

この二人の意見を組み込んで作られたのが、「学芸省（仮称）」案であり、教育刷新委員会第五五回総会で決議された(15)。

2　大学の管理運営機関

また、GHQ・CIEは、大学の管理運営に市民参加による理事会制度（ボード・オブ・トラスティーズ）を国立大学に導入するように強く求めた。東大や京大などの帝国大学は、教授会による自治を戦前から積み上げてきただけに、南原繁は、「日本の大学とか国立大学に向って、アメリカ式のボード・オブ・トラスチースをそのまま持って来るということは弊害がある。大学の自治に矛盾する。むしろ我々の委員会で決議したように、将来できるべき中央教育委員会で、十分そういうことは国民の意思を代表して大学の監督もでき、その意を経て文部大臣が監督する。従って、地方的な委員を入れてボード・オブ・トラスチースを拡大するということは、却って弊害があってよくないというような線に沿って、大学教授連合はその議を進めております」と述べていた(16)。

さらに、南原は「何よりも重要なことは、私立大学では、今までは、教授会というものが勢力がなかった。そこでいろいろのことを考えて、何よりも教授会を強化して行くことが必要である。国立にはそういうものはない。又必要もなかった。そこで従来は、国立に対しては、専ら中央においては、文部大臣が関係して、いろいろな関係があったが、それを我々は、中央委員会なるものを考えて、そこで問題にしなければ問題にしないということを言っている」と述べていた(17)。

これに対して、矢野貫城（明治学院長）が「大学だけでやることが、デモクラティックの組織かどうかということは、ピープルに対して責任を持たない。その責任は、中央教育委員会だけでやめということで、向うを承服させることはできますか」と質問したのに対して、南原は「それは、大学の自治を認めつつ、それからそれの逸脱を防ぐという意味の監督、それが二つ平行して行くのでなければ……」と答えていた[18]。

そして、南原は、「最後の切り札というか、唯一の途」として、「ボード・オブ・トラスティーズ」を学長の諮問機関として、「評議会で決まった大きな政策をこっちの意見も聞いてみたい、それを最後は総長が決める」としたのであった[19]。南原は、この理事会設置案を大学の自治と自由を確保するうえで「弊害」と考えていたのであり、決定権を持った理事会ではなく、意見をとりいれる学長推薦による「商議会」の設置を提案したのであった[20]。

南原の意見に対して教育刷新委員会第六二回総会では、異論が続出した。関口泰（前教育研修所長）からは、「目的のない、財産もない自治というものが果たしてありうるのか。今、日本で言っておる自治というのは、教授会の自治と又大学の自治というものに、教授会が勝手にやりうるという所にあるのじゃないか。お話のように、全くその教授会の構成、その他教授の任免、助教授の採用というようなことについて、批判がないわけじゃないのであって、それにも全部委すということは、殊に今のような、大学の数がうんと増えるというような場合、今の綜合大学ならばいいのでありますけれども、大学がこんなにうんと増えるというような場合に、そのままの自治というものが、果して許し得べきものであろうか」との疑問が出された[21]。また、ＣＩＥとしても、「教授だけの自治ではやはり中央集権的」という点を問題としていたのに対して、南原は、理事会「が最高の機関となって総長を任免する、教授のことまでも容喙するというようなことになれば」と危惧の念を明らかにしていた[22]。南原をとらえていたのは、「文部省がやってきた」という戦前の経験であったが[23]、これに対して副委員長の山崎匡輔も教授自治を「独善的」と指摘していた[24]。また、田島道治は、さらに各大学に「特別会計について、ボード・オブ・トラスティーズというようなものが置けるものならば、置くというようなことで、多少いろいろな点に、今日の大学の独立自治とは違った意味において、独立自治ということを図る。そうして又、今の大学の人が考えられているような自治というものが、世間が言ういわゆる象牙の塔だというような、大学の独善というような弊が、それによって矯められるならば、矯められてもいいのじゃないか」と述べていた。[25] 務台理作も、大学の自治に対して「全体の上から反省も加えて適当な公正な形にするという自制も、やはりしなければならないと思う。そういういわば、自制をし易くするような機関」が必要であると述べた。[26] 務台の意見に入江俊郎が評議会に学外委員を入れた強化案を提示し、[27] 南原は、この案で合意を一旦とったのであった。[28]

そのうえで、昭和二三年四月二日、第六三回総会で南原は、大学の管理運営を、①教育研究、②教員人事、③予算その他経営、の三つに分けて、③について「カウンシル」（商議会）が担当するという入江俊郎の提案をうけて、これを国立大学に運用することとした。[29]

この入江俊郎の提案は、南原とともに立案したものであり、商議会を教授会・評議会の上に設置し、定員半数の部外者を入れることとしていたものであるが、改めて問題点が多数指摘された。山崎匡輔は、①選挙人と被選挙人の区別が明確でないこと、②学長を当該大学から選出することとなっているが、「広く人材を天下に求め」てきた国立大学で大きな転換となること、③商議会規模が小さすぎること、④私立大学について触れていないこと、の四点を質問した。[30] また、「屋上屋」（佐野利器、東京帝国大学名誉教授）[31]、「官公立大学で大学自身の予算を作るということは、ちょっと了解できませんが」（稗方弘毅、臨時委員・和洋女子専門学校長）[32]、商議員について「前の総会においては、総長が任命するという言葉をお使いになったように思います。こうして置くと、総長だけが任命するという傾向が現れてくると、まずいと思います」（広川清隆、日本教職員組合中執委員）[33]、などと問題が噴出していた。

このように議論が出たにもかかわらず、南原は、かたくなであった。副委員長の山崎匡輔は「委員長となすっては、御立案なすったこの案を、むろん是非共お通しになろうということはないのでございましょうけれども、やはり何かどうも、われわれの意見もある程度まで御斟酌下さる度合が、少し薄いような感じがしておるのであります。何かこの案だけでずっと行ってしまえという……」とまで述べている。(34) さらに、田島道治からも「委員長である総長が、東大の現状に鑑みて、評議会は別に要る、今なっておるように思います」と指摘されていた。(35) さらに、田島は「副委員長からもいろいろご意見が出ておるようでありますから、今日は即決なさらないで、もう少しそこのところをお話合いになったら分るじゃないかと思います」との意見がありながら、南原は、強引に自案を通し、それを「我が国の大学の自由と自治をして一層有効ならしめるために」としたうえで、「大学の自由及び自治の確立について」を決議している。(36)

南原の真意は、「理事会」は大学の自治を侵害するものであり、排除したい。しかし、GHQの要求であるから、受け入れざるを得ない、ならば、如何にその権限を少なくするか、という一点に関心があった。それゆえ、第六二回総会で評議会に学外委員を入れる案が一旦決まりながら、あえて権限の限定された商議会案を提示したといえよう。

3　大学法試案要綱

しかし、GHQ・CIE側は、納得したわけではなかった。大学の管理運営も、当然、民主化の対象であったためである。CIEは「大学高等教育を政治上の利害関係から十分これを保護していくということを第一に考える。ドイツのナチ時代においてドイツの高等教育機関というものがナチの機関であったというようなこと、これは忌むべきことであって、日本の教育が、国立大学というものも要するに国費で維持されていく、国費というものは国民の全部の租税によって賄うのである。従来のような大学の独善的な教授グループの機関によって左右されるということはこれは一つ是正しなければならん」との意見であった。(37) そして、GHQ・CIEから案として教育刷新委員会に出されたのが、文部省が翻訳した「大学法試案要綱」であった。この大学法試案要綱は、管理運営のみならず設置認可、組織等を含む包括的な内容を持っていた。特に問題にされたのは、管理委員会が最終決定機関であり、組織・行政のみならず、学術・経済両面の一般方針についても最終決定権を持っていたことであり、学内の委員は、学長を含めて一三人中四名にすぎなかった。大学法試案要綱は、明確に、教育刷新委員会の商議会案を否定し、アメリカ州立大学における理事会の導入を求めたものであった。

南原は、大学法試案要綱について、目的が学校教育法（昭和二二年三月三一日法律第二六号）の第五二条「大学は、学術の中心として、広く知識を授けるとともに、深く専門の学芸を教授研究し、知的、道徳的及び応用的能力を展開させることを目的とする」より後退し、「職業教育といったものが主に出ておりまして、これを殊に第三条と併せて考えた場合に、これから後に各府県にできる新制大学をむしろ標準にして書いた嫌いが多分にある」と批判したうえで、第六条中央審議会と第七条管理委員会を問題にした。後者について、南原は、「地方教育委員会に対応したような中央教育委員会が、当然文部省の新しい組織と共に考えられなければならん、そこにおいてその中央教育委員会といったようなものをおいて、ひとり大学のみならずその外の教育の全面についても共通の最小限度の基準或は国庫補助の面は当然なさなければならん。それと併せて大学の面も中央教育委員会においてなすべきが当然国立大学の性格として意義がある。ここにおいて教育の自治の逸脱を防ぐようにしたらよいじゃないか、そこで各大学にもし置くとすれば、それは合同トラストとは違った意味のカウンシル、商議会という名前を決定してありますが、そこで主として財政経済の部門を学長の方も入って十分協力を願うという建前」であったものであり、大学法試案要綱は依然として理事会案であり、中央教育委員会案が、「弱い審議的なものになっている」と批判した(38)。そのうえで、南原は、「大学法」ではなく、「大学の経営とか、管理に関する重要なものだけ書けばよい」と大学管理法としての制定を求めている(39)。南原は、「本委員会としては大学の自治確立というか、運営の機関として考える。それは従来考えて来たものですから」とも述べていた(40)。

第一〇特別委員会で審議。中間報告案が総会に提出され、中央教育委員会と別に、国立大学教育委員会を新たに設置する提案を総会にしているが、総会でも意見が百出し、速記中止が連発されている(41)。

第一〇特別委員会での三回の議論をへて、第八三回総会で個条ごとに審議を行った。ここで南原は、大学の自治を実質化させるため「財政」について重視し、採択したのであった(42)。

その内容は、中央教育委員会とは別に、「国立大学教育委員会」を設置し、その構成を大学側に有利にしたことである。また、各国立大学に管理委員会ではなく、商議会を設置し、その構成も国立大学教育委員会のコントロール下に、学識経験者という形で大学側に有利な人員を配置できるものとしていた。管理委員会が有していた人事権などは排除され、教育刷新委員会の商議会は単なる審議勧告機関であり、決定機関ではなくなっていた。南原主導下の教育刷新委員会では、教授会自治・教員自治としての大学の自治をなによりも優先したのである。しかし、大学法試案要綱・大学法は、文部省とGHQとの間で法制化に向けた折衝に入ったものの、学生自治会や大学関係者の反対運動のため、国会上程ができずに終わる。このため新制国立大学は、管理運営について明確な規定を持たないなかで発足することとなった。

以上、教育刷新委員会における審議において特徴的であったのは、委員長であった南原繁が、大学への介入を極端に排除しようとしたことである。南原は大学に関して、ある意味、GHQを利用して、政府・文部省の介入を極端に抑えるように心がけた。大学への介入を極小化しようとする考えは、国立大学の地方委譲でも、管理運営における議事進行でも明らかである。大学に関して象牙の塔にこだわり、大学の自治を固守せんとする南原の対応は、むしろ特異であったといわざるを得ない。

Ⅱ　南原繁の大学観

南原は、「教育改革者」として語られている。[43] しかし、新制大学の成立過程での南原繁は、改革者として評価するのには疑問がある。多くの論者は、南原繁の人格と同一化して政策を評価しており、戦後教育改革における南原繁の改革者としてのイメージを過大に評価しているのではないだろうか。

南原は、ワシントン教育会議で「過去四年間にわたる教育改革は、決して連合国総司令部当局の管理や指令によって行われたものではありません。いかにも民間情報教育局は、多くの貴重な勧告その他さまざまの方法により、われわれに助力を与えられたことはありますが、改革自体はわれわれ自身の意志と努力とによって行われたものでありま す」と述べたが、[44] 新制大学の成立にあたって南原は、むしろ改革の抵抗者でもあったのであり、そもそも、間接統治下で、教育刷新委員会が改革に関する全面的な権限を有していた訳ではない。以下では、南原繁の足跡をたどり、その大学観についてみることとしたい。

新制大学の特質は、一般教育を導入したことにある。この点、南原は、第一高等学校において新渡戸稲造に出会い、第一高等学校における三年・「煩悶の時代」に、ヒューマニズムを学んだ。その「国際精神」「人間自由の精神と普遍的な教養」は、戦後の教育理念として採り入れられたとしている。[45]

しかし、南原は、この三年間を「旧制高等学校というのは数は少ないし、十八世紀のイギリスの紳士教育ですね。それはそれでいいのですが、正直な話、あの三年間というのは僕も知ってるけど、遊んだものですよ」と述懐している。[46] 南原の一高時代とは、同級生からみれば「遊んだり、運動したりしたところは一つも記憶がない。図書館通いを意味するカン詰や、消灯後ローソクで勉強するローペン姿だけが浮かんでくる」ものであった。[47] 新制大学における旧制高等学校の位置づけをめぐる南原と天野貞祐との対立・確執も、[48] その根幹にあるのは第一高等学校における体験の相違ではなかったであろうか。

また、南原は、新渡戸稲造を評価しつつも、「それから更に学びたいとするものを柏木にやったんですね、内村先生のところに」と述べているように、[49]最終的には、内村鑑三による自らの宗教的信仰を得るうえでの前段階的な「内面的教養」であったのではないだろうか。[50]実際、南原は、新渡戸の「修養」にみられる啓蒙的な教育姿勢について評価しているわけではない。「牧民官」南原の富山県射水郡長としての農業公民学校などの営為も、内村鑑三の影響が強い。[51]煩悶のなかにあった一高時代、内村と出会い、信仰心を得たことが南原にとっては重要であった。[52]さらに、何よりも、南原にとっての大学とは、東京帝国大学であった。そこで、日本における近代政治学の創始者である小野塚喜平次と出会い私淑し、内務省を辞した後、小野塚のもとで、ひたすら学究の道を歩むことができたことが重要であった。南原は、業績という点では寡作であり、戦前期、世間から着目されることもなかった。[53]しかし、南原は、ひたすら「洞窟の哲人」として学究に励み、その学識は高邁であったとされる。[54]南原は法科大学長となり、また、総長となっては、象牙の塔としての東京帝国大学を守ることに腐心し、守るにあたって毅然とした態度をとった。同時に、一高・東大一級下の矢内原忠雄が大学を追われるように辞め、平賀粛学で河合栄治郎が免職となるという状況を経験した南原は、なによりも大学を戦後も政治から守ることが重要であった。南原にとっては、戦前における大学の歴史とは「ヨーロッパの如きルネッサンスを持たなかった日本は、明治以降、何よりも列国に伍して近代国家としての形成に忙しく、学問と文化も、初めから富国強兵の手段として考えられ、国家目的に奉仕せしめられて来たのであった。つい先頃まで旧大学令において、官私立とも大学は専ら「国家に須要なる学術」の研究をなすということが、その任務として課せられていた。ここに、わが国において、学問の自由と大学の自治を獲得するために、われわれの先輩・同僚の絶えざる苦闘と、同時に幾多の犠牲を払った大学受難の歴史がつづいたのである。しかも、それが皮肉にも官学において顕著であったということは、記憶されていい」とするものであった。[55]そうであるがゆえに、国家と大学との関係を南原は、「国家が学問を尊重し、その真理に導かれる代りに、再び国家権力が学問を疎外するか、或は、出来ればこれを自己に奉仕せしめんとする傾向はないかということである。もしそうであるならば、それは学問に対する政治の優位の思想であり、旧き憲法精神の復活の兆候と認めなければならぬ」と理解していたのである。[56]

このため、教育機会の拡大としての六・三制の導入については、牧民官の延長として対応して推進したが、戦後教育改革における大学の民主化については、政府・文部省による介入を阻止し、象牙の塔を守る機会と意識して行動した。しかし、大学それ自体の民主化としてのレイマン・コントロール導入については、介入の呼び水と考え、できうる限り抵抗したのであった。この点、南原の大学とは「真理探究の場、その意味においてはアカデミーとして、自らの享有する自由を、責任を持って行使することにより、いよいよ基礎的原理の研究に従事し、新たな創造と発見に向」わんとするドイツ流であった。[57] 南原にとってアメリカ州立大学方式の日本への導入は、「アメリカの大学理事者たちは日本のような学内選挙が必ずしもよいとは考えていないようであるが、教授側では日本のやり方を以て非常に民主的であると言って賞賛していた」「アメリカの大学は理事会と総長中心主義であり、西ヨーロッパの大学においてのような厳格な意味でのアカデミック・フリーダムはないという結論になる」として学問の府としての大学の自治を脅かすものとも認識していたのである。[58]

また、旧制高等学校における教養についても、南原にとって第一高等学校の教養は、どこかで大学の予科であったのであろう。[59] それゆえ、第一高等学校における教養を、三年から二年に短縮し、前教育として、第一高等学校を吸収し、東京大学の教養学部に改編したのである。昭和二三（一九四八）年一〇月二〇日、来日した米国人文科学顧問団に対して「「アカデミー」や「象牙の塔」は、現代頗る不評の標語ではありますが、省みるべき意義があると思はれるのであります」と述べていた南原にとっては、[60] 六・三・三・四制の導入も、そのうえの大学院が存在すればこそであった。[61] しかし、大衆化する大学にあって「大学があれば大学院を置かなくてはならんと方々の大学で大学院を置くようになった。大学として完成してないのが……。そこらが違っていた」と南原は述べている。[62] その意味で、南原の同級生でもある森戸辰男が中央教育審議会で大学の類別化を行ったことと、南原の考えとは全く矛盾しない。そして南原は、「敗戦日本として、わが国の思想・文化・政治・経済をいかにして建直すかは、根本において教育・学問・科学の異常な発展を必要とする」「それは祖国の復興のためというのみではない。新しく平和文化国家として出発した日本が、普く世界人類に寄与する道はその外にはない」という大学は、この「任務を担って、社会に立つてゐるのである」としていた。[63] 南原にとっても大学は、社会の一部であったのである。この点でも森戸と共通していた。

教養については、堀尾輝久（東京大学教育学部教授）の「「教養主義」というのは堕落した教養、装飾としての知識、もの知りではあるが、その知識を統合する主体の欠如として特徴づけられる」とする意見に対して、南原は「私はそれを活かしたつもりだが」と答えている。[64] 教養に関する基本的な認識では、新渡戸教育を受けたものとして共有されていたのであり、そうであるがゆえに、教養学部に新渡戸稲造の薫陶を受けた矢内原忠雄を招いたのであった。

しかし、南原には、「この六年間、及ばずながら私の最も戒心し、努力し来ったところのものは、「学問の自由」「大学の自治」であったのである。これが確立されなかったところに、或ひはこれが脅かされたところに、今日の日本の悲劇が起ったと云っていい。随って学問と大学の自由の確立は、ひとりわれわれ大学と大学人の最大関心事であるばかりでなく、実にわが新日本建設の必須条件であるのである」との思いが強かった。[65]

南原の対応は、常に原則論的であった。日本国憲法においても、学問と現実においても、常に学者として対応した。昭和二九年一月二五日の日教組教研大会開会式記念講演「民族の独立と教育」において、広範な自由と不変の理念である平和の立場から、教育二法への動きを厳しく批判したが、一方で、「組合はもとより政治団体ではない。したがって、これが活動と運営には、それ自らの限界がある。教員組合も一般の労働組合法によって結成されてゐるけれども、諸君は労働者、勤労者であると同時に、ほかならぬ教育者である。人の子をあづかる教師、精神の労働者である。その結合においては、あらゆる場合に、就中、民主主義的方法が守られ、あくまで個人の自由な判断と批判を中心として、闘論と反省を通して、責任ある行動を期することが要請されるであろう」「かように見るときに、率直に云って、日教組過去数年の歴史において、中央・地方を通じ、その指導に当り、すくなくとも一部指導者の間に、時に行過ぎや、階級的イデオロギーの支配的傾向はなかったか。殊に、数次の国民的総選挙に際して、組合の取った方針や運動が、果して正しかったか」と指摘し、「わが民族の新しい教育理想を、暴力的革命主義からと同じく、いま反動的権力主義から、最後まで守り抜かうではないか」ともしていた(66)。

それは、政治における正義を追究し、広範な自由を求めた南原にとって戦後の大学は、「日本にあつてはアメリカの場合と異なり、民主政治はいまだ真の生命的存在となつているとは云いがたく、突如たる反動勢力の擡頭を見るということもかならずしも一笑に附すべからざるものがあります。したがってまた日本の大学は、戦後の異常な政治・経済状況の結果として生まれた望ましからざる社会的勢力の侵攻に対して警戒をゆるめてはならないのであります。それらの人々は皮相的であり、権力の欲望者であり、言うまでもなく学問愛や教育の尊重などはこれを見ることができないのであります。大学が万一かくのごとき無理解な人々の手に帰するならば、その高等教育の機関としての運命の帰趨は、これを創造するに難くありません」との状態にあると認識されていた(67)。しかし、南原にとって、「突如たる反動勢力の擡頭」と「戦後の異常な政治・経済状況の結果として生まれた望ましからざる社会的勢力の侵攻」とは併記されているが、基本的な問題意識は、戦前の政府・文部省等であり、「私自身としては、「たとえ権力者に多少の困難が伴うとも、余はむしろ自由を選ばん」と云った偉大なるドイツの哲学者イマーヌエル・カントの言葉に深い共感を禁じ得ないのものであります。思想乃至文化の危機は、真理そのものに内在する力によって克服されうる。政治的なあるいは社会的な外的権力によつてでは断じてない。これが私の信念であります。思想と文化とが、学園内においてはかくのごとく遇されるということに、大学の使命があるのであります」としていた(68)。

南原にとって「戦後の異常な政治・経済状況の結果として生まれた望ましからざる社会的勢力の侵攻」は、大学内、学問の内において克服可能であると考えていた。それがマルクス主義である限りにおいて、南原は、自らの著書『政治哲学序説』（岩波書店、一九七三年）で証明したのであった(69)。

南原は、大学を離れると再び学究の道に戻った。問題は、安保闘争に代表される二項対立のなかで、南原の存在を利用し、また、後継者の一人である丸山真男を通じて南原を理解し(70)、南原を大学教員のモデルとして考え、解釈したことにあるのではないだろうか。

Ⅲ　文部省の対応

戦後、文部省は、安倍能成、田中耕太郎、高橋誠一郎、森戸辰男、高瀬壮太郎、天野貞祐と、学者が大臣となった。これにともない、文部省内でも、教育刷新委員会委員であった山崎匡輔が次官に、関口泰が社会教育局長となっていたように、戦後教育改革に対応した陣容であった。そして、民間情報教育局のオア課長からも、「日本の文部省は、日本の教育家の援助を受け、連合軍最高司令官の指導の下に全く近代的な、健全な基礎に立つ、学習計画をつくり、題材と機械的暗記を中心とした古い計画の完全な改正を行った。而もこれに七ヶ月という信じられない程の短時日のうちに完成された」と高く評価されていた(71)。

とはいえ、内務省が解体されたように、文部省にとっては、解体・改組の危機がなくなったわけではなかった。実際、昭和二二年一二月一〇日、行政調査部（昭和二一年一〇月二八日設置）より文部省は「新憲法下の行政機構改革の方針」で、学術省・文化省への転換、教育行政の地方分権化、大学の自治等に対応した中央教育委員会の設置を求められていた。

しかし、教育刷新委員会発足時の委員でもあった文部大臣森戸辰男は、昭和二二年八月一九日の文化委員会で「文化省」の問題について、「文化自身ということになりますと、こういう外側の文化問題ではなく、中心的な問題になりますと、純粋な文化の育成ということと、教育ということとの二面であつて、この二つは共通する領域が非常に多いので、一つの形の異なつた面として取扱われることも、相當理由のあることではないかと私は考えておるのであります」と、文部省による一元的な対応が必要との認識をしめしていた。(72) さらに、翌年一月七日の「行政機構整理試案」でも文部省の廃止と中央教育委員会の設置が改めてしめされ、教育刷新委員会からも、前年一二月に続き、同年二月七日に片山内閣に対して文部省の廃止と学芸省の設置が申し入れられていた。

内務省が昭和二二年一二月三一日に廃止されるなか、文部省も、教育委員会にみられる地方分権化による廃止論が唱えられたのである。しかし、文部省は、文化と学術を重視しつつ、教育面でも六・三制等の導入等による業務量の増大を理由に、存続を主張した。昭和二三年四月一四日に森戸も「ユネスコが教育と科学、それから文化という三つの面となつている」のを例に引きつつ、文化国家の再生として、「教育と学術と文化というものの均衡を保つていくところの組織とならなければならぬと私どもは考えておるのであります」と文部省の改組による対応を明らかにし、学芸省についても、その範囲が狭いことをあげて反対したのであった。(73)

京都帝国大学文学部哲学科を卒業し、広島高等学校、第三、第一高等学校教授を歴任し、当時、学校教育局長であった日高第四郎（後、文部事務次官）は、「個人の意見」として教育刷新委員会で、「今後の日本が右翼的な勢力が盛り返したような場合に備えるというような政治的の意思」に対しては、「大学自身に自主的な自治的な組織を確立してそれを法律で保証（ママ）して、そうしてこちらの委員会で決めて下さったような中央教育委員会というようなものを通さなければ文部大臣が勝手にできないような、そういう組織をしっかり作れば私はその方が日本の今後のためにはいいのじゃないか、殊に右翼的な偏向ばかりでなくて左翼的な偏向というようなことも日本として考慮しなければならない」と述べていた(74)。文部省としては、教育刷新委員会同様、国立大学の地方委譲について反対であったが、政治的「偏向」という点では、右翼・左翼双方の「偏向」を対象としていたのである。このようなバランス感覚を文部省は持っていた。

そして、教育刷新委員会は方針を決定しただけであり、政策実施は全て文部省が担当していた。六・三制の導入等は、戦後の極端な財政難のなかで、なによりも実施にあたって予算化が困難だったのであり、また、新制大学についても、国立大学の設置は、包括諸学校の調整等で大きな困難があった。特に、GHQとの交渉等で文部大臣や文部官僚は、苦汁をなめ続けていたのである。

戦後教育改革において最も苦闘したのは、それを実施した人々であった。戦後、民主化として導入された義務教育の延長（六・三制）、教育機会の拡大としての大学の大衆化は、日本国民の支持を得た。しかしその実施は、敗戦直後の極度の財政難のなか、また、国民がインフレに苦しむなかでのことであった。実施するにあたり、計画の実施、そのための予算獲得等における文部大臣・文部官僚の苦闘が存在した。

発足した新制大学は、国民の教育熱にあわせて肥大化していったものの、多くの問題点を内包していた。その最たるものが、大学の管理運営についての民主化が不十分であったことである。憲法で保障された学問の自由を守るものとしての大学の自治ではあるが、それが民主的に運営される法的な根拠であるべき大学法・大学管理法は制定されなかった。慣習に基づく教授会自治・教員自治による大学運営は、無責任と機能不全に陥り、大学紛争を招くこととなる。その根源となったのが、大学法が教育刷新委員会において決議されながら、実施されなかったことであり、委員長であった南原繁の意志が強く反映された結果であった。

ワシントンでの教育会議で「改革自体はわれわれ自身の意志と努力とによつて行われたものであります」と述べた

かぎりにおいて、南原は、教育委員会法改正に反対し、家永教科書裁判に原告側証言者として立つのであるならば、教育刷新委員会で決議した大学法の成立と実施についても、たとえそれが望むものでなかったにしても明確に賛成と推進の立場を明らかにすべきであった。[75]

そして、ワシントンでの教育会議で、南原は、原子力に代表される科学主義に対して「人類相互の諸関係における内的統一と、その精神と自然との調和をいま一度恢復することにより、近代文明に生命を注入するような、そうした文化的理想を創造すること」の必要性を説いた。同時に、科学主義の担い手が「新しい野蛮人」であることに警鐘を鳴らし、その解決策として「教養」の必要性を強調していた。[76] しかし南原は、具体的に教養を明示し、自ら導くことはなかったのである。

注

（1）南原繁「日本における教育改革の理想」『中央公論』第六五巻第三号、一九五〇年三月。

（2）「耐え忍んだ」者を、戦前への回帰、復古主義者で国家主義者と規定するのは容易いが、戦後の日本は、そのように単純ではない。新たな発展を期した者を、本稿の南原繁や、森戸辰男、天野貞祐（貝塚茂樹著『天野貞祐』ミネルヴァ書房、二〇一七年）などの一群の人々を筆者は想定している。また、新たな「体制」とは、東西冷戦における「東」、社会主義化と考えている。基本的に、戦後教育改革に対する評価も、「耐え忍ぶ」と「超える体制」では真逆の評価となっており、同時に、その後の大学改革についても、単純な二項対立で叙述されているが、現状から考えれば、単に、後者の敗北ということで結論がでてしまうのではないだろうか。二項対立的な分析視角ではなく、主体となった者達、南原、森戸、天野等の分析を通じて、また、彼らの差異を明確化することで二項対立的な分析視角を維持するのではなく、彼らの同質性を前提に、同時に彼らの個性に基づいた多様性をもって戦後教育改革の再定着という観点から分析することで戦後教育改革像を再構築した方が正確ではないか、と考えている。分析視角としては、貝塚茂樹著『戦後教育改革と道徳教育問題』（日本図書センター、二〇〇一年）が参考となる。

（3）加藤節著『南原繁』岩波新書、一九九七年。なお、南原繁個人に関する研究としては、この加藤節の著作が最もまとまっている。加藤節は、南原をその弟子である丸山真男と比較しつつ論じてもいる（「南原繁と丸山真男」『思想』第八八八号、一九九八年六月）。その丸山も、同じく弟子の福田歓一とともに、『聞き書　南原繁回顧録』（東京大学出版会、一九八九年）を残している。加藤節も南原繁の弟子であり、批判的な検討ではない（他に、伝記として、山口周三著『南原繁の生涯』教文館、二〇一二年）。加藤著『南原繁』は、人間・南原繁を知る資料的な価値として高く、また、大学改革について詳しく分析しているわけではない。本稿に関連しては、寺崎昌男「教育改革者としての南原繁」（山口周三著『資料で読み解く南原繁と戦後教育改革』東信堂、二〇〇九年）および東京大学百年史編集委員会編著『東京大学百年史　通史3』（東京大学出版会、一九八六年）があるが、共に、教育刷新委員会における議論、南原と大学法との関係について触れていないなど問題がある。なお、新制東京大学の創設については、今田晶子「新制東京大学の創設と総長南原繁のイニシャチブ」『大学経営政策』第五号（二〇一五年三月）があるが、管理・運営機関についての考察に乏しい。

南原繁については、他に、本稿時期の前後について研究が存在する前としては、戦後文化国家論（梅原宏司「南原繁の文化国家論」『近畿大学文芸学部論集』第二九巻二号、二〇一八年三月）、後としては、村井洋「南原繁の教育思想」『総合政策論叢』第三六号（二〇一八年十月）、金井徹「戦後教育改革者による戦後教育改革評価の検討―南原繁・務台理作・森戸辰男の言説に着目して―」『東北大学大学院教育学研究科研究年報』第六〇集一号（二〇一一年）。しかし、教育刷新委員会における南原と大学との関係性に着目した本格的な研究はない。

（4）天野郁夫著『新制大学の誕生』上、名古屋大学出版会、二〇一六年、二〇一頁。

（5）同前、一九六―二〇一頁。

（6）羽田貴史著『戦後大学改革』玉川大学出版部、一九九九年。

（7）昭和二二年一二月二六日、教育刷新委員会第五〇回総会議事速記録、日本近代教育史料研究会編『教育刷新委員会・教育刷新審議会会議録』第三巻、岩波書店、一九九六年、二二三九頁。

（8）昭和二三年一月三〇日、教育刷新委員会第五四回総会議事速記録、同前、三一五頁。

（9）昭和二三年一月二三日、教育刷新委員会第五三回総会議事速記録、同前、二八五―二八六頁。沢田節蔵発言。

（10）昭和二二年一二月二四日、教育刷新委員会第十特別委員会第二回の一号議事速記録（B班）、日本近代教育史料研究会編『教育刷新委員会・教育刷新審議会会議録』第一〇巻、岩波書店、一九九八年、一一〇―一一一頁。

（11）昭和二三年一月一六日、教育刷新委員会第一〇特別委員会第四回議事速記録、同前、一五八頁。

（12）日本近代教育史料研究会編『教育刷新委員会・教育刷新審議会会議録』第六巻、岩波書店、一九九七年、六八―六九頁。

（13）昭和二三年一月三〇日、教育刷新委員会第一〇特別委員会第六回議事速記録、同前注（10）一七六頁。

（14）昭和二三年一月三〇日、教育刷新委員会第一〇特別委員会第六回議事速記録、同前注（10）一七八―一七九頁。

（15）（第一一回報告）「中央行政機構に関すること」日本近代教育史料研究会編『教育刷新委員会・教育刷新審議会会議録』第六巻、岩波書店、一九九七年、七一頁。

（16）昭和二三年三月一九日、教育刷新委員会第六一回総会議事速記録、同前注（7）四三二頁。なお、南原は、大学教授連合会の会長でもあった。南原にとっては、国立大学の地方委譲にも反対であり、「実は大学地方移譲（ママ）が起った際、我々は四つ五つほど対策を立てたのでありますが、その中の一つに、大学の自治の強化というものが、この問題を救うことができるということを言っておるのであります」とも述べていた（昭和二三年三月一九日、教育刷新委員会第六一回総会議事速記録、同前注（7）四三二頁）。

（17）昭和二三年三月二六日、教育刷新委員会第一〇特別委員会第一一回議事速記録、同前注（10）二一八頁。

（18）昭和二三年三月二六日、教育刷新委員会第一〇特別委員会第一一回議事速記録、同前注（10）二二七頁。

（19）昭和二三年三月二六日、教育刷新委員会第一〇特別委員会第一一回議事速記録、同前注（10）二二九頁。

（20）昭和二三年三月二六日、教育刷新委員会第六二回総会議事速記録、同前注（7）四四二―四四四頁。南原は、矢野貫城「アメリカでは学長が理事長を兼ねるのは最も悪いといっております」との意見に対しても（昭和二三年四月二日、教育刷新委員会第十特別委員会第一二回議事速記録、同前注（10）二四〇頁）、「政府の干渉を防御すると同時に、社会の不当な無理解な勢力はやはり防御しなければならんと思います。それはやはり選定方法ですね」と答えていた（昭和二三年四月二日、教育刷新委員会第十特別委員会第一二回議事速記録、同前注（10）二四二頁）。

(21) 関口泰、昭和二三年三月二六日、教育刷新委員会第六二回総会議事速記録、同前注（7）四四五頁。
(22) 昭和二三年三月二六日、教育刷新委員会第六二回総会議事速記録、同前注（7）四四六頁。なお、関口は、国立大学だけをわけて考えることにも異論を唱えていた（同前注（7）四五〇頁）。
(23) 同前注（7）四四六頁。
(24) 同前注（7）四四七頁。
(25) 同前注（7）四五〇頁。
(26) 同前注（7）四五二頁。
(27) 同前注（7）四五八頁。
(28) 同前注（7）四五八頁。
(29) 南原の真の意図は、ボード・オブ・トラスティーズに「予算、経営、設備」を担当させ、「単科大学の場合も教授会の外に何かをおく。綜合大学でも教授会の外にカウンシルというものをおく、それ程大きな問題をやる必要はない、細かなことをやる」とするものであった（昭和二三年四月二日、教育刷新委員会第一〇特別委員会第一二回議事速記録、同前注（10）二三六頁）。
(30) 同前注（7）四六六―四六七頁。
(31) 同前注（7）四六八頁。
(32) 同前注（7）四六九頁。
(33) 同前注（7）四七一頁。
(34) 同前注（7）四七五頁。
(35) 同前注（7）四七六頁。
(36) 日本近代教育史料研究会編『教育刷新委員会・教育刷新審議会会議録』第一三巻、岩波書店、一九九八年、七六―七七頁。
(37) 昭和二三年一一月二六日、教育刷新委員会第八四回総会議事速記録、日本近代教育史料研究会編『教育刷新委員会・教育刷新審議会会議録』第四巻、岩波書店、一九九六年、三四〇頁。

(38) 昭和二三年一〇月二二日、教育刷新委員会第八一回総会議事速記録、同前、二九八頁。
(39) 同前、三〇〇頁。
(40) 同前、三〇一頁。
(41) 昭和二三年一一月五日、教育刷新委員会第八二回総会議事速記録、同前、三一六頁。
(42) 昭和二三年一一月一二日、教育刷新委員会第八三回総会議事速記録、同前、三一六頁。
(43) 寺崎昌男「教育改革者としての南原繁」山口周三著『資料で読み解く南原繁と戦後教育改革』東信堂、二〇〇九年。
(44) 同前注（1）。
(45) 南原繁「新渡戸稲造博士のこと」『文芸春秋』第四七巻第一号、一九六九年一月。
(46) 「補　戦後教育改革における一般教育」丸山真男・福田歓一編『聞き書　南原繁回顧録』東京大学出版会、一九八九年、三七二頁。
(47) 関口泰「南原繁論」『朝日評論』第二巻第五号、一九四七年五月。
(48) 似て非なる二人の第一高等学校生活と内村鑑三認識、そして確執については、貝塚茂樹著『天野貞祐』ミネルヴァ書房（二〇一七年、特に、一八六―一九二頁）参照。そもそも、問題は、共有されていた教養を寺崎真男のように「分け与える」と「受ける権利」などと無理やりに分けて解釈したことにもある（丸山真男・福田歓一編『聞き書　南原繁回顧録』東京大学出版会、一九八九年、三九四頁）。
(49) 丸山真男・福田歓一編『聞き書　南原繁回顧録』東京大学出版会、一九八九年、九頁。
(50) 同前注（45）、九〇頁。
(51) 大濱徹也著『近代日本とキリスト教』同成社、二〇一九年、八二頁。
(52) 中村哲「南原先生の追想」『世界』第三四四号、一九七四号七月。
(53) 生涯にわたる南原の業績については、福田歓一「南原先生の遺されたもの」『国家学会雑誌』第八八号、一九七五年七月。
(54) 加藤節著『南原繁』岩波新書、一九九七年。

(55)　南原繁「学問と政治」『朝日評論』第五巻第七号、一九五〇年七月（東大五月祭、一九五〇年五月二〇日、「学術講演会挨拶」）。

(56)　同前。

(57)　同前。同時に、敗戦後の大学とは、「この荒廃する祖国を再建するがために、理学や工学の自然科学において、実際社会と結びつき、わが国の産業の回復と国民生活の向上に資せねばならぬと同様、人文・社会の科学においても、この未曾有の変革期に当り、大学は理性の府として、善き人間社会をつくるがために、時代の現実の諸問題と取組み、それを科学的に批判し検討する社会的責務を自ら担っているのである」としていたのである。

(58)　「アメリカより帰りて―東大中央行動における帰邦公開講演―」『朝日評論』第五巻三号、一九五〇年三月。

(59)　そうであるがゆえに、南原は、ワシントン教育会議で「グルー元駐日大使が期待をこめた話した国際基督教大学について、「それは理想として、また、計画として、われわれの喜び迎えるところであるが、その成否は今後の運営いかんと、いかなる人をもってこれに当てるか、その陣容によって決するであろう。そしてわれわれの考えるところでは、それがあまりにアメリカ式学校にならぬようにすることが賢明であろう、と」述べていた（南原繁「アメリカより帰りて―東大中央行動における帰邦公開講演―」『朝日評論』第五巻三号、一九五〇年三月）。

(60)　南原繁「日本に於ける人文科学の問題」『中央公論』第六三巻一二号、一九四八年一二月。

(61)　「補　戦後教育改革における一般教育」丸山真男・福田歓一編『聞き書　南原繁回顧録』東京大学出版会、一九八九年、三七二頁。

(62)　同前注、三七三頁。

(63)　南原繁「人間性確立とコペルニクス的転回」『中央公論』第六五巻第六号、一九五〇年六月。

(64)　同前注（61）、三九三頁。

(65)　南原繁「真理は最後の勝利者である」『中央公論』第六七巻第二号、一九五二年二月。

(66)　南原繁「民族の独立と教育」『中央公論』第六九巻第三号、一九五四年三月。

(67)　同前注（1）。

（68）同前注（1）。

（69）「南原のどこに共産主義、マルクス主義の代弁者、亜流の片鱗を見出すことができるだろうか」荒井正大「『曲学阿世』と南原繁（上）」『史』第二九号、一九七五年九月。

（70）加藤節「南原繁と丸山真男」『思想』第八八八号、一九九八年六月。

（71）昭和二二年一月二〇日付「日本における教育刷新について」広島大学文書館所蔵『森戸辰男関係文書』。

（72）第一回国会、衆議院文化委員会、国会会議録、https://kokkai.ndl.go.jp/#/detail?minId=100105069X00519470819¤t=1

（73）第二回国会、衆議院文化委員会、国会会議録、https://kokkai.ndl.go.jp/#/detail?minId=100205069X00619480414¤t=56

（74）昭和二三年一月一六日、教育刷新委員会第十特別委員会第四回議事速記録、同前注（10）一六〇頁。

（75）（76）同前注（1）。

第四章　森戸辰男の一般教育観

教養が多様であるがゆえに、教養教育の内容も多元的である。それだけに、教養の必要性は常に唱えられているものの、その形骸化や衰退も恒常的に問題視されてきた。大学における一般教育および教養教育も、「知の地殻変動」によって、これまでと同じように再編・再構築が求められ続けてきた[1]。

しかし、戦後日本の一般教育および教養教育問題の本質は、その教育内容にだけあるわけではない。

まず、第一に、教員の意識を問題としてあげることができる。一例をあげれば、大学における教員の採用・昇進にあたり、教育は基本的に業績とされていない。それゆえ、教育・研究をともに主務とする大学教員の関心は研究にのみ集中し、結果的に教育が軽視される傾向にある。これは、旧制大学の悪しき伝統の継承ともいえよう。さらに、新制大学となり就学年限が短縮されたことから、理系学部・大学院等の部局では職業教育を重視するがゆえに、専門科目に連続する基礎科目を教養教育の中心に置き、一般教育・教養教育を軽視する傾向にある。特に、私立大学と棲み分けたつもりの、理系部局を中心であるとする地方国立大学では、この傾向が顕著である。

第二が、制度上の問題である。戦後、一般教育を担当する教養部は、専門学部以下の存在として規定され、東京大学・京都大学等では旧制高等学校が、地方国立大学では師範学校の教員が教養部教員として一般教育を担当した。このことが、学部教員をして、一般教育担当の教員を格下のように見せ、結果として一般教育を軽視する意識を助長させた。

その一般教育を新制大学の中心として位置付け、戦後高等教育制度の導入および再定着にあたって重要な役割を担ったのが森戸辰男であった。

また、現在の大学制度の基盤ともなった昭和三八（一九六三）年一月二八日付中央教育審議会答申「大学教育の改善について」における全ての特別委員会で主査として答申をまとめたのも森戸であった(2)。その森戸の教育観には、基本的に二つの点で特徴があった。

第一が、後述する旧制第一高等学校において薫陶をうけた新渡戸稲造校長の人格教育の影響である。反対に、森戸は、東京帝国大学における権威主義的な講義を問題視していた(3)。新人会等の学生達に向けて出した小冊子「青年学徒に訴ふ」（大正一四年二月三日）のなかでも、帝国大学法科系の教育を「職業教育万能主義」として批判していた(4)。

この職業教育批判の背景は、社会科学の進展を職業教育の担い手達が阻んでいたからであったが(5)、森戸は学問の自由の観点からこれに対抗し、その姿勢は、戦時体制一色となったなかでも、「時局的」「学問が尊重されながら学問的精神が抑圧される」ことを批判することで継続していた。そして、森戸は、「社会的理想の建設」と「実践的性格の錬成」を青年学徒に(6)、学者に対しては「効益」と「興趣」ではなく、「真理のための科学的研究」を求めていた(7)。戦後においても森戸は、科学、特に社会科学の振興(8)とともに、「知識階級」に「政治的無力と無性格」がもたらした戦争の責任を問い、その「薄志弱行」「自己分裂」「性格の脆弱」の超克を要求していた(9)。森戸は、社会科学の重視と、職業教育とその結果として戦争、その戦争責任論から知識階級に対する厳しい視座を戦前・戦中・戦後を通じて持っていたのである。

第二は、外に開く、ということである。第一の点とも連関するが、森戸は、東京帝国大学……それは戦後にも引き継がれたものであるが、権威主義的な講義が往々にして密室化、閉鎖された空間で行われるのに対して、理想とされる教育とは、より多くの人に開放される存在であるべきとの信念を有していた。

外に開く方向性、すなわち教育機会の拡大志向は、森戸の人生に一貫したものであった。戦前の大阪労働学校における献身[10]。文部大臣時代にも、勤労学生に対する教育機会拡大を目指し、後述する広島大学長として、広島大学長を辞した後もＮＨＫ学園校長、また、企業の社会責任の観点から、松下幸之助に提案して設立された松下視聴覚教育研究財団（現在のパナソニック教育財団・初代理事長）にいたるまで終生変わらなかった。

本章では、戦後の教育改革期を中心に、森戸がいかに教養、一般教育を認識していたかを、制度の導入と、その展開のなかで分析することを目的としている。

それは現代においても、教養を再認識し、定着させるうえで一つの視座を与えるだろう。同時に、戦後教育および、その再改革において大きな役割を担った森戸辰男を評価することでもある[11]。

Ⅰ　森戸辰男と教育、その戦前と戦後

1　教育刷新委員会における森戸辰男

戦後日本の教育改革の見取り図を提供したのが第一次米国教育使節団であり、改革の企画を担ったのが教育刷新委員会であった。前者の第一次米国教育使節団は、昭和二一（一九四六）年三月三〇日、マッカーサー総司令官に報告書を提出し、そのなかで、日本の高等教育機関のカリキュラムは「大概は普通教育を施す機会が余りに少く、その専門化が余りに早くまた余りに狭すぎ、そして職業的色彩が余りに強すぎるやうに思われる。自由な思考をなすための一層多くの背景と、職業的訓練の基くべき一層優れた基礎とを與へるために、更に広大な人文学的態度を要請すべきである」とされ、さらに「高等教育は少数者の特権ではなく、多数者のための機会とならなくてはならぬ」とされた[12]。

そして、後者の教育刷新委員会では、教育問題全般にわたって審議されたのであった。

敗戦直後の昭和二〇年一〇月、森戸は、高野岩三郎等が提唱した日本文化人聯盟に参加し、日本国憲法の素案の一つとなった憲法研究会案・憲法草案要綱の策定にあたった[(13)]。森戸は、文化国家としての日本再生を主張し、日本社会党代議士となった後の昭和二一年二月二日、広島県福山市公会堂で行った「民主主義と教育」と題する講演のなかでも、「新しい時代は文化革命を必要とする。言換へれば、新しい人を必要とするのであります。人を作ること、それが私は教育の任務であると思ふ」と述べていた[(14)]。森戸は、新生日本の担い手としての「新しい人」を作る教育の重要性を強く認識していた。

後に「憲法・教育基本法体制」と呼ぶ立場からしても、帝国憲法改正案委員小委員会（通称、芦田小委員会）で日本国憲法の制定に深く関わった芦田均（五番）と森戸（二二番）が教育刷新委員会委員であったことは重要な意味を持っていた。森戸は、「教育の指導精神の問題」として、民主主義の立場から教育勅語を問題とし、変革を求めていた[(15)]。これが、教育勅語の廃止と教育基本法の制定につながり、森戸が教育の基本理念に関する事項を扱う第一特別委員会委員となった理由といえる。

特に、第三回総会で森戸は、「新憲法というものが新しい理念を持つ、それが善い悪いは別として、現実の事実として我々はその前に立って居り国民が正しいとして受容れる以上、それに応じて私共のいろいろな精神的制度的な諸施設は作られなければならぬ、教育の根本理念に付ても斯様な意味の高い社会性、政治性が盛られることが必要じゃないか」と発言している[(16)]。森戸は、第一特別委員会でも芦田とともに、教育勅語が新憲法と併存できないことを指摘していた[(17)]。教育勅語の廃止と教育基本法の理念内容を形成していくにあたっても、日本国憲法の制定過程で前文（森戸は総説と考えていた）を重視して策定にあたった森戸が議論をリードし、後に教育基本法の前文にも影響をあたえたのである[(18)]。

そして、第四回の総会において森戸は、勤労と労働の重要性を述べるとともに、「平和的国家、民主的国家を建設する場合には、大きな精神的な変更がされなければならぬ。それに応ずる人格的又社会的国家的な新しい教育が施されなければならぬ」とした。そして、教育の基盤として「立派な人間を作る基礎」「一般的教養」「普通教養」の重要性を指摘していた[19]。

森戸がいう教養の背景には、新渡戸稲造との出会いがあった。森戸にとって「(新渡戸稲造)先生の理想の大学は職業的能率を授けるアメリカ式大学でもなく、客観的真理の討究を主眼とするドイツ流の大学でもなく、まことに「人格の建設」を目的とする英国風の大学」であり[20]、「その目的が博学多識に存せず吾々の精神の一般教育(ゼネラル・カルチュア)であった」としていた[21]。そして、森戸は、「大学の中心目的が職業的能率でなく、専門的知識でなく、人格の涵養にありとすれば、大学の教授は単なる技術者であり、専門学者にとどまってはならない。彼らは何よりもまず教育者でなければならぬのである」としたのである[22]。

同時に、森戸は、「晩年の先生が憂世愛国の至情に燃えつつ、しかも殉道の決意を以て平和主義を確持して軍国主義の克服に精進された心事は、惰夫を立たしめるものがあるではないか。(中略)私は自ら顧みていつも冷汗背を浸すのを覚える。吾々知識階級者の法儒と意気地なさとお上品さと日和見主義とがこの重大な先生からの付託を有耶無耶の裡に葬り去りつつありはしないか」と述べて新渡戸を強く意識して行動した[23]。森戸は、新渡戸と後藤新平による外に開く社会教育・通俗大学運動に参画するとともに、大阪労働学校・神戸労働学校において労働者教育に尽力した。そして、新渡戸が満洲事変に際して「平和主義を確持して軍国主義の克服に精進された心事」に、森戸は、無産政党に期待をかけ、学問の自由を守るべく論陣を張ったのであった[24]。

なによりも、森戸は、自由主義教育者であり、教え子に対する強い同情心を持ち、人間育成者であった新渡戸を通じて大学の目的を、「職業的能率でなく、専門的知識でなく、人格の涵養」にあると考え[25]、それを体験的に「吾々の精神の一般教育(ゼネラル・カルチュア)であった」としたのであった[26]。

森戸にとって大学とは、「人格の涵養」を行う場所であり、大学教授とは教育者であったのである。そして、森戸にとって新渡戸教育が新制大学における一般教育の原型であった。

2　文部大臣として

昭和二二（一九四七）年五月二四日、片山哲社会党内閣に、森戸辰男は、文部大臣として入閣した。敗戦直後の日本にあって何よりも経済復興が目指されていた。このため、社会党の政審会長であった森戸は、まず大蔵大臣の就任を打診されたが固辞した。次いで労働大臣との要請も断って文部大臣に就任したのであった。

森戸が従来、伴食ポストとされていた文部大臣を選択したのは、戦後日本の復興とは文化による再建であるとの信念があったためである。このような森戸の文部大臣就任は、単なる学者大臣の域を超えた期待を担うものであった[27]。文部大臣となったことで森戸は、学校教育法（昭和二二年三月三一日、法律第二六号）に準拠し、教育刷新委員会等で決定された文教政策を実施する立場となった。

森戸文相は、就任当初より、

（前略）一〇　大学、高等専門学校等の新学制への切替措置について

学校教育法の施行に伴ふ現在の大学、高等専門学校の措置については新制高等学校が昭和二十三年度より、新制大学が昭和二十四年度より実施される計画に睨合せて対策を講じている。

即ち別項の如く大学設立基準設定協議会を設置し新制大学の資格要件の決定を急ぐと共に大学設置委員会を設置して具体的運営を図る予定であるが事実問題としては高等専門学校は新制大学への切替へと取含めて地方の実情、地理的分布の事情等をも考へ実施案を樹立しなければならぬので種種考究中である。（後略）[28]

と、引継書類にあるように、新制大学の新設・整備も課題としていた。しかし、森戸は、まず、六・三制導入、特に

義務教育化した新制中学校のための予算確保に奔走しなければならなかった。新制中学校の整備を優先したため、新制大学への切り替えは、「教育上の見地からばかりでなく財政的見地からも之を延期することは極めて困難であり且延期によつて六三制の実施に役立つ面は極めて少ない」。このため、「切替は六三制の実施に支障を来さない限度に於て実現を図る。従つて高等学校又は大学への切替えのために国費、地方費の増加は固より寄附金等の募集も極力抑制する」こととし、「設置基準を低下するより外に手段はない。原則として現状を以て切替えることを認め設備内容の充実は国力の快復に並行して実現すべきである」としたのであった[29]。同時に当時の文部省は、機構改革を求められており、また、国民的な民主化運動として新日本建設国民運動を展開するなどしていたため森戸は多忙であった。

このようななか、森戸は、教育基本法（昭和二二年三月三一日、法律第二五号）の第八条（政治教育）問題とも向き合うこととなっていった。成年に達した学生の政治活動を阻止する法規を持たなかったため、帝国大学で急速に日本共産党学生細胞の活動が活発化しつつあったためである。森戸は、昭和二一年五月一一日、日本社会党代議士会で救国民主戦線の結成を提唱し、同一五日、救国民主連盟の指導精神を発表し、日本共産党との提携も視野に同党と交渉していた。漸進的かつ「無血革命」を主張する日本社会党と日本共産党との交渉は決裂し、森戸は、結果として日本共産党に対して深い不信感を抱くこととなった。それだけに、森戸は、第一次米国教育使節団報告書および、第二次米国教育使節団報告書前後で明確化していった反共主義的な対応にも沿う形で、民主化を推進する主体としての学生に対する政治教育に乗り出した。しかし、大学において政治教育を担当すべき教員は極端に少なく、教員の政治的再教育すら必要な状況下にあった[30]。

実際、片山内閣に続き芦田均内閣でも文部大臣に留任した森戸は、昭和二三年六月二三日、関東地方の大学・高等専門学校二四校で行われ、同月二六日に全国一一三校一斉ストに発展した学生ストライキと対峙することとなった。大学では、学生運動が盛んになり、単一のナショナルセンター・全日本学生自治会総連合（全学連）も結成されていた。この学生運動において、最も影響力を持った政治勢力が日本共産党であり、日本共産党自身、日本青年共産同盟という学生組織も有していた。

森戸は、ストライキが拡大しつつある六月二四日、参議院文教委員会で「学生が同盟休校によってその目的を達しようということについては、私共はこれは穏当でない。又かような方途でその目的を達することは、学生として私は、大いに考慮しなければならんものであると実は存じておるのでございます」と述べていた[31]。また、「教育復興と学生運動」と題したラジオ放送で森戸は、「全学生の総意によることなく、成心をもつ少数者の意志に従って決定されるようなことは断じて許さるべきではない」とし、「学生自治運動においてこそ、民主主義のモデル形態を造り上げてほしいという強い希望を持っている」と述べ[32]、文部省としても、昭和二三年一〇月八日付文部次官通達「学生の政治運動について」で大学を「学問教育の場であって、政治闘争の舞台であってはならない」とし、旧教育基本法第八条第二項をもとに、学園の秩序維持を乱す政治的運動について「許さるべきではない」とした[33]。

昭和二三年一〇月、国立総合大学総長協議会の席上でも、文部大臣森戸は「学生の政治活動の事をご協議願い度うございます」とし、「申すまでもありませんが祖国復興にあたつて我々は平和的民主的な国家建設を念願としてをるのでありますが、真にそれが完成する為には若い学生達が平和的民主的な国家社会の形成者となり、その指導的地位に立ちうる様にならねばなりませんので、その教育についてはあらゆる努力が払はれねばならぬと考へます」と述べていた。

そもそも、この国立総合大学総長協議会の主題は一般教養であった。森戸は文部大臣として次のように述べていた。

御集り願った題目は一般教養についてといふ事になってをりますが、学科課程、教科内容等のことにつきましては之を後日に譲り新しい学風をどう育ててゆくかといふ様な事を御協議願ひたいと存じます。旧制高等学校は旧制大学に対しては基礎学科の教授をしてきたのではありますが、人格的な教養訓育に当って来たこともご存じの通りであります。しかしその間には色々の弊も伴ってをりました。その長を伸ばしその短を補ふ事はこの際頗る肝要の事と考へます（後略）[34]。

旧制諸学校の統廃合によって国立大学数を制限し、同時に地方に分散させることで、教育の機会均等と経費の集約化を文部省が図るなか、一般教育は、旧制高等学校教育の「人格的な教養訓育」に読み替えられていった。そして、文部大臣退任後、総選挙で敗北した社会党の路線をめぐる森戸・稲村論争をへて、森戸は、伊藤日出登文部次官（広島県出身）の推薦もあり、開学以来、学長が空席のままであった広島大学の学長に就任することを決心した[35]。

昭和二五年四月一八日、国会を去るにあたり衆議院本会議発言を許された森戸は、代議士から広島大学長へと移る理由として、郷土からの就任要望、「日本の再建は青年の向背にかかる」という確信、「平和都市広島にふさわしい大学をつくりたい、という気持」の三点をあげた。「科学とモラルと教育を政治にいささかなりとも新生面を開きたい」という念願が、「文教政治と教育革命」に関心を注ぎ、文相として制度的に前進させたとの自負を明らかにしたうえで、森戸は教育実践の場として広島大学に向かったのである[36]。しかし、政治家を辞した理由は、「政治の有効な運営には、現段階では、遺憾ながら相当の大金を調達する手腕が必要であり、したがつてまた、それにまけないだけの強く鋭い良心を必要とする」という二つの資格を有していないからであり、「道徳を尊び、真実を語ることを習慣とするものにとつて、政治の世界は必ずしもぴつたり身に合つた世界ではない」と考えていたからでもあった。さらに、政治家の仕事が個人の人間生活・家庭生活を脅かすものであったとも語っている。そのうえで、政治に欠けている科学性と道義性、そして教育を政治に導入するため学究から政治の世界に入った森戸は、さらに高次元の道義性と精神性を持つ政治の獲得のために大学に戻ったとしたのである。それは、森戸にとって冷戦下で学生運動が先鋭化し、新たな左の全体主義が学園を覆いつつあるなかで、自由と平和を守るためとの意識にも裏付けられていた[37]。

Ⅱ　実践者としての森戸辰男――広島大学長時代――

1　森戸の「一般教育」

新制広島大学初代学長となった森戸辰男は、原爆による廃墟のなか、大学の整備を行うとともに、広島県に分散する部局等を東千田キャンパスに結集させていった。このような施設整備の側面だけでなく、基本となる理念と指針を与えた。それは、森戸が制定したフェニックスをあしらった校章と、復興を意味する校旗の緑色に象徴されている。そして、森戸は、広島大学長として新制大学理念の実践者となった。

森戸は、開学式に際し、「大学の指示する道は、暴力と流血の道ではなく、平和と協力との道であります。ユネスコの示しているような、教育と科学と文化の道であります。しかし、それは大学が真理の究極の勝利を確信するからであり、変革と革新の基底が人間革命にある、との信念に立つからであります」と述べ、広島大学を「自由で平和な「一つの大学」」と規定した(38)。この「一つの大学」には、キャンパスが分散するなかでも一つの共同体としての新制広島大学を目指し、世界最初の被爆都市広島の大学としての個性、自由と平和をもって戦後日本を象徴する大学とするとの意味が込められていた。

そして、広島大学教養部の学生に対して行った「新制大学の使命――学生運動のありかたにふれて――」のなかで、森戸は、新生日本が「新しい人間」の育成を求め、これに対応する新制大学の特質を一般教育とした。具体的に、森戸は、「近代文明の科学的・技術的偏向ということは、この知性偏重に根源しているように思う。そうして人間の専門化・部門化、したがってまた、その自己分裂と自己喪失は、そのさけがたい結果にほかならない。そこで、多くの人々は、近代文明の知性的・悟性的偏向が、近代文明の一大欠陥をなし、そこにこの文明の危機を招来したのだ」とし、「近代文明の最も根本的な問題は、自然科学と技術の驚くべき進歩に対して、社会科学と政治をマッチさせ、さらに、これらに比べて、その進歩の著しく遅れているところの、人間の内面を捉える叡智と、全的人間をその奥底から動かす技術――これらを何と呼ぶか、これを道徳というか、宗教というかは言葉の適否の問題であると思うが――を急速に推し進めてゆくことに、存している」とした。これが「新しい大学の教科の編成において、近代文明の基本的な問題が知的な面から捉えて一般教育という言葉となって現れたものと私は考えている」と述べたのであった。そして、学園共同体のなかで、教養部の重要性と、学生自身の積極的な協同としての学生運動をあげた。後者の学生運動を森戸は、①建設的、②自主的、③民主的、でなければならないとし、破壊的で、学外の政治勢力の指導下にある当該期の学生運動を非難した。そして、「多数の学生諸君の無関心が、強い言葉を使えば消極的な非民主的態度が、上記のような少数者の非民主的な支配を可能ならしめている」、「国立大学の学生諸君は日本国民が血のでるような犠牲を忍んで負担をしているお金で勉学できているのだ、ということをよく考えていただきたい」と述べた。森戸は、「大学の自治と、自由」に対する危機に対処する「日本の新しき大学の将来を背負う」者として学生に期待をかけたのであった[39]。

森戸は、新制大学の特色を一般教育に求め、人間形成の教育として重視する姿勢を明らかにした。そして、「秩序を乱るものや、逸脱した学生運動に対しては、学校管理者は処置をとるべきであると思う」「間違った行動については、適正な判断を下して行くように、指導をはっきり示すべきであると思う。ところが、大学先生方はなにかそういう行動に対して、はっきりした態度を表明すると、反動とかファショとかいわれるので、なすべきことをしていない。これは遺憾だ。青年に対して愛する心を持って向うとともに、間違ったことがあったら、それは間違いだということを正直にいうことが青年の指導に対しての重要な原則であり、要点である。ただ顔色ばかり見てものを考え行動しては、いけない。学校の先生方は研究者であるだけでなく、人間の育成者であることが、新制大学の先生方の大きな役割で、この点に十分自覚を持ってもらうことが必要ではないか」、そして逸脱した学生運動に対して、「あらゆる努力をして大学を一つの協同体」とする必要性を主張したのであった[40]。

森戸学長の改革方向性は、高等教育の画一性と「地域」に対する奉仕を要求した第二次米国教育使節団の報告書（W・E・ギヴンズ団長、昭和二五年八月二七日来日。同年九月二二日に報告書提出）に沿うものであった。森戸は、それを広島大学において実践していたのである。

森戸は、職業教育を重視する意見や[41]、財界の教育改革意見等についても情報を得ていた[42]。そのうえで、一般教育が、新制大学の中心にあることを主張し続けた。森戸は、戦後高等教育改革の忠実な実行者でもあった。

2　学長としての森戸辰男

森戸は、広島大学長として、一般教育の実践をどのように果たそうとしていたのであろうか。まず、森戸は、大学の管理者として教育・研究の環境整備を行う立場にあった。森戸は、夜間学部（政経学部二部）教育の充実とともに、昭和二六（一九五一）年一月末から約四カ月、日本教育視察団の一員として渡米し、アメリカの大学の成人教育に触れ、大学教育の普及が広範に行われていることを再確認し、通信教育講座の開設も行っている。

なお、森戸が学長に就任する前、広島大学では、昭和二四年九月一七日に評議会準備委員会で広島大学評議会規程案が審議され、同日付で施行されていた。この準備委員会で、旧制広島高等学校を基盤とする教養部からも部長と教授二名、計三名が評議会に加わることが決定された[43]。

a　学生問題への対応

森戸学長が最初に出席した第一五回評議会（昭和二五（一九五〇）年五月一六日）において、森戸は、「東北大学のイールズ事件について。他所ごとではないと思う」、「文部省としては命令しない。大学として解決して頂きたい。教育基本法第八条の学校というのに学生を加えるか否か改正も考えていない。大学自治に一任するという回答であった」と報告している。その上で、森戸は学生問題について「イールズ事件から計画的に一貫して起こっている政治的意図をもつ問題である。大学の自治を守るにはこの事態を起らぬようにする必要あり。政府の干渉はよくないが、大学としては大学の教官がすべてをおさえなくてはならない。自治を守らなくてはならない。補導部だけの責任とすべきではない」と発言していた(44)。

学生運動について森戸は、全学連の行動を「全て計画的」であるとし、「学外の革命運動の一翼だ。一般学生は批判的である。大学又は学生対警察の対抗という風に持ってこようとしている」「早大のように警察の行過の面もある。双方協力的にすべきだ」としていた(45)。

昭和二七年四月二八日の全学連による破防法反対ゼネストに対して、部局長連絡会議では、「全学連が共産党の行動隊となっていることは公にはしていない。具体的例が沢山ある。目的はうまくかえてある。決議の方法等をかくしている。立命館、同志社からの指令が出ている。東大の全学連は締め出された」等の情報がもたらされ、昭和二七年六月一〇日、広島大学長名で「大学が教育と研究の場であるにかんがみ、本学は破防法反対ストを認めない。よって授業は平常通り行う。学生諸君は、大学の使命と学生の本分を認識して学業に専念することを要望する」と掲示をすることが決定している(46)。

破防法反対運動等の学生運動が活発化するなか、昭和二七年七月一日開催の第五九回評議会では、政経学部自治会の全学連加入をめぐって議論がなされ、森戸学長は、「政府としては共産党を禁止していない現在学連を禁止さすことは出来ない。各大学長の意見は、大学としては全学連はこのましくなく、参加させないようにする意見である」と述べている(47)。

また、昭和二五年一一月二五日全国大学教授連合における「学問の自由および大学教授の地位に関する決議の再確認」に対して、森戸は、学問の自由の原則に照らして「学説、思想または信条の故になかんずく法律の認める特定の政党に所属する事実の故に、その地位を脅かされてはならないことを確信」し、問題の処理にあたっては、「大学自治の精神が堅持尊重」されるべきであるとの決議であったと評議会に報告していた[48]。

b　教養部問題

広島大学の場合、旧制広島高等学校を前身に置く教養部と他学部との間には、一般教育と専門教育という担当の違いだけでなく、前身校を念頭に置いた対立意識が存在していた。森戸は、学長就任にあたり、たって「教養課程の先生は自信を失うことなく、実質をよくすること」と述べていた[49]。

また、昭和二五（一九五〇）年一一月二二日教養部教官会での懇談会で、「学者であり、地位を得るほうが勝だと思う。利己主義かもしれないが、教育家として専心すれば学問業績は不可能である。教育は目に見えないもので、極端にいえば学問の権威者であれば教育や人間はどうでもよい。訓育の面に力を注いでも世間的には優遇されない。この矛盾をどうしたらよいかと考えている。専門の人は単に専門の研究だけで足りる。教育指導は問わない。教養部はその点不利である。今までの訓育経験をお教え願いたい」との質問に対して森戸は、

（前略）新制大学は学問と人間育成の殿堂だと思う。統一された全体的な人間を育てることに目的があると思う。その意味において、知育の不足ではなく人間的育成不足が現代文明の欠陥ではないかと思う。（中略）よい日本をつくるためには大学がやらなければならないと思う。その中でも教養部の教官は特に重要なる地位にある。新制大学の教授はそういう面をもつてもらいたい。大学教授の資格の半分は教育である。ただ単に学術研究者であるということだけではよいとしない。しかし教育者だから研究者ならずともよいとはいい得ない。山下（覚太郎）教官のいわれるような学者のみの尊重傾向は間違いであると思う。補導委員は大分迷惑をかけているが、学長、

主事、委員のみで他の教官は知らぬ顔をしているということはおもしろくない。全体の教官が積極的に出てもらわねば補導委員もやりにくいと思う。全教官が協力してやってもらいたい。教授面においてもよくガイダンスを願いたい。この間に人間の育成ができる。もちろん大学は学問を中心としているが、同時に人間育成についてもよろしくお願いしたい。（後略）

としていた[50]。

昭和二八年三月二四日の第六九回評議会で、教養部からの人事をめぐって教養部鈴木正利評議員と森戸の間で議論がなされている。森戸は、「教養と専門と同等に考えなければならないと考えているが実際今まではそうなっていない。新たに採用する際は将来レベルを同一にするよう考えて行った方がよい」との立場から「文理大出身のものを入れる」「ただ師弟関係のみの推せんであると往々間違いがある」との理由で教養部人事を関係学部教官と相談して進めることを主張した。これに対して、鈴木は、教養部独自の教官選定を主張した。森戸は、教養部教官の質的向上を重要視しての発言であったが、教養部鈴木評議員は学部から一段低くみられている教養部の実情から発言したのであり、森戸に対して「学長の教養部に対する認識が不足と思うので一言申上げておく」と反論していた[51]。教養部において講師で申請した人事が、講師としての採用が評議会の教員審査で通ったものの、上記、森戸の意見によって助手採用となった例も存在していた。

このような教養部人事選考については、昭和二九年一〇月五日の部局長会議において、教養部より提案がなされた。教養部教官会議で選考委員会（五名）を選び、学部の専門学科と密接に連絡をとりつつ行うとするものであった。席上、渡辺鼎文学部長から、「教養部で決定すると学部の法的に認められた教授会が無視されることになる。私見では教養部と学部から出で連絡教授会というものを認めて貰ってやったらよい」との意見が出された。これに対して皇至道教育学部長は「教養部の現状を生かしてく考えからすれば教養部から専門学部の主任教授に相談してその結果を各学部に報告されるということではどうか。審議会と云うものを設けるともっとカリキュラム等の問題も教養部にまかされないということにも及び根本的な問題と関連してくる」と述べ、鳴沢寡愆教養部長（皆実分校主事）も「学部の発言力が強いと好ましくないものをおしつけられる恐れがある」と反論した。森戸も「広島大学は高師時代からの相当閥的な面があると云はれている。学問を伸ばす為にも広く人材を求めると云うことでなければならない」と述べた。森戸は「教養部を教養学部の如く従来自主性を認めて来ているので今後その見方は変らないと思う。ただ教官選考については従来どおりでは筋が通らないことになったので、本日各学部の御意見も出たから、それらを参酌して教養部でもう一度よくねって頂きたい」と述べている。結局、暫定的に皇教育学部長の意見で教養部人事は進んだものの、その最終的な解決は、大学紛争期における教養部改組と総合科学部の創設まで持ち越されることとなったのであった。(52)

3　大学管理法案の不成立

広島大学において森戸は、事務局を原案作成機関とし、議長として大学の最高審議機関である評議会を主導、教員人事を含む大学全般の管理運営を掌握し、その指導力を発揮した。しかし、それは、大学管理法ができるまでの暫定的なものであり、その指導力は、森戸のカリスマ性に大きく依存するものであった。それゆえ、森戸は、学長直属機関である教養部を通じ、新制大学の特色である一般教育を徹底させるためにも、その制度的保障としての大学管理法に期待していた。広島大学第四七回評議会において「大学管理法ができなければ大学の運営は」との質問に対し、森戸は「旧制大学の習慣」と答えていた。森戸は、大学管理法の成立を新制国立大学に必要なものと理解し、その不成立は、旧制大学への後退と理解していたのである。(53)

しかし、国立大学管理法案は審議未了で成立せず、大学の管理運営機構は、変革を迫られることとなった。広島大学の場合、評議会は大学の最高審議機関として機能していたが、昭和二八（一九五三）年一〇月一日、国立大学の評議会に関する暫定措置を定める規則（昭和二八年四月二二日付文部省令第一一号）により、審議事項の内容に関する規程が削除された。これは大学管理法が制定されるまでの暫定的な措置であった。しかし、大学管理法案が成立しなかったため、運用上、評議会は学長の諮問機関なのか、それとも従前通りの決議機関とするかの疑義が評議会で出されている。[54]この点、文部省側の意見も曖昧なものであったため、広島大学では、評議会を諮問機関と決議機関の中間的な存在として運用することとなった。

また、文部省案では、教養部が学部より一段低くみられることとなっていた。広島大学では、教養部を評議会で実質的に学部と同格に扱ってきたため問題化した。[55]結局、広島大学では、文部省令第一一号の評議会の構成員に、附属図書館長とともに教養部長と教養部教授二名（文科一名、理科一名）をこれまで通り加えたのであった。[56]

具体的に、昭和二八年一〇月一日付広島大学評議会規程改正にともない、昭和二四年九月一七日制定の広島大学評議会規程で明記されていた評議会審議事項が削除された。これにともなう評議会審議内容の変化は、第一回の評議会（昭和二八年一〇月一四日）で早くも問題化した。冒頭、森戸学長は、「評議員は学部の代表としてではなく大学全体の立場にあってやって頂きたい。はじめにたって特にお願いする」としたが、昭和二八年二月二日の文学部長選挙内規以降、部局長の選考内規が制定されていくなか、これまで慣例的に行われていた工学部長選考内規の承認について、政経学部評議員が学部教授会の自治を主張。評議会での承認を不必要とし、学部長選考などは学部自治だ、と主張したのである。同様に、これまで慣習的に報告・承認事項とされていた教員の資格審査についても、以後、学部ごとに行うこととなったのである。[57]

昭和二八（一九五三）年一二月、森戸は、「大学教授について」との原稿を脱稿している。このなかで、森戸は、大学教授の重要な資格を「時勢に応じて機敏なポーズをとったり、理論を器用に操作したりする能力ではない、その学問思想が人間にとけ込んで一貫性と真実性と信頼性をもつことにあるのだ、と思う」とし、「たとえ反動な学説であっても、学問的に誠実にこれを堅持する人は、教授として望ましい人である」とした。具体的に、「戦前には左、戦時中は右、戦後にはまた左、といったように、時流に応じて転々としかも急角度に基本的な学問的態度を変えるような人は、少くとも教授としてはふさわしくない」とした。同時に、新制大学とは「高等教育機関」であり、「教育には専門学科の教育だけでなく、指導者として人間の育成も含まれている」ともしていた。しかし、補導を含めた学生の教育は全教官が協力しなければならないのに、学生との接触が専門課程ほど多くない教養部等に負担が集中している事実を指摘し、さらに、「旧制大学以来の教授にあっては、研究者としての伝統と誇りが強く残っておるし、新制大学にあっては、在来の教育者としての任務をば、何か大学教授にふさわしからぬもののように、これを軽視し回避せしめる傾向がみうけられ」、大学教授が教育者であるという自覚と責任感が薄いことを反省しなければならないと指摘する。そして、新制大学の資格審査において教育者としての自覚と責任感という「常識的な要請が相当にふみにじられている」とも指摘したうえで、大学教授に「大学の自由と自治への反省と責任」を求めていた[58]。

新制大学の特色を人間育成としての一般教育に求める森戸の姿勢は、その後も一貫していた。しかし、多くの教員は、意識において旧制大学に回帰していった。そして、意識だけでなく、制度的にも旧制大学における学部自治・教授会自治を基盤とする研究重視の方向性に向かっていったのである。新制大学の根本理念を、外に開くことと一般教育に置いていた森戸にとって、広島大学を通じて新制大学制度を維持することの限界性は明らかであった。カリスマ性を有する森戸にとっても学部・教授会自治を前提に行動する教官達の旧制大学意識と、その制度的な限界が障害となっていたのである[59]。

このため、森戸は、大学制度を含む戦後教育改革の是正と大学教員の意識改革が必要であると認識し、中央での活動を強化していった。その方向性とは、国立大学協会および中央教育協議会を通じての教育制度改革であり、大学一般教育研究会を通じての教員教育であった[60]。その一つの成果が昭和三八年一月二八日の中央教育審議会答申「大学教育の改善について」（三八答申）であった。

森戸にとって、中央教育審議会等における活動とは、「旧制大学」に「新制大学」を対置し、戦後教育改革の再定着を意図した再改革であった。戦後高等教育の再改革は、大学の量的拡大と学生運動が激化するなか、教養部に問題と負担が集中していることを考えれば必然であった。しかし、旧制大学化したがゆえに、多くの大学は危機の本質をとらえることができず、紛争の拡大を招いていったのである[61]。

注

（1）日本学術会議　日本の展望委員会　知の創造分科会「提言　二一世紀の教養と教養教育」平成二二年四月五日。http://www.scj.go.jp/ja/info/kohyo/pdf/kohyo-21-tsoukai-4.pdf

（2）森戸が戦後高等教育政策に影響を与えたことについては、本書第一部第六章および元文部次官井内慶次郎氏の証言参照（井内慶次郎「（講演）広島大学の思い出」『広島大学史紀要』第四号、二〇〇二年三月）。

（3）森戸は、東大での上杉慎吉（憲法学）の講義を例に「東大を鼻にかけて権威を上から押し付ける」教育を批判し、反対に高野岩三郎が導入したセミナー方式を評価している（森戸辰男著『思想の遍歴』上、一九七二年、春秋社、一七―一九頁）。

（4）森戸辰男著『青年学徒に訴ふ』学芸社、一九四六年二月。この小冊子名は、森戸が研究していたクロポトキンの「青年に訴ふ」との小冊子を模したものでもあった。

（5）森戸は、「現代文明は果して科学的思想の過剰生産によつて没落しつつあるか。はたまた、それは科学的思想の不足のために病みつつあるのであるか」との命題のもと、マルクス主義に基づく社会科学を進めることを主張していた。なお、森戸のマルクス主義は、初期マルクスに対する研究に基づくものであり、レーニンとの関連性を持たないものであった。それゆえ、森戸は、暴力革命には反対の立場にあった。

（6）「青年学徒への期待」『理想』第一〇五号、昭和一五（一九三〇）年二月。
（7）「科学者の態度」『学生と科学』（学生叢書第七巻）昭和一四年一二月二〇日。
（8）昭和二〇年一〇月一五日付「再建の基軸としての科学と科学的精神」『毎日新聞』。
（9）「知識階級に與ふ」『新生』第二巻第一号、昭和二一年一月。なお、この背景には、戦前、東京帝国大学で海軍造船中将の平賀譲が、九州帝国大学でも百武源吾海軍大将が総長になったことに象徴されるが、職業教育を理由にしつつ、その実、理系教員が軍部の潤沢な研究資金を求め、大学が戦争に協賛していったことがあげられる。このことは、大学が社会的な存在であるためでもあるが、当該期の教員の行為と行動を森戸は問題としているのである。反面、戦後、与えられた学問の自由のなかで、反戦等を唱えた大学人が、自らとその属する組織としての大学に対する反省を欠いていたことも問題にしている。
（10）本書第一部第二章参照。
（11）代表的な先行研究としては、海後宗臣・寺崎昌男著『大学教育　戦後日本の教育改革9』（東京大学出版会、一九六九年）および土持ゲーリー法一著『戦後日本の高等教育改革政策「教養教育」の構築』（玉川大学出版部、二〇〇六年）等がある。前者が書かれたのは、中央教育審議会答申・昭和四六年六月「今後における学校教育の総合的な拡充整備のための基本的施策について」（森戸が中央教育審議会長）の審議中であり、編著者の多くが、これに反対する立場にあったためか、戦後教育改革に大きな足跡を残した森戸について言及していない。また、後者は、占領当局者等の理想・理念からの偏差として叙述している。この点、本章は、前者に対しては、森戸辰男を通じてその所論の修正を、後者については、実態分析から理念の受容過程としての戦後教育改革を対置することも目的としている。
（12）昭和二一年三月三〇日「聯合國軍最高司令官に提出されたる米国教育使節団報告書」広島大学文書館所蔵『森戸辰男関係文書』（MO01040100l0）。
（13）日本国憲法制定にあたっての森戸については、拙稿「森戸辰男からみた日本国憲法の制定過程」『日本歴史』第七二八号（二〇〇九年一月号）参照。
（14）『民主主義日本の建設　民主主義と教育　森戸辰男氏講演　昭和二一年二月一日、二日　於福山市公会堂』日本社会党広島県聯合会、『横浜市所蔵森戸辰男関係文書』（MYB01500100）。

(15) 第二回総会、昭和二一年九月一三日、『教育刷新委員会・教育刷新審議会会議録』第一巻、岩波書店、一九九五年、二九頁。なお、この教育刷新委員会の委員構成は、官学中心の教育者が多数をしめたことが指摘されているが、この点を総会の席上、具体的に問題提起したのも森戸であった（第一回総会、昭和二一年九月七日、『教育刷新委員会・教育刷新審議会会議録』第一巻、岩波書店、一九九五年、一二頁）。

(16) 第三回総会、昭和二一年九月二〇日、『教育刷新委員会・教育刷新審議会会議録』第一巻、岩波書店、一九九五年、五〇頁。

(17) 第一回総会、昭和二一年九月二三日、『教育刷新委員会・教育刷新審議会会議録』第六巻、岩波書店、一九九七年、五頁。

(18) 山住正己・堀尾輝久著『教育理念（戦後日本の教育改革　第二巻）』（東京大学出版会、一九七六年）参照。

(19) 第四回総会、昭和二一年九月二七日、『教育刷新委員会・教育刷新審議会会議録』第一巻、岩波書店、一九九五年、七七頁。

(20) 新渡戸稲造全集編集委員会編『新渡戸稲造全集　別巻』教文館、昭和一一年（昭和六二年再版）、三〇三頁。

(21) 同前、三〇二頁。

(22) 同前、三〇四頁。その際、森戸は、「或は現在の「下落した大学」においては先生は有能な大学教授でなかったかもしれない、そしてさういふ価値判断する人も現になにほどかあった」（三〇四頁）としている。一方で、大内兵衛は、新渡戸を「要するにわれわれと違う、（手をひろげて）こんな広いんだ（笑）、なんでも知っている。しかしなにを中心にしているかよくわからない」と評価していた（『東京大学経済学部五十年史』東京大学出版会、一九七六年、六五六頁）。

(23) 同前、三〇六頁。

(24) 同前、三〇六頁。

(25) 本書第一部第一章参照。

(26) 同前注(21)、三〇二頁。

(27) 「論説　森戸新文相に望む」『帝大新聞』昭和二二年六月一二日。

(28) 昭和二二年五月「文部大臣引継事項」広島大学文書館所蔵『森戸辰男関係文書』(MO02010100500)。

(29)「六三制実施と新制高等学校及び大学への切替えについて」広島大学文書館所蔵『森戸辰男関係文書』(MO02020200306)。なお、六三制の実施は、当該期教職員組合および共産党との関係からも是か非でも実施しなければならない政治課題であった(「六・三制度の破棄又は変更に伴ふ影響」広島大学文書館所蔵『森戸辰男関係文書』)(MO02020200320)。

(30)「社説　政治教育と青年と教師」『読売新聞』昭和二二年一二月四日。

(31)国会会議録検索システム、第二回参議院文教委員会、昭和二三年六月二四日。

(32)「森戸辰男氏　談話・放送・説示録」広島大学文書館所蔵『森戸辰男関係文書』(TA02052500500)。

(33)昭和二三年一〇月八日付文部次官より国公私立大学高等専門学校長、教員養成諸学校長宛発学四五八号「発学四五八号学生の政治運動について」広島大学文書館所蔵『森戸辰男関係文書』(MO02011201400)。

(34)「国立総合大学総長協議会における大臣挨拶要旨」広島大学文書館所蔵『森戸辰男関係文書』(MO02120101700)。

(35)学長就任経緯については、「第二部第二章、三、森戸学長就任経緯」『広島大学の五〇年』広島大学五〇年史編集委員会・広島大学文書館編、広島大学出版会、二〇〇七年、七八―八二頁参照。

(36)国会会議録検索システム、第七回衆議院本会議、昭和二四年四月一八日。

(37)森戸辰男「政治と教育―国会から大学へ―」『読売評論』第二巻第八号、一九五〇年八月。

(38)森戸辰男「変革期の大学」昭和二五年一一月五日。

(39)「新制大学の使命―学生運動のありかたにふれて―」昭和二五年六月二二日、広島大学教養部講堂にて。

(40)昭和二五年五月一一・一二日、東京新聞「各学長に聴く」座談会・「学園の自由と学生運動」広島大学事務局、昭和二五年五月。

(41)昭和二六年一月一六日付政令改正諮問委員会「教育制度の改革に関する答申」広島大学文書館所蔵『森戸辰男関係文書』(MO02090102200)。

(42)昭和二七年一〇月一六日付日本経営者団体連盟「新教育制度の再検討に関する要望」広島大学文書館所蔵『森戸辰男関係文書』(MO06010102816)。

(43)昭和二四年九月二七日付第一回評議会議事録『評議会議事録(要録)』。

(44) 昭和二六年一一月二七日付第四五回評議会議事録『評議会議事録（要録）』。なお、昭和二四年一一月一四日、広島高等師範学校附属小学校講堂において、CIE教育顧問イールズとダイバーが広島大学教職員、学生に対して講演を行い、席上、イールズは、学問の自由と題して「大学における教育と研究の自由は最も重んずべきだが、共産主義者である教授はすべてが党の指令によっているため自ら学問の自由を放棄している、教鞭をとることは政治上の権利ではなく、あくまでも学者としての大きな特権である」とし、ダイバーは「学生の自治」に関して「政治的意図の排除」を強調している。しかし、広島における講演は、東北大学「イールズ事件」のように問題視されることはなかった（「教育は学者の特権、政治上の権利ではない」『中国新聞』昭和二四年一一月一五日）。

(45) 昭和二七年五月二〇日付第五六回評議会議事録『評議会議事録（要録）』。

(46) 昭和二七年六月九日付部局長連絡会議議事録『部局長会議議事録』。

(47) 広島大学文書館所蔵『評議会議事録（要録）』。

(48) 昭和二五年一二月一九日付広大庶庶第二六一号、広島大学長森戸辰男「全国大学教授連合の決議について」広島大学文書館所蔵『森戸辰男関係文書』。

(49) 昭和二五年五月一六日付第一五回評議会議事録『評議会議事録（要録）』。

(50) 広島大学教養部『雑録　昭和二四年四月～昭和三九年三月』広島大学文書館所蔵。

(51) 昭和二八年三月二四日付第六九回評議会議事録『評議会議事録（要録）』。

(52)『部局長会議議事録』広島大学文書館所蔵。なお、この点については、拙稿「「紛争」から「改革」へ―教養部の改組・総合科学部の創設―」『広島大学史紀要』第四号、二〇〇二年三月、を参照。

(53) 昭和二六年一二月二五日付第四七回評議会議事録『評議会議事録（要録）』。

(54) 昭和二八年五月二八日付第七一回評議会議事録『評議会議事録（要録）』。

(55) 昭和二八年九月八日付第七六回評議会議事録『評議会議事録（要録）』。

(56) 昭和二八年九月一五日付第七七回評議会議事録『評議会議事録（要録）』。

(57) 昭和二八年一〇月一四日付第一回評議会議事録『評議会議事録（要録）』。これらの選考規程では、部局専任の教授・助教授・講師・助手による単記無記名投票によって部局専任の教授から部局長が選考されることとなった（医学部は教授、歯学部は助教授以上）。

(58)　昭和二八年一二月二〇日稿「大学教授について」広島大学文書館所蔵『森戸辰男関係文書』（TA02032300100）。

(59)　とはいえ、広島大学にとって中央との強いパイプを有する森戸がいなければ急速な大学整備は不可能であったであろう。それだけに、森戸の学長退任は、広島大学の「前途に大きな痛手」と認識されていたのである（「前途に大きな痛手　森戸学長退任と広島大学」『朝日新聞』昭和三八年三月二五日）。

(60)　大学一般研究会については、志津木敬「大学一般教育研究会における全国的組織化に関する考察（その1）―「大学一般教育研究会全国連合会」発足まで―」『広島大学文書館紀要』第一二号（二〇一〇年三月）、同「大学一般教育研究会における全国的組織化に関する考察（その2）―「大学一般教育研究会全国連合会」の立ち消え―」『広島大学文書館紀要』第一三号（二〇一一年三月）等参照。

(61)　地方国立大学の場合、首都圏・関西圏といった大都市圏への大学集中のなか、地域的に均等化させる方向に機能するものであったにもかかわらず、旧制大学化した教員意識が中央にのみ向けられたため、組織的矛盾を拡大させていった。さらに、急激な学生数の増加は、大学紛争期においてマスプロ教育批判を生んだが、対象となる一般教育において教員の質が問題となったのは、グローバル化を前提とした段階に入ってからである。今日、大学紛争以降、学生の質が大きく変化したにもかかわらず、未だに紛争時のマスプロ教育批判の延長で、科学的な根拠もなく、大人数教育を無意味に批判する者がいる。しかし、問題の多くが教員の資質にあることはいうまでもない。なお、教育負担と教育的資質に対してインセンティブがないことも、大学教員が教育に熱心にならない大きな理由である。

第五章　大学紛争期の大学知識人

戦後日本では、国民の教育熱の高まりにより、大学進学率があがり、大学も学生も、そして、大学教員も大衆化していった。これにともない大学に依拠する知識人・大学知識人[1]も、質的に変化していった。その分水嶺となったのが大学紛争である。

大学紛争の中心であった学生運動の主体は、代々木系、反代々木系に分かれた[2]が、大多数をしめた一般学生は、傍観者として主体性なく暴力を放置したと非難された。一方で大学教員も、学生運動の動向と同じように、日共系（代々木系支持）、全共闘系（反代々木系支持）、そして、執行部を形成する教員（その多くは、学生運動に一定の理解を示す進歩派）、保守派（政府支持）などと主体的に動く者もいたが、大多数の教員は、大衆としての傍観者であり、状況に漂う存在であった。

主体的に活動した大学教員のうち、全共闘系の教員は、「造反教員」とのレッテルを張られつつ後に組織として溶解したが、日共系教員は存在し続けたし、保守派と目された林健太郎東大教授は、東京大学総長となり自民党参議院議員ともなった。一方で、多数派を形成した大衆としての大学教員は、大学紛争の嵐が過ぎたあと、旧態に戻るにあたって、サイレント・マジョリティーとして中心的な役割を担ったのであった。

本章では、大学それ自体とともに、「「学生反乱」が生んだ知識人不信は、「戦後思想」そのものへの不信につながるものであった[3]」ことについて、「悔悟共同体」であればなおさらのこと[4]、先の戦争における行動を問われ、「転向」

や「戦争責任」を問われた知識人という存在が、大学紛争という状況にどのように対応したかを明らかにすることにある。

そのうえで、当該期、大学人・大学知識人は、大学紛争における行動から、以下の五点に分類できるだろう。

1. 反代々木系を支持し、社会変革を目指す。
2. 日本共産党支持。代々木系（民青）の行動を支持し、学生の自治参加を促す。
3. 傍観者・大衆。大勢に順応することだけを考える。
4. 執行部にあって大学紛争の収拾と、大学問題の解決を求める立場。
5. 政府支持。自由主義社会を是認し、その漸進的改革を目指す立場。

学問・研究は、常に更新・刷新されるものであり、社会主義思想の先端的研究者は「1」に向かい、ある意味、彼等「1」の立場からは、「2」も、「4」「5」同様に克己すべき存在であった。「5」は、政府対応を支持するため保守とされるが、戦後、復古主義は大学から基本的に払拭されており、現状の自由主義社会を前提に、その改善・改良を目指すものであった。

以下では具体的に、東大紛争の過程で、加藤一郎総長代行を中心とする東大執行部から出された一〇項目からなる「確認書」（以下、確認書）を一つの軸として思想と行動の位相を明らかにするとともに、大学紛争がもたらした大学知識人の変容について述べることとしたい。

I　東大「確認書」の位相

大内兵衛（東大名誉教授）が「青年政治家」[5]と評した加藤一郎東大総長代行は、大学が反代々木系に占拠され、授業が開始できないなか、次年度入試を行うためにも、事態の収拾を優先した。具体的な収拾策とは、代々木系とノンセクト（ラディカル）[6]と妥協し、前者、代々木系の「実力」を利用して反代々木系が占拠する拠点をロックアウト（封鎖解除）することであった。その見返りか、加藤総長代行は、大学の自治への学生参加を一定程度認める一〇項目からなる確認書を一月一〇日に作成した。この間、加藤代行は、同級生という関係を利用して、文部省が入試の実施をみとめるよう坂田道太文部大臣の説得を試みた。結果、民青・行動隊により、幾つかの学部は封鎖解除できたが、砦と化した安田講堂の封鎖解除は困難であった。このため、加藤代行は、学生達に反感の強い機動隊を要請し、昭和四四（一九六九）年一月一八日と一九日、安田講堂のロックアウトを実施した。しかし、収拾は不十分であり、根本的な紛争解決には程遠いと判断した政府・文部省は、次年度の東大入試の中止を決定した[7]。

この確認書と機動隊導入は、それへの対応・認識において大学知識人の立場を明確に分化させるものであった。以下では、折原浩、林健太郎、渡辺洋三の三人を事例に、その位相を見ることとしたい。

1　折原浩[8]

折原浩（当時、東京大学教養学部助教授）は、紛争にあたり「無活動にひとしかった自分の過ちを深く反省し、それ以後主として学生諸君と学部教授会との〈境界（マージン）〉に立ち、①学生諸君の考えや要求を聴取し、正確に教官に伝える自発的活動において、また、②わたしの所属する教養学部教授会への解決策の提出」を行った[9]。この過程で、大学側の学生対応（特に無原則な懲戒処分）を批判し、傍観者である多数教員を「妥協論は、大学人としての自殺宣言にひとしい。まさにそのような悪しき相対主義こそが東京大学を蝕んできたと思うのである。というのは、根拠や理由を明示して、正しいことは正しいとし、誤りは誤りとする〈知的誠実性〉こそが、学問研究者らに不可欠の要件なのではないだろうか」と激しく断じた[10]。

折原は、一月一八・一九日の機動隊導入について、「既存秩序下の学問と教育の意味を問いかえし、自己否定の道を歩みつつ、われわれに問題を投げかえした全共闘の諸君にたいして」「国家権力の暴力装置に頼って、これらの諸君を血祭りにあげたのだ」として大学および大学教員の権威主義による「深い頽廃」を告発した[11]。そして、「大学問題の根底的解決、学生との真の〈信頼関係〉を創造（「回復」ではない！）」のため、「徹底的な自己批判とその普遍性の上に、ひとりの謙虚な人間として、人間としての学生に相対」することで「「学園紛争」解決の曙光がさしてくる」とし、その過程が「〈紛争〉の〈闘争〉への意味転換をともなうであろう」と述べた[12]。

大学の運営に関する臨時措置法とこれに順応する大学執行部に対しても、「闘争の問題提起を回避」した「見解」を出し、「収拾」のみの確認書で妥協、機動隊導入により「闘争圧殺による体制維持」という「「近代化」・「合理化」」を行ったと批判した。そして、日本共産党・民青に対しても「政治主義的「ぬえ」集団」と厳しく批判したのであった[13]。

折原は、マックス・ヴェーバーの業績を批判的に検証し、現代に活かすことを研究テーマとしていた。また、紛争拠点であった教養学部で学生と前線で向き合うなかでの態度も真摯であったのであろう。しかし、折原は、大学を大学人（教員・学生）のみで構成される「理性の府」と規定し、「真の」学生を反代々木派に限定した。また、ゲバルト闘争を必然とし、大学を社会変革の拠点とさせ、権威主義的な「組織」としての大学解体の主張を理解しつつも、理想としての「組織」を具体的に提示することはなかったのである[14]。

2　林健太郎

林健太郎文学部教授は東大文学部長就任早々、昭和四三年一一月四日から一二日まで八日間も、全共闘・反代々木派に監禁され、「団交」を強要されたが、学生と向き合い論破し、一歩も引かなかった[15]。

林健太郎は確認書を、事態の正常化（収拾）に寄与するものと評価したが、その内容には「裏表」が存在すると指摘する。[16] 確認書が原則として紛争解決のために警察力に頼らないとしているものの、実際には機動隊を導入しているためである。この点を林が加藤代行に聞いたところ「これは一般的な原則について今後学生と相談するということを言っているのであって、個々の場合に相談するということを約束したわけではないからかまわないのだ」と述べたと証言している。正常化とは機動隊によってもたらされたものであり、確認書は「表向きは非常に学生に譲歩している。学生の固有の権利といっても実はどういうことかよくわからないし、大学の自治が教授会自治であったのはよくなかったということが書かれてあり、いろんなことで学生と協議するということになっているが、実際はそういうことは何も行われていない」、いかようにもとれる内容は、「問題多い」と指摘した。[17] 林は、機動隊の導入による「正常化」につながったものとしてのみ確認書を評価したのであった。

3　渡辺洋三

社会科学研究所教授の渡辺洋三は、確認書を東大紛争の最大の「遺産」とした。渡辺は、「東大闘争」を「学生や職員の無権利を前提として構築されてきた伝統的な大学自治＝教授会の自治に対する学生や職員の権利闘争、したがってまた大学内部の民主的改革のための闘争」であったとする。その権利を確認するものが確認書なのである。そのうえで、学生・職員の権利拡大に反対する立場を否定し、確認書を欺瞞とし、ゲバルトを行う反代々木系学生集団を否定する。[18] 渡辺は、大学の自治を「研究を自由にしたいという個人的・プチブル的要求」であり、「教官の私心を満足させるギルド的集団のエゴイズム」とし、その原因を「戦後改革（民主主義改革）がなされないまま今日に至ったため」と理解する。そして、大学の社会的責任や階級社会の諸関係が大学内部に反映されるなか、「大学の自治と民主化のために戦後一貫して闘ってきた学生運動（民青）と職員組合運動の闘争の蓄積が、あらためて確認され」、それが確認書に反映された、との立場をとった[19]。

また、渡辺は、大学政策を「安保政策下の国家独占資本主義の転回の総体として保障する政策」である安保政策のもとで展開されたと捉える。それゆえ、「安保体制の支配から解放される方向で大学を改革」し、「国民各階層の諸闘争と連帯し、かつその一部を形成し、真に「闘争」として国民的基盤の上に立つ」拠点として大学の自治が必要であるとした。そのうえで、渡辺は、科学技術政策における大学間格差増大と軍事研究への傾斜を警告し、「産学協同」を「科学者がまさに自主的に（学問的内在的に）企業の利益に奉仕するみちを選択せざるを得ないという体制の構造的性質こそが問われている」とする。また、教育政策では、大学院大学にみられる大学の類別化を、教養課程の軽視、教員養成課程への介入、地方大学の再編構想、私学軽視政策として批判し、研究と教育の分離を、「大学を学問研究機関としてでなく、単なる技術者・サラリーマン養成の教育機関（職業訓練機関）へと方向づけるもの」として政府・中央教育審議会を批判した[20]。

確認書の内容に対して、折原と林は評価していない。機動隊を導入し、全共闘（反代々木系）のゲバルト学生を排除した、という点についてでは、両者は真逆の評価を下している。一方、学生の大学自治への参加拡大を求め、大学の自治を（現状の）国家から守るため、とする渡辺の立場からすれば確認書は大きな前進であった。

すなわち、折原は全共闘（反代々木系）を、渡辺は日共系（民青・代々木系）を支持。林は、機動隊導入による正常化を評価する点で、政府を支持する立場であったといえよう。

「青年政治家」加藤一郎総長代行自身は、ノンセクト・ラディカルを支持する堀米庸三文学部教授[21]が、文学部長に就任することを期待していたことからもわかるように、進歩派に立脚する立場であった。それゆえ、「当時、「東大の教官には民青系が多い」と言われていましたが、教官の中で民青系の人はごく少数でした。民青が学内を支配することになれば、学問が政治やイデオロギーに支配されて、大学の存在自体が危うくなる、という気持が教官には強かったのです。しかし、共闘系ならば、紛争さえ解決すれば、後腐れがない」と後に述べたように認識していたと考えられる。(22)

つまり、加藤総長代行の収拾策とは、事後、共闘派を進歩派に再吸収し、少数派の民青を抑えることができると考えたうえでの行動であった。しかし、加藤の行動は、弥縫策としての収拾であり、ノンセクト・ラディカルへの期待、民青への妥協は、結果として大学入試中止を政府に決断させた。入試が中止となった段階で、「青年政治家」加藤は敗北したのだが、東大総長代行・総長という権威的立場を維持するためであろうか、その後も、中央教育審議会答申、大学の運営に関する臨時措置法を批判し続けた。

加藤一郎の行動は、大学紛争を解決する責任があったにもかかわらず、大学の運営に関する臨時措置法への対応において「大学立法の根拠を、政府の文教政策および急進的学生の責任に帰し、なおも平然としている多くの大学人の態度には、根本的な疑念を感じざるをえない」、「自己の思想的基盤をかなぐり捨てて政治技術的な闘争収拾策動に狂奔」した「進歩的」大学知識人は、「壊滅的な打撃を受けたといえよう」、とされる進歩派知識人そのものであった。(23)

Ⅱ　大学人はどのようにみられていたのか

1　大学人の実相

大学紛争、特に国立大学の場合、教職員は国家公務員であった。国家公務員は犯罪の告発義務があり、また、捜査に対する協力義務もあった。また、学長等の管理者は、国有財産を管理する責任も有していた。

そのようななかで、昭和四三年以降、ゲバルト闘争を開始した反代々木系と、これへの自衛のため武装化した代々木系等の暴力を取り締まるのは、最前線にいた学生部職員であった。しかし前線にあって身を挺して説得などの対応をしている職員の背後で、暴力を容認、あるいは黙認し、利用する行動をとった大学人の対応は、根本的に問題であったといわざるを得ない[24]。安川第五郎を会長とする東大ＯＢ有志の会が配布した「東大紛争を黙視できない」の最大公約数としての主張が「暴力追放」であり、「暴力是認の傾向が将来、日本の民主主義を破壊し、暴力による政治を導くおそれのあることを忘れないでください」との願いを無視するものでもあった[25]。

また、「大学紛争の大部分が一部の学生によって左右され、これを教授が横から眺めているその無資任さ」「東京大学では、沢山の教授が一年間も我々の血税を喰い潰し、しかも、暴力学生に国有財産を荒らされ、少しも、その責任を意識していない」「暴力学生に大学の運営まで任せるような事態を招いて少しも責任を意識しない自己防衛のみに走っている大学教授の行動は驚くべき無責任である」と批判され[26]、機動隊を導入するにしても、権威主義的かつ無責任な態度をとるなど、その社会認識の甘さも指摘されていた[27]。

「東大ＯＢ有志の会」組織化の中心でもあった村井順（元警察官僚、綜合警備保障社長）は、「大学自体に多くの問題が内在している。しかし最も重要なことは大学教授たちが学生たちから信頼されていないことである」とし、「大学の制度・運営に矛盾や問題点があるのに放置し、学生運動について無知であり、進歩的なジェスチャーをとりたがる」と指摘していた[28]。

2　大学人がみた「大学人」

一方、主体的に活動する大学人からみた一般の大学教員は、「あまり自分の考えに固執せず適当なところで妥協して、ともかく早く事態を正常にもどすことだ」とし[29]、あるいは、「「うちは民青だから」とか、「おたくは民青なので安心だ」といった会話がしばし交される古い感覚」であり、「ただ温良であるということは、現代社会においては、マイナスの価値をもつことのほうが多い」と評される存在であった。[30]

また、彼らの集合体としての教授会と、そのもとにある大学教員とは、「全国各大学の紛争を通じて、いちばん手きびしく世論の批判を受けたのは、教官たちのだらしなさであり、それと同時に、教授会の多数決民主主義の破産も各大学で明らかにされてきた」「多くの教官は、執行部と代表委員会という頑丈な壁のかげに身をひそめて、吹き荒れる風に自分だけはあたらぬようにしようと首をすくめてきたのである。だから、執行部や代表委員会の方針や提案がたとえどんなに無原則であろうと、彼らはただ嵐にさらされたくない一心で、それを支持し、壁の補強に一役を買う」存在であった。[31]「今の大学は昔と違って浮世離れた象牙の塔ではない。世捨人のより集まりとはわけが違う。その辺の会社や工場と同じような単なる社会集団にすぎない。そして、その運営管理の責任はその構成員である教師全員に負わされている。これは実はある面からいうと、そういうことの一番不得手な人達に、その不得手なことをやらせるしくみになっている」「管理の能力も自信もない人間が、ただ大学の自治といううたい文句だけを後生大事に抱えこんで排他的な態度をとっていると、税金をおさめている国民の方で黙っていなくなる」と認識されてもいた。[32]

大学紛争が社会問題化していくなか、大学人……管理運営の責任を有する大学教員（教授）に対する一般市民（大衆）の眼も厳しくなり、同時に、大衆そのものとしての実態も暴かれていったのである。

Ⅲ　大学知識人の変容

1　権威の失墜

中ソ論争やチェコ事件等、社会主義への幻滅がひろがるなか、社会主義に依拠していた日本の進歩派知識人は、社会主義、マルクス主義の現実的運用を目指して、ヘルベルト・マルクーゼなどのフランクフルト学派の思想を輸入し、[33]

ジャン・ポール・サルトルの知識人論を模範とした[34]。そして、「「テロリストにしろ、弾圧にしろ。私はあらゆる暴力を非難する」と。これこそ、ブルジョワ階級のイデオロギーに奉仕する、いつわりの普遍性の実例」とサルトルがしたように[35]、学生のゲバルト闘争も容認する。折原浩の行動は、「不断の自己批判」とともに、サルトルが提示した知識人像を忠実に実現しようとしたように見える。当該期、彼ら進歩派知識人は、政治的実践と文化的創造を同時に行うことを「全体への思考」とし、「思考」を、社会主義・マルクス主義のなかで再構築していくことと考えていた[36]。

しかし、全共闘支持の大学教員達は、「全共闘支持の知識人の声明」を出し、「連帯を求めて孤立を恐れず」とは言ったものの[37]、ゲバルト闘争に反感を持っていた私生活中心主義の大衆の支持など望むべくもなかった。全共闘は内ゲバや、先鋭化のなかで自壊していった部分もあり、一部は、あさま山荘事件を含む連合赤軍事件にまで行きついてしまった。さらに、後に毛沢東が主導した文化大革命がもたらした破壊が明らかになり[38]、さらに、社会主義国の崩壊によっても、思想を現実化する根拠が失われていった。同時に、丸山真男や加藤一郎東大総長に象徴される進歩派知識人全体も、前節における政治的行動から、社会的信用を失墜させていった[39]。

一方、大学に依拠した日共系知識人は、「マルクス主義は正しいという信念」のもとに、「転向」の有無（日本共産党の無謬性）をもって「権力から自立した「知」」としてのマルクス主義からする日共系知識人の正統性を主張した。そして、「統一戦線」による知識人の集団化を目指し、保守への対抗勢力を自認しつつ勢力を維持したのであった[40]。

2　専門的知識人の派生

一方、大衆社会化ゆえに、産業化・分業化が進み、これに対応した専門的知識人が派生していった。彼らをサルトルは、支配階級が認めた「知的技術者」と「上部構造の役人」と呼んだが[41]、彼ら専門的知識人自身は、人類社会への貢献を目的として、それと自らの「生きがい」を同一化させ、「レジャー」も楽しむ存在としての「創造的知性」を持った二一世紀型の知識人であると自負していた。それが「未来社会を正しくとらえ、設計していく[42]」、新たな知識人としての「テクノクラート」であった[43]。

彼等は、「分業社会」の一翼を担い、現実と連携しつつ、高度経済成長と新たな秩序をもたらしているという自信を持っていた。反対に、批判しかなさず、単なる「物知り」、「曲学阿世」な「人文的知識人」を「クリエイティブ」ではないとし、その尺度は「定量的」であるべきとして、経済的合理性と国際競争力を目的とする……そのようなテクノクラートこそが知識人としてリーダーとなるべきだとした[44]。

また、七〇年代に入ると「マスメディアの影響かもしれませんが、六〇年代にはあまりなかった一つのハウ・ツウの文化人、もう一つは前田武彦などは知識人であるかどうか知りませんが、広い意味での文化的リーダーという形ででてきた」「価値体系というものを抜きにしたような知識人が、特にテレビで氾濫している。いわゆるタレント時代で、大学教授もどんどんタレント化してますね。価値体系をもっていたら、タレントになれないものね」という時代になっていった[45]。

大学紛争は収拾したものの、根本的な解決はなされず、機動隊によって嵐が過ぎれば、傍観者であった大多数の大学人により、旧態に戻っただけであった。この過程で、主体的な意識を持った多くの教員が大学を去った。大衆団交に反対し、一方で理事会の総辞職を求めたものの、なんらの変化もないため抗議辞職した三浦朱門[46]や、大衆団交に出席しなかったことから立教大学を辞職後に懲戒免職処分となった村松剛[47]、進歩派知識人でも日高六郎が大学を辞職した[48]。著名な大学知識人の辞職は、彼らをタレント化させてもいった。

また、社会問題の多様化とともに専門的知識人を必要としたマスコミも呼応し、「未来論」の流行とともに[49]、人文学・社会科学においても専門的知識人が中核をなしていった。現実主義的で、「使命感」のある体制的知識人（行動的知識人）とされ[50]、実際、大学紛争期、最も適確な大学の未来像を提示しえたのが、香山健一（当時、学習院大学助教授[51]）や吉村融（当時、埼玉大学助教授[52]）などの実務的で有能な若手の専門的知識人であったことも、その必要性を認識させたのであった。

全共闘系大学知識人が消滅していき、進歩派知識人の威信も著しく傷つくなか、大衆社会に適応した専門的知識人・インテリジェントが派生して、「知識人」の主流となっていったのである。

Ⅳ　理性としての「漸進」

大学紛争期、ハーバード大学のライシャワーは、日本の知識人が日本の政治においては「新参者」であり、議会制民主主義を知らず、批判だけを行い「賢明な意見を出す」ということがない。民主主義というものは「粗末な制度だが、これに代わるべきものはない」にもかかわらず、ドイツ観念論の影響のもとで非常なユートピアンだと指摘した。そして、日本の知識人には「健全なナショナリズム」が必要であるとした[53]。

当該期、このような「健全なナショナリズム」の方向にあった知識人は、「啓蒙」主義的とされた戦前派の知識人であった。戦中期、丸山真男のような「悔悟共同体」の一員として逼塞したのでなく毅然と戦い、「転向」が問題となるようなインテリゲンチャでもない彼らは、戦後民主主義・アメリカニズムの導入にあたり、その受容に漸進的であり、それまでの日本との接続を図る存在であった。彼等の営為は、戦後民主主義を日本文化に即して再定着させることであった。マルクス主義者からなる進歩派知識人からは、止揚された思想の持ち主とされたことで、社会主義思想の先端性を競う論壇からは無視されたが、大衆化のなかで「良識」の形成に心を砕く存在であった。

本書では、中央教育審議会で活動した森戸辰男と高坂正顕をあげることとする[54]。

1　森戸辰男

森戸辰男は、森戸事件で東大を追われた後、大原社会問題研究所で研究活動を継続するとともに、大阪労働学校を中心に労働者教育に尽くした。大阪労働学校を長く支えたのは、森戸によるところが大きかった。森戸は、初期マルクス研究の第一人者であったが、革命という暴力を用いるマルクス・レーニン主義には賛同せず、組合活動が右傾化したなかで、労働者の権利拡大を目的に、マルクス主義から社会民主主義に移行している。森戸は、産業報国会等に参画せず常に在野にあり、戦中期にも発言を続けた人物である。大学に関しては、河合栄治郎東大教授との間で「大学顚落論争」を展開したことでも知られている。(55)

彼は、大正期から昭和戦前期、「改造」「中央公論」等を通じて論壇において社会主義の立場で活躍した。戦後は、日本文化人連盟結成の中心であり、憲法研究会・日本社会党代議士として日本国憲法制定に関与し、日本国憲法に第二五条生存権を盛り込ませた人物でもある。(56)さらに、片山・芦田両内閣の文部大臣として戦後教育改革、教育勅語の廃止などの民主化を進め、ユネスコ加盟など日本の国際化にあたっても中心として活動した。そして、代議士を辞して初代広島大学長となり、中央教育審議会で戦後教育改革の再定着化を主導した。

その森戸は、大学紛争期、中央教育審議会長であった。森戸は、アメリカの州立大学に範をとった新制大学と、高等教育の大衆化のなかで、大学における一般教育の重要性を説くとともに、大学に対しては、戦前から一貫して社会制度の一部としての意義を説き、管理運営責任の明確化を求めた。森戸は、大学紛争が社会問題化している実態から、大学が責任を持って紛争解決できるよう中央教育審議会をリードした。彼の行動は、常に漸進的であり、戦前戦後を通じて一貫していた。学生運動についても国際大学協会・学長経験から熟知していた。その経験値は、当該期の知識人では群を抜いていたため、多くの論者は、直接的な批判を避けたといってよい。しかし、大学紛争が大学の運営に関する臨時措置法の成立によって終息し、その後の大学改革における本来的な路線は、彼を会長とする中央教育審議会で形成されたものであった。森戸は、戦後民主主義を日本に定着させるために尽力した社会民主主義者であり、穏健なヒューマニズムが議論の根底にあった[57]。左派は、彼を「反動」としたが、彼の存在は、自民党内の「無念共同体」による復古主義的な方向を抑止したともいえよう。

2　高坂正顕[58]

西田幾多郎門下四天王の一人とされ、京都学派を代表する哲学者であった（カント哲学）。敗戦前、海軍省の委託で陸軍を抑止し、敗戦への道筋をつける作業を行ったことにより公職追放となるが、戦後、京都大学教授、東京学芸大学長等を歴任。中央教育審議会委員として昭和四一年一〇月「後期中等教育の拡充整備について」の答申にあたり、「期待される人間像」を第一九特別委員会主査として起草した。その内容は、穏健なナショナリズムのもとで、国民の自由と義務の関係性を明確にするものであった。

高坂は、日本の大学がアメリカ型の大学をモデルに大衆化している現実と、大衆化したにもかかわらずドイツ型の大学運営を行う大学教員の錯誤を指摘し、大衆社会に即して森戸の社会制度としての大学を一歩進めて「開かれた大学」を提唱した[59]。同時に、高坂は、それでも学問の自由の前提としての大学の自治を、大学自身が自主的に改革によって進められるように第二四特別委員会の主査として、自主的な大学改革のために答申「当面する大学教育の課題に対応するための方策について」をまとめるために尽力した。また、高坂は、「単純にマルクス主義まがひの階級闘争的な考へ方ですべてを割り切つてゐる」「進歩的歴史家」に対して、人間性の可能性を対置し、「人材」ではなく「人間性」を重視する姿勢を貫いた[60]。

この二人に共通することは、豊富な経験から、人間性の重視とそれへの信頼があり、教育に活かさんとしたことであった。

オールド・リベラリスト、啓蒙的知識人として、旧世代とされ、また中央教育審議会長・委員であることから、「保守」として論壇から無視されたが、その論点は一貫しており、大衆への教養を重視し、大学を社会制度、開かれた大学と規定し、大学の類別化により、文化と教養の高度化、そして高度化する産業社会に対応しようとした点は、大衆社会の問題点を認識している知識人でもあった。しかし、人的な再生産構造を持たなかった彼らは、学統により支配される学界に影響力を遺せなかった。

V 「新しい知識人」の時代？

進歩派知識人と呼ばれた戦後知識人は、マルクスが持つ「全体像」を前提・出発点にし、その政治行動は、「マルクス・レーニン主義」に基づくものであった。その解釈をめぐり、日本では「講座派」と「労農派」の対立があり、それぞれが政治的に日本共産党と社会党左派と連動していた。

マルクスを出発点としたことは、マルクスが克己したとする諸思想を古いものとして「止揚」し、マルクス主義を二〇世紀に運用するために、どのような分析方法を組み込むかを課題とさせた。一九世紀学問であるマルクスに、二〇世紀の課題を当てはめ、整合性を持たせるために、フロイト心理学、大衆社会論などが接ぎ木されていった(61)。しかし、東西冷戦下にあって、彼らは西側の日本では「反体制」であった。また、社会主義国ソ連や中国の実態は彼らの希望を裏切るものであった。この過程で、ある者は「翻身」を余儀なくされた(62)。そもそも、高度経済成長によって自信を取り戻しつつある国民に、後進国であることを強要し、大衆社会の恩恵を享受する彼らのうちから、労働者を抽出するなどは困難であった。戦後知識人は、平準化した日本と大衆社会の現実を理解していなかったのではないだろうか。

大衆社会は結果として、西部邁がインテリゲンチャと定義した政治的知識人である進歩派知識人の権威を喪失させ、専門的知識人（インテリジェント）を、より必要としていった。[63] 同時に大衆化した大学は、学問の大衆化とともに高度職業専門人養成の名のもとに学問の個別細分化をより促進させた。

一方、大衆化のなかで必然ともいうべき専門的知識人は、既に、大学においても理系を中心に多数派であった。彼らの多くは大学紛争のなかで一般大衆と変わらぬ傍観者であり、同時に専門以外については「無知」な存在だった。[64] そのような専門的知識人に、「現代と未来が要求するのは、専門人の深い知識をディレクタントの広い知性と結びつける方途であり、自己の人間的普遍性に達した新しい型の知識人」となることが期待された。[65]

しかし、今日、森戸や高坂が望んだ大学改革とは違う現実をみる時、大学における専門的知識人、主流となった新たな大学知識人の多くは、オルテガが命名した「近代の野蛮人」のままであることも理解できるだろう。[66]

注

（1）大学知識人というのは、曖昧な呼称である（知識人自体、曖昧）。本論では、西部邁著『知識人の生態』（ＰＨＰ新書、一九九六年）の三類型を念頭に、大学人（大学教員）で主体的活動した者を大学知識人とする。

（2）「新左翼」、「全共闘」。実態は、中核派（革命的共産主義者同盟全国委員会）、社学同（社会主義学生同盟）、社青同解放派の三派。「代々木系」とは、日本民主青年同盟（民青、民青同盟）であり、日本共産党の下部団体。本稿では、当該期の通称としてこの用語を用いた。

（3）城塚登「[年表解説]戦後思潮四〇年」『世界』第四八二号、一九八五年一二月。

（4）竹内洋著『学問の下流化』中央公論新社、二〇〇八年、六三―七〇頁。

（5）大内兵衛「東大は滅ぼしてはならない」『世界』第二八〇号、一九六九年三月。当該、大内論文は、機動隊を礼賛したことで進歩派文化人から抗議が殺到し、「自主的回収」された。大内論文は村松剛からも「論理の整合性を欠く」と批判されている（『時事通信』第七〇一九号、昭和四四年三月二七日）。

（6）ノンセクト・ラディカルについては、増山明夫・大野明男対談「日本共産党の東大闘争戦略」『現代の眼』（第一〇巻第三号、一九六九年三月）参照。

（7）当該過程に関する「全共闘」の立場から紛争過程を明らかにするものとしては、井上清著『東大闘争　その事実と論理』（現代評論社、一九六九年）がある。

（8）折原浩著『東京大学―近代知性の病像』三一書房、一九七三年。折原浩著『大学―学問―教育論集』三一書房、一九七七年。

（9）折原浩「東京大学の死と再生を求めて―「最終方針告示」批判―」（一九六八年八月二一日）『中央公論』第八四巻第四号、一九六九年四月。

（10）同前。

（11）折原浩「東京大学の頽廃の淵にて―「専門的経営」と人間の問題」『中央公論』第八四巻第四号、一九六九年四月。

（12）同前。

（13）「「大学立法」と「自主規制」に反対する―教・職・学有志共闘の出立とその背景―」『朝日ジャーナル』一九六九年八月三日）。

（14）折原浩批判については、羽入辰郎著『学問とは何か』（ミネルヴァ書房、二〇〇八年）がある。

（15）林健太郎「百七十三時間の真実」『自由』第一一巻一号、一九六九年一月。

（16）林健太郎「確認書の効用」『自由』第一一巻八号、一九六九年八月。

（17）同前。

（18）ただし、渡辺は、「ゲバルト一般をつねに否定するものではない」としている。渡辺洋三「大学改革と大学の自治―東大「確認書」を手がかりとして」その一『法学セミナー』第一五七号、一九六九年四月。

（19）同前。

（20）渡辺洋三「大学改革と大学の自治―東大「確認書」を手がかりとして」その二『法学セミナー』第一五八号、一九六九年五月。

(21) 堀米庸三「大学紛争と日本の精神風土」『中央公論』第八三巻第一三号、一九六八年一二月。

(22) 「加藤一郎氏に聞く、東大紛争の舞台裏」上『学遊』一九八九年一二月。

(23) 磯田光一「徒党思想への訣別―知識人神話の終焉―」『中央公論』第八四号第一〇巻、一九六九年一〇月。

(24) 一例として、広島大学文書館編『証言　大学紛争　危機的状況に対する広島大学教職員の記録』現代史料出版、二〇〇八年、六九―七一頁。

(25) 安川第五郎「東大紛争を黙視できない」『政界往来』第三五巻五号、一九六九年五月。

(26) 加田泰「大学教授の罪と罰」『経済往来』第三五巻四号、一九六九年四月。当該視点から最も厳しい批判は、福田恆存「教育の普及は浮薄の普及なり」『潮』第一一一号、一九六九年五月。

(27) 桜田政行「大学教授狼狽の実態―露呈された甘い考え、教授間の対立―」『経済往来』第二一巻四号、一九六九年四月。

(28) 村井順「大学紛争と日本の将来」『政界往来』第三五巻五号、一九六九年五月。

(29) 同前注（9）。

(30) 同前注（21）。

(31) 原卓也「無能教授会を弾劾する」『文芸春秋』第四七巻第五号、一九六九年五月。

(32) 岡本雷輔（東京学芸大学助教授）「なぜ大学騒動はつづくのか　大学の管理能力の欠如を憂う」『改革者』九三号、一九六七年一二月。

(33) 林健太郎著『昭和史と私』文春学芸ライブラリー、二〇一八年、三三八―三四二頁。

(34) 古川純「「研究者の論理」と知識人」『現代の理論』第六巻第五号、一九六九年五月。また、革命的知識人としてアントニオ・グラムシなども学ばれた（梅沢謙蔵著『実践の哲学』第二巻、社会新報、一九六八年）。

(35) ジャン・ポール・サルトル著『知識人の擁護』「知識人の役割」、人文書院、一九六七年、五七頁。しかし、大学知識人は、その主体ではなかった。

(36) 日高六郎・野間宏「知識人の政治参加と文化創造」『新日本文学』第二三巻第三号、一九六八年三月。

(37) 最首悟・山之内正彦・野間宏・広末保「討論　東大闘争の提示するもの」『新日本文学』第二四巻第四号、一九六九年四月。
(38) 福岡愛子著『日本人の文革認識』新曜社、二〇一四年。馬場公彦著『世界史のなかの文化大革命』平凡社新書、二〇一八年。
(39) 後に加藤節は、「思想」と「行動」を分離させ、戦後知識人の思想的継承を主張している。その根幹は「複雑さを加え、未来への展望を欠く現代世界において」「矛盾や問題に満ちた世界の現実について証言し、歴史の捏造を拒否してその実相を語るべき知識人の責任はかえって強まっていると言わなければならない」とするものであった（加藤節「戦後五〇年と知識人」『世界』第六〇三号、一九九五年一月）。ただし、丸山真男への批判については、本人の意思・事実とは違うものである（和田英二著『東大闘争　五〇年目のメモランダム』ウェイツ、二〇一八年）。
(40) 塩田庄兵衛・河村望・関幸夫「戦後四十年と知識人の岐路」『文化評論』第二八七号、一九八五年二月。
(41) 同前注（35）四九頁。
(42) 林雄二郎（経済企画庁経済研究所長）「二一世紀をひらく知識人像」『中央公論』第八二巻第一号、一九六七年一月。
(43) 座談会「技術者がなしうること」『中央公論』第八二巻第一号、一九六七年一月。
(44) 同前注。
(45) 大宅壮一・蝋山道雄・村上兵衛「七〇年代の知識人」『政治公論』第六〇号、一九七〇年四月。
(46) 三浦朱門「私は日大の脱走兵」『文芸春秋』第四七巻第五号、一九六九年五月。
(47) 村松剛「〈立教大学〉大学の奇妙な作戦（大学紛争渦中からの報告（特集））」『自由』第一一巻第八号、一九六九年八月。
(48) 日高六郎「断章　私と大学」『朝日ジャーナル』第一二巻三二号、一九七〇年八月九日。
(49) 中山伊知郎、大来佐武郎、熊谷尚夫「「未来論」の将来を考える」『別冊　潮』第八号、一九六八年一月。
(50) 西義之「〝アメリカ型知識人〟のすすめ」『文芸春秋』第四七巻第七号、一九六九年七月。
(51) 香山健一「新しい社会と大学の改革」『自由』第一〇巻第一一号、一九六八年一一月。
(52) 吉村融「戦略的大学改革論」『自由』第一一巻第四号、一九六九年四月。

(53)　E．O．ライシャワー「日本の知識人・学生望見」『現代の眼』第九巻五号、一九六八年五月。
(54)　穏健な思想的発展を目指した者としては、天野貞祐もあげられるだろう（貝塚茂樹著『天野貞祐』ミネルヴァ書房、二〇一七年参照）。
(55)　第一部第一章参照。
(56)　拙稿「森戸辰男からみた日本国憲法の制定過程」『日本歴史』第七二八号、二〇〇九年一月。
(57)　拙稿「森戸辰男の平和論」『広島平和科学』第二八号、二〇〇六年七月、参照。
(58)　高坂節三著『昭和の宿命を見つめた眼　父・高坂正顕と兄・高坂正堯』ＰＨＰ研究所、二〇〇〇年。
(59)　高坂正顕著『開かれた大学のために』南窓社、一九六九年。
(60)　高坂正顕「進歩的歴史家に云う」『新潮』第五六巻第二号、一九五九年二月。
(61)　森戸辰男や南原繁等の世代と、戦後知識人世代との大きな違いは、学び方の違いでもある。森戸・南原の時代は、古典から積み上げるように学んだ。しかし、戦後知識人以降の世代は、現状から出発し、その現状を説明する過去を抽出して学ぶ方法をとったのではないだろうか。南原繁と弟子の丸山真男との違いは、「洞窟の哲人」と市民型という方法論とともに、学問の学び方にもあると感じている。しかし、今日、南原繁のようなインテレクチャル型知識人として学ぶことは、対象となる学問領域が著しく拡大・進化したため、量的に大きな困難が存在する。
(62)　福岡愛子著『日本人の文革認識』新曜社、二〇一四年。
(63)　西部邁著『知識人の生態』（ＰＨＰ新書、一九九六年）。なお、専門的知識人の中心は、主に自然科学分野が中心であった。早川幸男（名古屋大学理学部教授）は、それを「坊さん科学者」「サラリーマン科学者」「道楽科学者」と進化の過程として分類しつつ、「自然に根をおく科学者」を主張した（早川幸男「誤れる科学者像を正す」『中央公論』（第八二巻第一号、一九六七年一月）。二〇二〇年現在、「道楽者科学者」がむしろ、イノベーションを果たすのではないだろうか。
(64)　大島康正「何が教授の本職なのか」『自由』第一一巻八号、一九六九年八月。
(65)　勝田吉太郎「日本知識人の崩壊と復興」『別冊　潮』第八号、一九六八年一月。
(66)　ホセ・オルテガ・イ・ガセット著『大衆の反逆』「12「専門主義」の野蛮性」（原著は一九三〇年刊行）、白水社、二〇〇九年。なお、「第四次産業革命」とも呼ばれる今日、求められているのは、広い知性と人間的普遍性を、総合主義に基づく知の再編をつうじて、高度な文化としての教養を再構築できる「インテレクチャル」としての知識人なのではないだろうか。

第六章　第三の教育改革

第三章で明らかにしたように、新制大学にあって大学法・大学管理法が未制定のまま推移したことは、新制大学にとって戦後教育改革が未完であったということを意味している。

そうであるがゆえに、第四章で明らかにしたように、戦後教育改革としての新制大学を日本に定着させるために、森戸辰男は、大学管理法の制定を望んでいた。新制大学において森戸が重視したのは、新渡戸稲造によって受けた教育、人間教育としての教養教育の実現であった。大学の自治についても、自らの体験も含めて重要性を最も認識していた森戸ではあるが、その脅威を、南原のように、戦前からの延長線上にある政府とは考えなかった。

敗戦を経験し、東西冷戦のなかにあった日本にとって、戦後教育改革に参画した者達にとって忌むべき存在は、全体主義であった。この点で、森戸辰男と南原繁、天野貞祐等の間に違いがあったわけではない。ただ、現実政治と向き合った経験を持つ森戸と天野は、戦後状況のなかで政治運動化する学生運動や、論壇の「進歩化」にともなう大学教員の左旋回を、大学の自治の脅威と考えていた。これに対して、南原は、大学の自治を政府との関係性を最優先に認識し、その確立に執着した。ある意味、南原は、自らの研究において、唯物論・マルクス主義を包摂しえると考えていたため、その組織性を軽視したのかもしれない。また、南原には、大学を政府から一定程度自立させるため、あえて状況を利用した側面もあった。

また、南原にとっての大学とは、象牙の塔であった。彼が「洞窟の哲人」でいることができたのも、東京帝国大学が象牙の塔であったためである。新制大学でも、南原は、大学院制度の創設によって象牙の塔としての東京大学が維持できると考えていた。しかし、戦後の教育熱は受験戦争を生み、大学進学者が急増した結果、大学も大学教員も大衆化していった。

南原と南原の周辺は、大学自体が大衆化した事実を深く認識しておらず[1]、また、六〇年安保による政治の期節と混乱を経験していたにもかかわらず、大学は自ら変わろうとはしなかった。未完の戦後教育改革のなかで、大衆化したにもかかわらず、象牙の塔として振舞い、大学紛争において敗北していったのである。

反対に、森戸辰男は、戦後教育改革の実施にあたり、片山・芦田内閣の文部大臣として六・三制導入にあたって、予算確保に苦労した。そして、広島大学長としては、新制大学の理念実現に努力した。広島大学長としての実務経験を背景に、森戸は、中央教育審議会の委員・会長として、戦後教育改革を日本に再定着させるべく努力した。その営為が、後述する三八答申「大学教育の改善について」(昭和三八年一月二八日答申)であり、また、四六答申「今後における学校教育の総合的な拡充整備のための基本的施策について」(昭和四二年七月三日諮問、昭和四六年六月一一日答申)であった。

以下では、中央教育審議会の主査・会長として、大学紛争のなかで、戦後教育改革の再定着を求めた森戸に焦点をあてつつ、大学改革の流れを整理することとしたい。

森戸が主導した大学改革の流れとは、象牙の塔から社会制度・開かれた大学であり、アメリカ型の大学を範とすることで、大衆化に対応し、大学の類別化によって、象牙の塔としての大学も残そうとするものであった。

以下では、大学改革としての第三の改革の過程を、管理運営に焦点をあてつつ、その全体構造を概観する。

Ⅰ　大学改革の前提

今日の大学改革の原点は、四六答申である。四六答申とは「今後における学校教育の総合的な拡充整備のための基本的施策について」（昭和四二年七月三日諮問、昭和四六年六月一一日答申）のことであり、三八答申「大学教育の改善について」（昭和三八年一月二八日答申）と、「期待される人間像」を明らかにした答申「後期中等教育の拡充整備」（昭和四一年一〇月三一日）の二つを基盤としつつ、包括的で総合的、長期ビジョンにたった答申であった。

三八答申を主査として、答申「後期中等教育の拡充整備」および四六答申で会長として主導したのは、森戸辰男であった。

これらの答申は、森戸も主張した人間の育成という視点で貫かれており、学校教育を中心としながらも、家庭教育・社会教育・生涯教育との連携を考慮し、教育の機会均等を進めるとともに、さらに多様な能力に応じて発揮できるように柔軟な対応を求めるものであった。[2] 実施にあたって、四六答申では「先導的試行」（パイロット事業化）という大胆な規制緩和計画を含み、何よりも長期計画の策定を提言した点で特記すべき改革であった。

大学に関しては、大学管理組織、国立大学法人化、私立大学の公学化を意味する大胆な助成制度、大学類別化などがすべて出そろっており、高大連携や入試改革なども書き込まれていた。

この四六答申が第三の教育改革と呼ばれる理由は、学制の施行（一八七二年九月四日、明治五年八月二日）、戦後の教育改革につぐ改革を意図し、学制百年・明治百年周年を契機としつつ、戦後教育改革の再定着という意味も持っていたことによる。[3]

では、改めて新制大学の成立から概観し、第三の教育改革を必要とした理由についてみていくこととしよう。

1　新制大学の意義

敗戦後、新制国立大学が誕生するにあたり、地方では、県民あげての献金等が行われた。

敗戦により国土は荒廃し、廃墟のなかで生活苦にあえぎつつ、県民は、まさに「米百俵の精神」で六・三・三・四制における最高学府・新制国立大学の誕生を望んだ。県民が望んだ新制国立大学とは象牙の塔ではなく、地域社会に貢献する開かれた存在であった。しかし、地方国立大学は、東京帝国大学・京都帝国大学で慣習的に成立していた教授会による自治・大学の自治で管理・運営され[4]、必ずしも社会に開かれた大学とはならなかった。

そもそも、新制国立大学は、アメリカの州立大学をモデルに、本来昭和二八（一九五三）年までに大学管理法を制定しておくことが決められていた[5]。この大学管理法では、アメリカのレイマン（素人）コントロールを行う商議会等の設置や、社会との連携も打ち出されるはずであった。

だが、多くの大学人は、大学管理法の制定を国家による統制と理解し、大学の自治に政府が干渉する道具であると理解した。それを象徴する事件が、昭和二五（一九五〇）年五月三日、吉田茂首相による南原繁東大総長への「曲学阿世の徒」との発言であった[6]。大学では、この発言を政府による学問・学問人への干渉として問題にした。結果として、この事件が大学の自治、特に政府の干渉に対する防波堤として、一種の治外法権的な意味を持つこととなった。

大学の自治とは、本来、学問の自由を守るために、学問の府である大学が一定の自治を与えられ、あるいは自ら確立すべきものである。しかし、日本において大学の自治は、大正九（一九二〇）年の森戸事件、昭和三（一九二八）年の河上肇京都帝国大学教授辞職、昭和八（一九三三）年の瀧川事件、昭和一四（一九三九）年の河合栄治郎事件……、大学が組織防衛を優先した結果、学問の自由を守れず、あるいは、守りもしなかった[7]。

学問の自由とは、具体的に「研究の自由」「研究発表の自由」「教授の自由」であるが、日本国憲法制定にあたり、憲法第二三条として明文化されただけに、戦後は、大学の自治が独り歩きを始めたともいえよう。

大学管理法、それ自体は、国立大学側の反対で法制化できなかった。このため、設置責任者として対応できない文部省は、指導官庁として大学に対する国費（現在は運営交付金・私学助成金）の配分等による間接的なコントロールを行っていったのである。

新制大学は、私立の専門学校にとっては、大学への昇格のチャンスであった。戦後、私立の専門学校は、争って新制大学化し、大学の大衆化を促進させた。特に、首都圏や関西圏などの大都市部を中心に、新制の私立大学が多数設立され、高度経済成長とベビーブームによって急成長していった。そして、私立大学も地方国立大学も総合大学化を進めたのであるが、私立大学の場合、設備投資が少なくてすむ文系が中心であった。

2　大学と政治

教育基本法（旧教育基本法第八条、現行第一四条）で「政治教育」は、「良識ある公民として必要な政治的教養は、教育上尊重されなければならない」「法律に定める学校は、特定の政党を支持し、又はこれに反対するための政治教育その他政治的活動をしてはならない」と定められている。

人文学・社会科学は、既存の学説や、既存の体制に対する洞察を通じて真理を明らかにするものであり、その際、批判的な視点が何よりも重要となる。

ただ、戦後は、第二次世界大戦後の冷戦により、政治体制とイデオロギーを異にする二つの体制によって国際社会が二極化された時代でもあった。このため、西側に属した日本と違う東側とイデオロギーを同じくする知識人や、体制批判を行う「進歩派知識人」が大学にも多く生息することとなった。また、学生自治の名のもとに、体制批判を行う全日本学生自治会総連合（全学連）も設立され、政治的中立を前提とする大学・大学の自治は、内側からも挑戦を受けることとなったのである。

特に、学生運動は、政党色を持った幹部学生が、一般教養課程にある大学一・二年生をリクルートして組織化を進めた。教養部に属する大学教員、学生部職員がこれに対処するのだが、人数の面でも、裁量権でも対応できなかった。他の多くの学部教員は、専門学部と教養部とを差別化し、教授会自治を盾にとり、学生運動と距離を置いたのである。教養部教員は、専門学部教員より下にみられ、一方で、教員としての昇進や評価は、論文数など、専門学部同様の研究業績のみで行われるなか、授業負担に大きな違いがあり、学生運動にも対処しなければならないため、負担感と不満は大きいものであった。

それ以上に、学生部の事務職員・事務官達は、学生運動に対して直接対応したのであるが、事務職員・事務官達が、身体を張って学生を補導することに、多くの教員・教官が無関心であり、なかには、それを蔑視するかのような態度をとる者もいる始末であった(8)。

このような諸要因があいまって、学生運動は、安保闘争等により、より闘争的・政治的になるとともに、専門学部教員のエリート意識と、大衆化した大学との実態乖離のなかで大学紛争へと発展するのである。

Ⅱ　三八答申「大学教育の改善について」

学生運動の激化に対して、大学は、責任すら明確にできなかった。昭和二二（一九四七）年三月三一日に成立した学校教育法（法律第二六号）では、学長は単にその職責として「校務を掌り、所属職員を統督する」とのみ記され、権限は明記されておらず、学長を補佐する機関も、全体の審議機関である評議会についても記述がなかったのである。あるのは、第五九条の「教授会」だけであった。このため、大学管理法の制定が必要であったのだが、成立しなかったため、暫定的に教育公務員特例法で対処しているにすぎなかった。

大学紛争は、一学部で対応できるものではなく、全学的な対応が必要であり、学長のリーダーシップが必要であった。

そうであるがゆえに、昭和三五年五月二日、中央教育審議会（以下、中教審）に「大学教育の改善について」との諮問がなされた（会長は天野貞祐）。中教審では、第一五、第一六、第一七と三つの特別委員会を設置し、審議を行った。大学の大都市集中が問題とされ、大学の管理運営については、学長権限の弱さと設置責任者である文部省との関係明確化、学外者を含めた審議機関の設置と教員待遇の改善、学生の厚生補導、大学財政の安定化等が審議された。

諮問にともなう第一五、一六、一七、一八特別委員会全ての主査として中間報告を作成し、答申取りまとめを行ったのは、森戸辰男であった。

森戸は、第一五特別委員会主査として「大学の目的・性格について」を審議する際、大学を象牙の塔ではなく、社会制度として位置付けた。昭和三六年七月一〇日の中間報告において、大衆化の進む高等教育機関を類別し、教育内容を設定し、博士課程を研究者養成、修士課程を職業人養成とし、新制大学の特色として、一般教養の重要性を強調した。

答申の中心は、第一六特別委員会であった。第一六特別委員会では、設置・組織編成、そして大学入試についても議論された。設置・組織編成では、大学の都市集中が問題視されるとともに、総合大学では、学問の専門的高度化に対応することが求められている。また、学部では学科目制、大学院では講座制を採用し、教養部の制度的定着が求められた。特に、旧制高等学校からできた文理学部については、教員養成学部か、専門学部への再編成が提言されている。入試問題については、共通的・客観的なテストの実施を提言した。この「共通」という概念を用いたのは森戸であった(9)。

最大の問題であった大学管理運営については、第一六特別委員会で二二回も会議を重ねた。森戸は、昭和三六年七月三一日の中央教育審議会第一六特別委員会の第一回委員会で、学部教授会自治を基礎とする法制上の問題点と学長権限の弱さを指摘し、大学管理運営について責任が不明確であることを指摘した[10]。委員会では、国立大学協会、大学基準協会、日本学術会議等の意向も聞いた。しかし、池田勇人首相が、昭和三七年五月二五日、七月一日に行われる第六回参議院選挙をひかえ、自民党演説会で「現行の大学管理制度を再検討したい」と述べ、大学管理の再検討を政治争点化させた[11]。池田首相の発言は、大学管理運営について中間報告の最終段階に入りつつあった第一六特別委員会の議論に影響を与えた。まず、森戸が副会長、委員の茅誠司東大総長が会長であった国立大学協会が法制化に消極的になった。森戸は、昭和三七年七月九日、第二八回会議において、「責任のない自由というのは民主主義の自由ではない。そういう意味で大学が自治を主張し自由を主張するのは、どういうところに責任があるのかということを明らかにする必要がある」と学長権限と責任所在の明確化を説いたが[12]、国立大学協会の中間報告案と調整した結果、一〇月八日、最終の第三六回会議で学長選考方法、学長権限の範囲、文部大臣と大学との関係を確認したものの、学部自治を学長権限下に明確に置くことも、また、文部大臣の拒否権も明記できなかった。

作成された中間報告は、まず、総論において社会制度としての使命を考慮した大学の自治を提言している。学長は大学管理の総括的責任者として位置付けられ、学長補佐機関の設置、その選考は、教授による投票が望ましいとされた。また、評議会への権限集中、そのもとでの学部長・学部教授会を位置付けることを求めていた。教員待遇の改善、学外者を加えた協議機関の設置、国立大学の設置者として文部大臣の職責については触れるにとどまるものであった。

第一七特別委員会の議題は、学生の厚生補導であり、第一八特別委員会の議題は大学財政であった。森戸は、人間形成の場としての大学という観点から学生自治の限界を指摘している。大学財政では自立化を前提に、一般会計化と寄付金等の手続き簡素化、産学協同体制確立のための整備方法が議論され、国立大学協会が昭和三七年六月二二日に求めた国立文教施設整備費の増額および教官研究費の増額が盛り込まれた。

昭和三八年一月二八日、中央教育審議会第九二回総会で答申が手交された。諮問から答申まで二年九カ月、森戸は、七三回におよぶ総会・特別委員会すべてに出席し、答申をまとめることに尽力した。

答申にあたり森戸は、大学の管理運営について「よい指針になるであろうと確信をいたしておるのでございます」との談話を明らかにしたが、(13)「後退」「骨抜き」との評価に対して「はばをひろげた、とみるべきでしょう。断じて、後退じゃない」(14)と、大学を社会制度として位置付けることによって大学の閉鎖性を打破する方向性を明らかにしたと考えていた。(15)しかし、大学も、文部省・政府も、この三八答申に対応した行動をおこさなかったのである。

Ⅲ　中教審答申「当面する大学教育の課題に対応するための方策について」と大学管理措置法

中教審では、昭和四二（一九六七）年七月三日、後に第三の教育改革と呼ばれる「今後における学校教育の総合的な拡充整備のための基本的施策について」との包括的かつ抜本的な諮問を受けた。この諮問審議中に大学紛争が激しくなった。

東京大学では、翌昭和四三年一〇月一二日、全学部が無期限ストに入り、一一月一日、大河内一男総長以下、全学部長が辞任した。教授会自治では対処できず、大河内総長は、自ら学長としてのリーダーシップを放棄したといってよいだろう。

三日後の昭和四三年一一月四日、第一一一回中教審総会で灘尾弘吉文部大臣は、大学紛争解決のための方策の検討を中教審にお願いすると述べた。これに対して、細川隆元委員は、内閣で懇談会設置の動き等があり、中央教育審議会に対する政府の基本的な態度が不明確であること、そして、なによりも、これまで文部省が三八答申を実施してこなかったことも今日の事態を招いた原因であると厳しく問いただした。中教審会長となっていた森戸も、同様に文部省を批判したが、諮問については否定しなかった[16]。そして、一一月一八日、灘尾文相より、改めて中教審に「当面する大学教育の課題に対応するための方策について」との諮問がなされた。この諮問は、大学紛争解決のため、制度上・運営上の方策について「すみやかに結論を得る必要が」あるとされた。

検討すべき問題点は、次の四点であった。

1．教育課程の充実とその効果的な実施について
2．大学における意思決定とその執行について
3．学園における学生の地位について
4．収拾困難な学園紛争の終結に関する措置について[17]

この諮問に対し、森戸は、改めて大学が顚落の危機にあり[18]、教育・研究ができない状態が続けば、国民の負託にそむくことになり、大学自身の存在を自ら否定することになりかねないと述べた[19]。

新たに設置された第二四特別委員会は、第一回会議が昭和四三年一二月九日に開催され、主査に東京芸術大学長小塚新一郎を、副主査に元東京大学教養学部長・中央大学教授の朱牟田夏雄を選出した。この第二四特別委員会の特徴は、三八答申時と違い、そもそも四六答申となる包括的な諮問のもとで設立されたため、国立大学協会関係者がいなかったことである。このため、議事内容について国立大学協会や日本学術会議などから、直接的な影響を受けることが避けられた。会議は、現在進行中の大学紛争が対象であったため、週に一回を上回るペースで行われた。

1　中間答申「学園における学生の地位について」

昭和四三年一二月九日の第一回会議で、「2．大学における意思決定とその執行について」と関連させて、「3．学園における学生の地位について」から審議することとなった。第二四特別委員会の議題設定、原案作成は、文部省学

生課長を一〇年務め、学生運動にも精通していた西田亀久夫審議官が担当した。

一二月一六日の第二回会議では、「3」の学生問題についての議論が行われ、大学紛争が大学内にとどまらないことが確認された。橋本公亘委員（中央大学法学部教授）は、大学を革命拠点とするため「特定政党（共産党）の政治運動が大学に浸透したこと」、また、「急進的な思想家、教授の影響」、「穏健中立的な一般教授」が「非常に逡巡して、暴力はいけないのだというふうに真っ正面から学生に言い切る勇気を持たない人が多すぎる」ことを指摘していた。さらに、斎藤正事務次官からは、紛争が極限に達した時の教官（教員）集団の流動化に対する懸念も明らかにされた。一方で朱牟田副主査からは、代々木系と一般学生との共同戦線化による紛争解決が合理的だとの意見も出された[20]。朱牟田副主査の意見は、東大加藤一郎総長代行が採用した路線を支持するものであった。

東大では、加藤一郎総長代行が、昭和四四年一月一〇日、一〇項目からなる確認書を学生との間で作成し、東大各学部政府介入を恐れた代々木系が東大各学部をロックアウト（封鎖解除）していったものの、安田講堂の解除はできなかった。このため、加藤総長代行は警視庁機動隊に要請を出し、一八日から一九日にかけて、機動隊による東大安田講堂の封鎖解除が行われた。

東大紛争が長期化するなかで、設置者である文部省としては、国民に対して「紛争解決の見通しなしに」入学試験実施決定はない、とする立場であった[21]。しかし、封鎖は解除されたが、文部省は一月二〇日、大学入試の中止を決定した。

同日の一月二〇日の第二九特別委員会第五回会議は、秘密会議とされていたが、確認書について二月三日の第七回会議でも議論され、自治会の定義を避けた曖昧な表現等や、矢内原三原則（昭和三三年「学生大会の議題について」、ストライキの禁止）、東大パンフレット（昭和四〇年一一月一日「大学の自治と学生の自治」）の廃止・破棄で合意したことが問題視された。

中教審の立場からすれば、確認書とは、社会制度としての大学が学生に対しては謝罪しているものの、社会・国家に何等の反省も謝罪もなされず、紛争の収拾にのみ重点を置いたために根本的な解決に資するものではなく、曖昧な表現により学生運動側に都合の良い解釈の余地を与えるものであるとされていた。[22]

問題は、第一に、加藤東大執行部が代々木系の武力を利用したことで、「代々木系に、大きな「借り」をつくり、代々木系は今後、「学生参加」をさらに強く要求するとみられる」ことであった。[23]

第二の点としては、そもそも東大確認書には、解決に向けた改革ビジョンが示されていなかった。紛争解決については、昭和四四年二月一九日の第二四特別委員会第一二回会議で、石井紫郎、三谷太一郎両東大法学部助教授が「学生自治」について述べている。[24]

内容は、教員集団と学生集団を明確に分離させ、それぞれの権能を明らかにして、個別に自治運営するものであった。学生には、抵抗権と拒否権があるとしていたが、村山松雄大学学術局長より「大学は制度的改革の必要性をお述べになっておる一方において、立法措置には否定的な態度をおとりになっている」と質問され、石井参考人は答えに窮している。[25]

第二四特別委員会では、大学立法によって学生運動を制御すべきであるとの中島正樹委員（三菱製鋼株式会社社長）等の意見と、現行法の範囲内で大学立法化を避けようとする小塚主査等との意見の相違も表面化していった。

一方、文部省側の立場は、「権限問題は議論となりますけれども、現実の処理としては、現在のところ、その両者の相談によってきめるという形で推移している。もちろん、たてまえとしては大学に私はイニシアチブがあると思います」と、[26]基本的に、大学の自主的解決をサポートする姿勢を示していた。

第二四特別委員会は、昭和四四年三月七日の第一一三回中央教育審議会総会をへて「学園における学生の地位について」との中間報告を行った。文部省管轄下の国有財産として大学施設を位置付け、自治会としての要件・活動、学生の政治的活動について明確な規定をしめし、大学管理運営への参画を否定した。学内秩序維持のための警察力導入・学生の懲戒処分基準の厳格化も盛り込まれた。

森戸中教審会長は、確認書を念頭に、大学の対策を「単に当面の困難を回避するための安易な妥協であってはなりません」との会長談話を発表した[27]。この中教審の報告に対して、三月二二日、学生による中教審粉砕デモが行われた。

2　答申「当面する大学教育の課題に対応するための方策について」

その後、第二四特別委員会では、昭和四四年三月一七日に小塚主査・朱牟田副主査の両名が辞職、同委員会では合計五名もの大学関係者が辞職していた。大学関係者の辞任は、学内からの批判にさらされたためであったが[28]、同時に中教審から「大学の現場の声を反映しない」等の批判を受けることともなった[29]。

中央教育審議会では、主査を高坂正顕とし、人員を補充して会議を再開した[30]。

三月七日の総会決定に基づき、当面の問題である「2」の大学管理運営と「4」の収拾困難な学園紛争の終結に関する措置について集中的に審議していった。

三月一九日の第二〇回会議で森戸会長は、「大学紛争の背景として根本的なものには、逸脱した学生政治運動とならんで、大学側の自治の能力の不足がある」として、大学の最高責任者が緊急措置をとれるようにすることを要望した[31]。また、中島委員からは、国立大学の法人化と理事会制度の採用、大学自治の全学的体制化、管理機能の強化、国家的な教育政策会議機構の設置等が提案された[32]。

最大の問題は、「4．収拾困難な学園紛争の終結に関する措置について」であった。具体的に、大学を六カ月間ロックアウトして正常化を図るという発案は、西田審議官からのものであった[33]。また、「極端な事態」との認定にあたって廃校も可能とするような第三者機関の設置が検討され、判断基準、段階的な執行等についても審議された。廃校自体は、国立学校設置法の一覧表にある当該学校名を記した一項目を削除することを国会で決議するだけで可能であった[34]。高坂主査は、「答申の基本線は、極端な事態に対する緊急な措置をしめすよりも、極端な事態にたち至らないための改善策を示す点におかるべきである」とした。そして、「大学紛争を極端な事態におとしいれる危険をはらむ二つのものがある。一つは学生集団によるゲバルトであり、一つは学生参加である」とした。前者に対して、高坂は、「警察力に訴える義務があることを一層明示すべきである」としつつも、「特別な立法は必ずしも必要ではない」とした[35]。そのうえで、高坂は、根本的な問題を「大学人の間に強い閉鎖的な大学自治の考え方にある」とした。高坂主査は、立法に逡巡していたが[36]、新しい大学像の理念として、高坂の「開かれる大学」が組み込まれるかたちで答申が作成された[37]。

四月二四日、総会を合わせると三四回の会議を、わずか五カ月間で行い答申を作成している。四月三〇日の第一一四回総会において決定した答申「当面する大学教育の課題に対応するための方策について」は、五つの章で構成され、全体の序論である「大学紛争の要員とこの答申の課題」では、新しい大学のあり方として三八答申を一歩前進させて「開かれた大学」が必要であるとした。第二の「大学問題解決について関係者に期待するもの」では、大学管理者と教員のあり方を問うている[38]。

具体的な内容として、「大学における意思決定とその執行」で大学管理機関の機能的な役割分担の徹底化を図り、副学長の設置を提言している。「学生の地位」は中間報告を基本的に踏襲したものであった。モニターの結果、中間報告は、国民の三分の二が中教審の方針を支持していた[39]。「当面する大学紛争の終結に関する大学と政府の責任」では、最終的に政府が設置責任者として休校・一時閉鎖が可能であり、大学立法化を必要とするものであった。

答申とともに、森戸は、会長談話を発表し、「公共に奉仕すべき社会的な機関である大学」の責任を問い、「政府は良識と勇気をもって国民の付託にこたえて、大学を守り、大学を救うために必要な措置を考慮すべきである」と述べた。[40]

中教審の審議と並行して行われていた文部省による法制化の動きも加速し、「大学の運営に関する臨時措置法」が、田中角栄自民党幹事長による議員立法として昭和四四年八月七日に成立している。この法律の成立により、大学紛争は、二カ月間に全て終息したのであった。

大学は、自らの手で大学紛争を解決できなかった。教授会自治に由来する大学の自由は、むしろ、学問の自由を侵害する結果となったのである。大学は、この中教審答申と大学管理臨時措置法によって、社会に開く存在となることが決められたはずであった。

Ⅳ 「第三の教育改革」のなかの大学

1 「高等教育の改革に関する基本構想試案」

中教審では、答申「当面する大学教育の課題に対応するための方策について」と「大学の運営に関する臨時措置法」に対応する「大学制度の改善に関する基本構想の検討」を課題とする第二六特別委員会を設置し、大学改革の指針をしめすために審議を進めた。

しかし、昭和四四年七月七日の第一一六回総会で森戸は、学内事情を理由に中教審の委員を辞退する現役教員が多いことをあげ、「言論の自由、思想の自由というものがこの大学でなくなったということは、私は非常に遺憾なことだと思う」と述べていた。[41] 大学の将来像を審議する第二六特別委員会への大学教員委員の出席率も著しく悪いものであった。

昭和四五年一月一二日、第一一七回総会で、第二六特別委員会の中間報告「高等教育の改革に関する基本構想試案」が決定された。

総会で、森戸会長は、「今日の大学は閉ざされた大学ではなくて、公共の機関として開かれた大学になったのでありますので、大学の教育・研究の成果を利用する、ことに産業界、また、その子弟を大学に送っておられる父兄の方々、一般的には納税者としての国民が、ことに国立大学のあり方につきまして非常に深い関心を持っておられる」とし、そのうえで、「高等教育機関のあり方について全体としてこれをとらえて、行政的、財政的な整備充実を配慮いたしまする国の役割りは、非常に重くなってきたのでございます」「文政当局は特に責任を持って政策を断行しなければならぬ」と述べた[42]。

「高等教育の改革に関する基本構想試案」（中間報告）では、「第1　高等教育改革の中心的課題」のなかで、五点の審議内容をまとめている。「1　高等教育の大衆化と学術研究の高度化の要請」では、高等教育機関の多様化と再教育可能な体制の整備、教育研究組織の分離による若手研究者による研究の継承・発展が述べられている。また、「2　高等教育の内容に対する専門化と総合化の要請」では専門化・総合化の核として、人間観・価値観にかかわる基礎的なものとしても、教養の重要性が強調されている。「3　教育・研究活動の特質とその効率的な管理の必要性」では、学部的な割拠性を排して、全学的な立場から組織・編制を合理化し、管理体制を確立する必要性が述べられていた。「4　高等教育機関の自主性の確保とその閉鎖性の排除の必要性」では開かれた大学として、管理運営については学外の意見を取り入れるシステムの構築が、「5　高等教育機関の自発性の尊重と国全体としての計画的な調整の必要性」として私学助成金による私立大学の公学化と、大学全体を公共性の観点から計画・調整する必要性が明記された。

そのうえで、「第2　高等教育改革の基本構想」として、「1　高等教育機関の目的・性格の多様化」として、次のように分類した。

第一種（大学）　総合領域型・専門大系型・目的専修型

第二種（短大）　教養型・職業型
第三種（高専）　その他の早期専門教育、リベラル一貫教育
第四種（大学院）　修士課程、社会人の再教育
第五種（研究院）　博士課程

「2　教育課程の改善の方向」としては、一般教育と基礎教育を分け、基礎教育を専門教育のなかに入れ、教養教育を諸学の総合理解と学問的方法の自覚、文化史的問題、人間観・価値観などについて総合的に行うこととした。「3　高等教育における教育方法は、その指導形態に応じて次のように改善することが望ましい」「4　高等教育の開放と資格認定制度の必要」としてVTRの利用や、放送大学の設置を提言している。「5　教育組織と研究組織の機能的分離」を提案し、「6　大学院のあり方」を位置付ける。「7　高等教育機関の規模と管理の運営体制の合理化」では、割拠性を排し、巨大化を排して適正規模と柔軟性を提言している。このために機能的な管理組織を必要とする。「8　教員の人事・処遇の改善」「9　国・公立大学の設置形態に関する問題の解決の方向」では、学外有識者を加えた管理運営機関の設置を求めている。そして、「10　国の財政援助方式と受益者負担および奨学制度の改善」では弾力性が主張され、「11　高等教育の整備充実に関する国の計画的な調整」の必要性を強調している。そして、「12　学生の生活環境の改善充実」が必要とされ、最後に、「13　大学入学者選抜制度の改善の方向」として、公正な評価を前提に能力・適性に合わせて高等教育機関に入れるような改革の必要性を提言していた(43)。

そして、第二五特別委員会の「初等・中等教育の改革に関する基本構想」（中間報告）も含め、長期計画の必要性と、大学入試問題については、大学入学の適格性を問題にし、高校の調査書、広範な共通テストの実施、特定専門分野での適格性を判断する論文テストや面接などを用いて総合的な判定資料とすることを提案した。そのうえで教員の質的向上と高等教育の計画的な整備充実、国公立大学の設置形態改革について提案している。義務教育の年限延長につい

ては、先導的試行を提案していた。

実現のために、大胆な私立学校助成を提案し、先導的指導を可能とするシステムを文部省内に位置付けることも提言していた。

2　四六答申とその後

昭和四六（一九七一）年六月一一日、第一二〇回総会で答申がなされた。四年の歳月の間に、七つの特別委員会における一五九回の会議と七二回の小委員会、五回の公聴会、七〇以上の関係諸団体からの意見徴収、一〇回の総会を行っていた。原本答申書は、六三三頁にもなる、まさに第三の教育改革の名にふさわしい大答申であった。

森戸は、第一二〇回総会で、次のように挨拶を行った。

（前略）この諮問がなされたのは、急速に進展する時代の中で、教育が社会発展の先導的な役割を果たすためには、今日こそ明治初年と戦後に続く第三の抜本的な教育改革に真剣にとりくむべきであるという認識に基づくものと理解しております。（中略）今日の国家、社会が自主的、創造的な人間の育成を強く求めておるという観点に立ちまして、急速に発展している教育の量的拡大と、これに伴うその質的な変化に有効適切に対処することを、今後の学校教育改革の基本的な課題と考えました。その際、新しい時代をになう青少年の育成についての本質的な問題に取り組むべきことをその基調としたことは、申すまでもありません。（後略）

と述べたうえで、学校教育全体の本改革を政府の決意と努力を要望するだけでなく、さらに進んで現実的、段階的な計画の策定を強く期待すると述べた。(44)

答申を受けた坂田道太文部大臣は、長期計画を策定し、政府全体として教育改革に「国民の理解と支持を求め」取り組む決意をしめした。

翌六月一二日、読売新聞が社説において「第三の教育改革に勇断を」とし、教育投資を出し惜しむな、としたのに対して、朝日新聞では永井道雄論説委員が「批判も展望もない　教育改革といえぬ答申」とし[46]、社説では「真の教育改革とは何か」と教育の国際化を持ち出して批判した[47]。日教組は、「とび級などの導入は、教育の論理にそむいた差別、選別以外のなにものでもなく」などと批判し[48]、佐藤首相は「達成へ努力傾ける」とする談話を一一日発表したが、新聞での取扱いは小さなものであった[49]。

文部省でも答申を推進した坂田文相、天城勲事務次官、そして、西田亀久夫官房審議官が異動、退官、転任し、改革推進の中心を失っていった。森戸は、第三の教育改革を、その後も主張し続けた。ミスター中教審とも呼ばれた森戸であるが、この答申を最後に、第一期から第九期まで務めた中教審を勇退した。

四六答申における調査方法と各種統計は、その後の各種答申の原型となった。しかし、四六答申のほとんどは、すぐには実施されなかった。戦後教育改革とともに、第三の教育改革も、現在（二〇二〇年）に至るまで未完のままなのである。

答申時に東大総長となっていた加藤一郎が政府主導型の大学改革として「教育・研究の将来に禍根を残す」などと発言したように[50]、大学は、第三の教育改革の根幹にある「人間の育成」と、そのための教養の重視という観点を無視した。そして、制度としての高等教育機関の類別化は、格下げされることを恐れた多くの大学によって、国立大学法人化以降まで行われなかった。管理運営機能の充実も全く不十分のままであり、取り入れられることはなかった。大学の多くは、紛争後、改革をできるは案（あん）ばかりの状態のままとして旧態に戻っていったのである。

大胆な私立学校助成方式は、昭和五〇（一九七五）年、私立学校振興助成法として自民党議員立法として成立し、翌五一年四月に施行された。これにより、助成をうける場合、私立大学の量的規制が可能となり、拡充の場合は、文部大臣の許可が必要となった。同時に、昭和五一年に出された高等教育懇談会報告「高等教育の計画的整備について」で、地域的不均衡是正が問題とされ、地方の高等教育の質・量の充実、地方国立大学の計画的整備、私立大学の質的充実が進んだ。特に、無医大県解消のために国立医科大学の設置が進んだ。しかし、その後期計画では、私立大学の拡充凍結ができなかった。おりからの第二次ベビーブームにともない、自由設立主義のもとで私立大学は巨大事業化していった。そして、高等教育政策は、高等教育機関の多様化構想へと転換していったのである。また、入試制度についても、より高い適格性について判断する科学的な根拠を持つことなく、大学が個別に専門的見識からする入試を続けたのであった。

そして、高度経済成長が終わり、政府は「増税なき財政再建」のもと、臨時行政調査会（臨調）を設置、行政改革の対象として高等教育関係予算も例外としなかった。高等教育に対して第二臨調は、受益者負担の強化と教育予算の抑制を強く打ち出した。このため国立大学の拡充整備は全く困難となり、大学には退廃的な風潮が蔓延し、改革機運の停滞をより深いものとした。

昭和五九（一九八四）年九月、中曽根内閣のもとで、総理大臣の諮問機関として臨時教育審議会が設置され、「我が国における社会の変化及び分科の発展に対応する教育の実現を期して各般にわたる施策に関し必要な改革を図るための基本的方策」との諮問がなされた。

大学に関する改革提言は、昭和六一年四月の第二次答申で、教育の充実と個性化、大学院の格上げ、大学の点検・評価等が求められ、大学設置基準等の大綱化・簡素化と、大学審議会の設置を求めた。管理運営や大学財政の充実・柔軟化は、四六答申の延長線上にあるが、特に大学の設置形態として、後述の法人化が審議されたのが重要であった[51]。

結果として、高等教育機関としての大学は、エリート教育からマス教育へ、また、青少年を対象とする人間の育成から、産業界が求める人材育成へと基本的に変化していった。大学にとっての学生も、構成員からお客さん、人材としての品質管理対象へと変わっていったのである。

新たな大学像を自ら提示できなかった大学は、さらなる大衆化、社会化・産業化のなかでの変化・変容を迫られるだけのものとなり、大衆化にともなう大学教員も第五章で明らかにしたように、質的にも大きく変化していったのである。

注

（1）南原繁の弟子である丸山真男は、「ぼくの自己批判としてあるのです。結核で療養している間に、大変革があった。旧制から新制になったし、大学院ができたし、いつまでたっても新しい制度が理解できないのです。こちらは、旧制高校から出てきた学生のつもりで扱ってしまう。（中略）大学に対して何とかというのではなくて、自分が適応できなかったなあということなのですから。まあ、それだけではないけれど」と述べている（丸山真男著『丸山真男回顧談』下巻、岩波書店、二〇〇六年、二六六―二六七頁）。

（2）森戸辰男「大学における人間形成」『大学と人間』大学セミナー・ハウス、一九六二年九月。森戸辰男「大学教育と人間形成」広島市公会堂、一九六三年四月他。

（3）森戸辰男著『第三の教育改革 ―中教審答申と教科書裁判―』第一法規、一九七三年。なお、明治百年記念事業については、拙稿「昭和のなかの「明治」」『日本歴史』第八〇六号、二〇一五年七月、参照。

（4）「第三章：大学自治の展開と動揺」京都大学百年史編集委員会編『京都大学百年史』資料編二、二〇〇〇年、参照。

（5）昭和二七年五月二八日「国立大学協会関係資料」広島大学文書館所蔵『森戸辰男関係文書』（MO04020200100）。

（6）森戸辰男は、大内兵衛とともに新聞報道を知り、吉田茂に「曲学阿世」と名指しされた南原繁の自宅に早朝駆けつけて、記者発表の声明文の手直しに協力している（山口周三著『南原繁の生涯　信仰・思想・業績』教文館、二〇一二年、三一二頁）。

（7）本書第一部第一章参照。

（8）広島大学文書館編『証言大学紛争―危機的状況に対する広島大学教職員の記録―』現代史料出版、二〇〇八年。

(9) 昭和三七年九月三日「中央教育審議会第一六特別委員会速記録（第三一回）」国立公文書館所蔵。
(10) 昭和三六年七月三一日「中央教育審議会第一六特別委員会速記録（第一回）」国立公文書館所蔵。
(11) 昭和三七年五月二六日「首相、全国遊説の第一声　大学管理を再検討」『朝日新聞』。
(12) 昭和三七年七月九日「中央教育審議会第一六特別委員会議事録」第二八回、国立公文書館所蔵。
(13) 昭和三八年一月二八日「中央教育審議会第九二回総会速記録」国立公文書館。
(14) 「森戸構想」上『朝日新聞』昭和三七年一一月三日。
(15) 「森戸構想」下『朝日新聞』昭和三七年一一月四日。
(16) 昭和二九年二月二二日「中央教育審議会第二四回総会速記録」国立公文書館。実際、管理運営に関しては、なにもされなかったのである（「中央教育審議会の答申「大学教育の改善について」に対する措置状況」『中央教育審議会総会（第一一二～一一八回）配布資料』国立公文書館所蔵）。
(17) 昭和四三年一一月一八日「当面する大学教育の課題に対応するための方策について」『中央教育審議会第二四特別委員会配布資料』一七、国立公文書館所蔵。
(18) 本書第一部第一章参照。
(19) 同前注（16）。
(20) 昭和四三年一二月一六日「中央教育審議会第二四特別委員会第二回会議議事速記録」国立公文書館所蔵。
(21) 斎藤正事務次官発言、昭和四三年一二月二三日、「中央教育審議会第二四特別委員会第三回会議議事速記録」国立公文書館所蔵。設置者とは、大学の施設を公共営造物として国・文部省が管理するという立場であることを意味している。
(22) 高坂正顕「「東大確認書」について」『厚生補導』三六号、一九六九年五月。文部省の意見は、昭和四四年二月八日付「東京大学「七学部集会（七学部「団交」）における確認書」について」昭和四四年三月一〇日「中央教育審議会第二四特別委員会第一八回会議速記録」（国立公文書館所蔵）。
(23) 「入試への要件そろう　政府介入恐れた代々木系」『朝日新聞』一九六九年一月一二日。
(24) 具体的な内容については、村上淳一、石井紫郎、三谷太一郎「「学生参加」と「学生自治」──大学共同体の解消を」『朝日ジャーナル』第一〇巻第五二号、一九六八年一二月、参照。

(25) 昭和四四年二月一九日「中央教育審議会第二四特別委第一二回会議」国立公文書館所蔵。また、四月一四日の第二七回会議で東大の大内力経済学部教授が参考人として、管理職専門人養成が必要であること、病院・研究所等の外部化を含めて「大学をできるだけ簡素な形のものに再編成」する必要性を説いていた（「中央教育審議会第二四特別委第二七回会議」国立公文書館所蔵）。

(26) 昭和四三年一二月九日「中央教育審議会第二四特別委第一回会議」国立公文書館所蔵。

(27) 『中央教育審議会第二四特別委員会配布資料』一八、国立公文書館所蔵。

(28) 「東京芸大で団交　学長の中教審辞任要求」『朝日新聞』一九六九年三月一四日。

(29) 「揺れる中教審」『朝日新聞』一九六九年三月一五日。

(30) 天城勲次官（当時）は、「それまであまり縁がなかった人が増えて来ているんです」と述べている（『天城勲オーラルヒストリー』下巻（政策研究大学院大学C．O．E．オーラル・政策研究プロジェクト）二〇〇二年、八一頁）。中教審委員の選定は、文部省大臣官房が当時担当しており、人選は大学に「きつい」、「個人の意見でやれる人」であった（同前八二頁）。辞任したのは、小塚新一郎（東京芸術大学長）、朱牟田夏雄（中央大学教授）、麻生磯次（学習院大学長）、瀧川春雄（大阪大学教授・瀧川幸辰長男）、橋本公亘（中央大学教授）の五名で、補充されたのは、高坂正顕（中教審委員、主査）、平塚益徳（中教審委員、国立教育研究所長）、林修三（首都高速道路公団理事長、元法制局長官）、若泉敬（京都産業大学教授）の四名であった。

(31) 「大学の意思決定とその執行について」『中央教育審議会第二四特別委員会配布資料』一八、国立公文書館。

(32) 同前。

(33) 『西田亀久夫オーラルヒストリー』（政策研究大学院大学C．O．E．オーラル・政策研究プロジェクト）二〇〇四年、三〇〇頁。

(34) 中教審の委員達、「高坂先生も震え上がったわけです」と西田審議官は記憶している（同前、三〇六頁）。

(35) 高坂正顕「答申草案の方向に関して」『中央教育審議会第二四特別委員会配布資料』一九、国立公文書館所蔵。

(36) 高坂は、立法化に「非常に慎重」であった(『天城勲オーラルヒストリー』下巻、二三三頁)。
(37) 高坂正顕「「新しい大学」の理念」『自由』第八巻一号、一九六六年一月。
(38) 西田亀久夫「中央教育審議会答申の中心課題とその考え方」『大学資料』第三二・三三号、一九六九年一一月。
(39) 昭和四四年四月七日「国政モニター報告(速報)」内閣総理大臣官房広報室、『中央教育審議会第二四特別委員会配布資料』一一九、国立公文書館所蔵。
(40) 「会長談話(案)」『中央教育審議会総会第一一四回配布資料』一二一、国立公文書館所蔵。
(41) 昭和四四年七月七日「中央教育審議会第一一六回総会速記録」国立公文書館所蔵。
(42) 昭和四五年一月一二日「中央教育審議会第一一七回総会速記録」国立公文書館所蔵。
(43) 『中央教育審議会総会第一一七回配布資料』一二一、国立公文書館所蔵。
(44) 昭和四六年六月一一日「中央教育審議会第一二〇回総会速記録」国立公文書館所蔵。
(45) 「社説　第三の教育改革に勇断を」『読売新聞』昭和四六年六月一二日。
(46) 永井道雄「批判も展望もない」『朝日新聞』昭和四六年六月一二日。
(47) 「社説　真の教育改革とは何か」『朝日新聞』昭和四六年六月一二日。
(48) 日教組「戦前教育の復活と非難」『朝日新聞』昭和四六年六月一二日。
(49) 佐藤首相「達成へ努力傾ける」『朝日新聞』昭和四六年六月一二日。
(50) 加藤一郎「政府指導方の大学改革」『朝日新聞』昭和四六年六月一二日。
(51) 教育政策研究会編著『臨教審総覧』下巻、一九八七年、一六六頁。

参考文献
大﨑仁著『大学改革　一九四五～一九九九』有斐閣選書、一九九九年。
黒羽亮一著『戦後大学政策の展開』玉川大学出版部、二〇〇一年。

第二部　国立大学法人化

大学の大衆化は、アメリカの大学制度を導入したことにともなう当然の帰結であった。しかし、大衆化した実態にもかかわらず、大学・大学人は、自らの意思で自らを変えることができなかった。結果、象牙の塔としての権威性をも喪失した大学は、大学人にとって最も不得意な変革を強いられるだけの存在となっている。参入障壁の低くなった大学に対する世論の風当たりは強く、大学論議は百家争鳴状態にある。一方、大学は、改革のための改革という理念なき状態を盲進しているのが実態である。

ではなぜ、大学、国立大学は、自らを変革することができなかったのか。その答えは、第一部で明らかにしたように、学問の自由を保障するシステムとしての大学の自治を象牙の塔として自立した存在とするのか、それとも、社会制度・社会に開く存在として大学を認識するのか、という二項対立を作り出し、南原繁に象徴される大学人が前者に固執し、戦後教育改革による必然であった後者を否定したためであった。さらに、国立大学法人化がアメリカの州立大学化であったにもかかわらず、この国立大学法人の過程でもこのことを理解していた学長は、ほとんどいなかったためである。(1)

そうであるがゆえに、アメリカ州立大学とは異なり、また、南原繁が想定したものとは全く違う大学と大学人のもと、国立大学法人化は歪なものとなり、教育刷新委員会でも指摘された避けるべき学長権限の強大化（独裁化）をもたらしている。(2)現在、国立大学は、「近代の野蛮人」のもとで、学問の自由を高度産業社会に対応させるかのように内から崩しているというのが実態である。(3)

そこで、第二部「国立大学法人化」では、法人化の過程と国立大学法人化後の管理・運営の実態を明らかにする。そのうえで、第一部との関連で、国立大学法人化以後の大学の特質について明らかにしたい。

注

（1）牟田泰三広島大学長は、州立大学化であることを理解していた数少ない学長であった（牟田泰三「米国州立大学と独立行政法人化問題（大学の独立法人化問題）」『日本物理学会誌』第五五巻第九号、二〇〇〇年九月）。

（2）矢野貫城「アメリカでは学長が理事長を兼ねるのは最も悪いといっております」（昭和二三年四月二日、教育刷新委員会第一〇特別委員会第一二回議事速記録、日本近代教育史料研究会編『教育刷新委員会教育刷新審議会会議録』第一〇巻、岩波書店、一九九八年、二四〇頁）。

（3）大学を支配する「近代の野蛮人」とは、専門的科学者としての大学人である。彼らの多くは、教養などは持ち合わせていない。彼らは、「ただ一つの特定科学を知っているだけで、しかもその科学についても、自分が実際に研究しているごく小さな部分にしか通じていない人間である。彼らは、自分が特に打ちこんでいる狭い領域の外にあるいっさいのことを知らないことを美徳だと公言するに至り、全体的知識に対する好奇心をディレッタンティズムと呼」ぶような者達である（「12「専門主義」の野蛮性」ホセ・オルテガ・イ・ガセット『大衆の反逆』白水社、二〇一三年）。今日、高度職業専門人として育成された専門研究者としての日本の大学人は、まさに「新しい野蛮人」であり、社会性を欠く存在である。特に、理系出身者（医学を含む）は、研究の政治性や自身が社会的存在であることを理解し、社会に開く存在である大学を理解することも困難な場合が多いのではないだろうか。それだけに、今日、教育としての教養・教養教育が必要なのである。しかし、リベラルアーツ型の広島大学総合科学部に在籍している筆者であるがゆえに、複数の専門性を必要とする今日の教養教育の困難性を理解している。結果として、教養は、複数専門性の修得による総合化を学生に丸投げするか、教養教育を放棄して基礎教育として職業専門人教育に特化するか、というような安易な人材教育となっているのではないだろうか（問題は、担当する教員に教養がなく、蛸壺化した専門にしがみついていることにもある）。結果として、高度化する産業社会に対応する専門研究者養成は可能であっても、教養を有するリーダーの育成は困難である。当然、このような高度職業専門人としての大学人が、社会に開かれた大学の管理運営に対応した者ではないことは明らかである。もちろん、教養を持たないことは、高度職業専門人としての大学人に限られたことではない。政治家・官僚や企業家を含め、今日、日本全体の問題でもある。

第一章　国立大学法人化過程

国立大学法人化は[1]、バブル崩壊以後の日本政治全体をみるならば、経済再生のための小さな一構成要因にすぎなかった。

当時、バブル崩壊後のため、日本経済はマイナス成長となって不況が襲い、長期化していた。金融システムは崩壊寸前であり、企業の国際競争力も大きく減退した。

この間、自民党・竹下登政権がリクルート問題で倒れ、細川護熙連立政権の成立によって五五年体制が崩壊した。国際社会でも、冷戦が終焉し、冷戦の享受者であった日本は、湾岸戦争における外交での敗北からの再起が必要であった。

先送りされてきた行政改革は、規制緩和とともに産業界を中心に強く要望された。橋本龍太郎内閣によって自民党政権が復活すると、政局が安定したこともあり、強力に推進されるようになった。それが小さな政府論に基づく中央省庁の再編であり、そして、産業競争力回復のための科学技術創造立国としての再生であった。

橋本政権下での行政改革とは、企画・立案と実施部門を分離し、中央官庁は企画立案機関に、国立大学のような実施部分を民営化ないし独立行政法人とするものであった。橋本行政改革は、官僚組織の垂直的減量を図るものであり、文部省の出先機関ともいえる国立大学も例外ではなかった。

一方、大学に対する期待も生じていた。経済・産業における競争力回復・ものづくり国家としての再生に、科学技術力の革新・高度化が必要とされていたためである。科学技術創造立国のため、国立大学を理系中心とすることが必要となっていた。バブル崩壊後、研究開発部門の縮小も図らざるを得なかった産業界にとっては、グローバル化する国際環境のなか、産官学の連携強化によるコストダウンと即戦力の人材育成が急務であったのである。

経済再生と科学技術創造立国、この二つの実現のため、必要とされたのが、競争力強化のための構造改革であった。構造改革は、国際競争力強化のため選択と集中をせまり、先端性と効率性を求めるものであった。小泉純一郎内閣の登場により、聖域なき構造改革が標榜され、国立大学もその例外ではなかったのである。

行政改革・構造改革の対象とされた国立大学の多くは、「大学研究現場は、知の「棺桶」[2]、と表現されるような荒廃のなかにあり、管理運営は、大学の自治＝教授会自治のもと、「会して議せず、議して決せず、決して行わず」とした象牙の塔であり続けていた。

国立大学は、サロン的な社団法人国立大学協会を持ち、指導・助言機関である文部省（文部科学省）との関係は、「過保護ママ」と「甘ったれ坊や」という関係であったとされる。[3]

I　行政改革のなかの大学改革

1　橋本行革のなかでの大学改革

国立大学、なかでも地方国立大学では、東京大学をモデルとした横並び意識のもとでの総合大学化が、より主たる関心事となっていた。大学設置基準の大綱化も、国立大学では、教養部を横一線で解体したにとどまった。この教養部の解体は、教養部が基礎教育と教養教育の双方を担当し、教養部教員が専門学部に分属したことから、基礎—専門科目関係が中心になり、教養教育が衰退していく大きな契機となった。この段階で、国立大学は、戦後教育改革の重要な柱であった教養教育を中心とした「人間の育成」ではなく、高度職業専門教育機関化に大きく舵をとったといえよう。当然、職業教育化を前提としたならば、出口論（就職口）からする人材育成に対応せざるを得なくなることは必然であった。

橋本龍太郎政権のもとで、国立大学も行政改革の対象となった。それは、平成八（一九九六）年一一月一二日、行政改革会議が発足し、第二回行政改革会議で大学改革の必要性が取り上げられたことにはじまる。さらに、翌平成九年四月二日、第九回行政改革で国立大学の民営化にはじめて触れ、四月二六日には、早くも同会議で独立行政法人化の方向性がしめされた。行政改革会議は、国公立大学の民営化とともに[4]、科学技術庁と文部省と統合させる会議でもあった。

文部行政と科学行政の合体は、科学技術振興のあり方、同時に国立大学の自主性について問題視する意見が出されていくきっかけともなっていった[5]。さらに、国立大学と国立研究機関との協力関係強化が提案されるとともに、文部省からも、大学が自主性と責任を持てる体制が重要であるとの意見が明らかにされた[6]。そして、国立研究機関については、独立行政法人化が平成九年八月二一日の第二七回行政改革会議でほぼ決定し、同時に、科学技術と教育・文化の一体化のなかで、両者の調整が内閣府の総合科学技術会議で行われることとなった[7]。科学技術については、国家主導の総合戦略として行うこととなったのである。

一方、国立大学協会（社団法人）は、急激な民営化に反対し、独立行政法人化にも反対していった。設置形態をめぐり、水面下で論争が行われた結果、国立大学法人については、平成九年一二月三日、行政改革会議の最終報告のなかで「人事・会計面での弾力性の確保など種々改善する必要があり、現行の文部省の高等教育行政の在り方についても改善が必要。しかし、大学改革は長期的に検討すべき問題であり、独立行政法人化もその際の改革方策の一つの選択肢となり得る可能性はあるが、現時点で早急に結論を出すべき問題ではない」とされた[8]。さらに、平成一一年四月

「中央省庁等改革の推進に関する方針」でも、大学改革の一環とし、平成一五年までの四年の間に結論が求められることとなった。

行政改革会議で国立大学改革の基本的な方向性が明らかにされていった。それは、行政機能の減量（アウトソーシング）、効率化として求められるもので、産業界・地域社会との連携により、具体的には「a　国立大学の自主的改革の推進と情報公開、評価システムの充実」、「b　組織・運営体制の整備」、「c　大学組織の権限と責任の明確化、事務組織の見直し」であり、大学改革の進め方については、「独立行政法人化は、大学改革方策の一つの選択肢となり得る可能性を有しているが、これについては、大学の自主性を尊重しつつ、研究・教育の質的向上を図るという長期的な視野に立った検討を行うべきである。また、大学の機能に応じた改組・転換についても、併せて積極的に検討する必要がある」とするものであった(9)。

国立大学の法人化は、独立行政法人化と決まったわけではないが(10)、国立大学と交流・協調すべき国立研究所が独立行政法人化し、また、文部省と科学技術庁が統合されるにあたり、科学技術の総合戦略の立案が、文部省の大学審議会等の上位に位置する総合科学技術会議となったこともあり、法人化は決まったようなものであった。

この時点で、臨時教育審議会同様、法人化等の設置形態について大学人の多くは、文部省が防壁となり、先送りが可能と考えていた。しかし、中央省庁再編を進めた橋本龍太郎内閣が参議院選挙で惨敗し、退陣したものの、金融危機のなか成立した小渕恵三内閣でも行政改革は推進され、加速していった。小渕首相は所信表明で公務員定員一〇％削減を明言し、平成一一年四月には公務員定員削減二五％を閣議決定したのである。

文部省側は、行政改革会議の過程から、自ら企画官庁化を推進することで生き残りを図るため、外局に相当する部分・国立博物館等の独立法人化を行ってきた。文部省は、国立大学の独立行政法人化を目指し、国立大学の民営化も念頭に置いていた。この過程で、文部省側は当初、国立大学協会の強い反対に同調していたが、政府・与党の強い意向を受けて条件闘争に転換したとされている。一方、独立法人化の対象となる国立大学側は、法人化を回避するため、文部省の庇護を得ることを考えていた。国立大学側は、政府・与党および世論動向に自ら対応できなかったのである。

中央省庁の再編は、「行政改革会議最終報告」に基づき、「中央省庁等改革基本法」（平成一〇年六月一二日、法律第一〇三号）が成立（平成一三年一月六日、施行）。同時に、中央省庁等改革推進本部令により、中央省庁等改革推進本部が設置され、平成一一年一月二六日、「中央省庁等改革に係る大綱」が決定された。これにより、国立試験研究機関等の独立行政法人化について閣議決定され、「国立大学の独立行政法人化については、大学の自主性を尊重しつつ、大学改革の一環として検討し、平成一五（二〇〇三）年までに結論を得る。大学共同利用機関等の独立行政法人化については、他の独立行政法人化機関との整合性の観点も踏まえて検討し、早急に結論を得る」とされた。

平成一五年までと期限が切られ、さらに、経済戦略会議（平成一〇年八月二四日〜平成一一年二月二六日）においても、その中間とりまとめ「日本経済再生の戦略」（平成一〇年一二月二三日）で、「第二章「健全で創造的な競争社会」の構築とセーフティ・ネットの整備答申において」の「6．教育改革」において、

（2）大学における教育・研究に競争原理を導入し、活性化を図る。そのため、各大学における教育・研究に対する客観的な評価を行う強力な第三者評価機関を設立する。

（3）大学の研究・教育に係る政府予算は、原則として第三者評価機関の評価に基づき配分する。評価によって資源配分が決まるようになれば、インセンティブが働き、大学の活性化に結びつく。最近の大学審議会の答申では、評価に基づく資源配分は明確な形では制度化されていない。

（4）シリコンバレーにおけるような世界的ベンチャー企業が日本に輩出しない理由の一つは、国立大学の硬直性にある。国立大学教員の身分を拘束の強い国家公務員から解放し、兼業や産学共同研究の自由度を飛躍的に高める。国立大学については、独立行政法人化をはじめ将来の民営化も視野に入れて段階的に制度改革を進める。

(5) 生涯教育を推進するため、地域住民に開かれた「コミュニティ・カレッジ」の創設を自由化する。

と明記され、[11]平成一一年二月二六日の答申「日本経済再生への戦略」でも、「第二章「健全で創造的な競争社会」の構築とセーフティ・ネットの整備」「I.「健全で創造的な競争社会」の構築」「4. 創造的な人材を育成する教育改革」ではさらに一歩進めて「(4) シリコンバレーにおけるような世界的ベンチャー企業が日本に輩出しない理由の一つは、国立大学の硬直性にある。国立大学教員の身分を拘束の強い国家公務員から解放し、兼業や産学共同研究の自由度を飛躍的に高める。国立大学については、独立行政法人化をはじめ将来の民営化も視野に入れて段階的に制度改革を進める」が挿入されたのであった。[12]

行政改革会議で国立大学の独立行政法人化に反対していた有馬朗人（前国立大学協会会長、前東大総長）は、小渕内閣の文部大臣となることで、独立行政法人化を検討する側となった。

国立大学協会（蓮見重彦会長）でも独立行政法人化についての検討を開始し、六月の国立大学協会総会において第一常置委員会で検討することとなった。七月に、独立行政法人通則法が成立、八月、有馬文相のもとで私的懇談会「今後の国立大学等の在り方に関する懇談会」が作られた。国立大学協会は九月七日、第一常置委員会「国立大学と独立行政法人化について（中間報告）」をまとめ、一三日、国立大学協会に報告した。このなかで独立行政法人通則法の適用に反対し、特別措置を求めた。

これを受けて、九月二〇日の国立大学長会議で、有馬文相も「国立大学の独立行政法人化の検討の方向」を発表し、通則法に反対、大学にあった特例措置を求めた。内容は、「世界的水準の教育研究」を目指し、次の五点を条件とするものであった。

①教育研究およびそれを支える意思決定と実行の仕組みや人事・財務等における大学の自主性・自律性を確保し、さらに拡充すること

②長期的な展望に立って教育研究を展開できること
③教育研究に直接携わる教員について、自発性や主体性が十分に担保されること
④教育研究の自主性・自律性を保障するため、教育研究に対する評価が、国によるのではなく、大学関係者等によって専門的見地から行われること
⑤世界的水準の教育研究を行い、期待される役割を十分に果たすことが可能な条件整備が図られること

そのうえで、中期目標・中期計画の策定と、「主務省に置かれる評価委員会」による評価を行うものとされた。そして、国家公務員型を適用することとされた(13)。この後は、「独法の通則法との関係と法案の中身をめぐる条件闘争」となっていった(14)。

2　反対派と賛成派の論理

行政改革に基づく大学改革、あるいは後述の国立大学法人化に対し、これまで教育研究に関して何らの制約も感じてこなかった大多数の教官は、管理運営・給与面を含めた人事制度を例外として、法人化されても何も変わらないと考えていた。基本的に無関心であったのである。

独立行政法人化にあたり、通則法は、大臣の任免権が学長にまでおよぶため、大学の自治・学問の自由に対する文部省による侵害であると認識していた教員もいた。反対に独立行政法人化は、厳しい国際競争に勝ち抜くため、これまでの「横並び」「護送船団」と化した国立大学を批判し、積極的に独立行政法人化を求める教員もいた。改革を必然とする後者の立つ基盤は、政府・与党自民党、財界から世論にいたるまで広範囲に存在していたのである。

国立大学法人化反対派は、基本的に国立大学の教官と私立大学教員により構成されていた。独立行政法人化が現実

味を帯びてきた平成一一年、岩崎稔東京外国語大学助教授（当時）と小沢弘明千葉大学助教授（当時）を中心に「独立行政法人反対首都圏ネットワーク」が作られ、ネット上での情報集積・交換が反対運動の拠点化し、両者を編者とする『激震！　国立大学―独立行政法人化のゆくえ―』（未來社）が平成一一年一一月一日に刊行されている。このなかでの反対論を強引に整理すると、

基本的に、反新自由主義、反グローバリズムを根底に置いた。

①構造改革路線に対する批判。

②基礎科学・基礎研究および人文学研究（文化）の切り捨て論。

の二点であった。そのうえで、大学の自治と学問の自由を主張し、やや具体的になるが教養教育の再構築を主張するものであった。本書は、佐和隆光、上野千鶴子、姜尚中、金子勝等の論客をそろえたものであったが、国立大学法人化を大学の個性化として読み替えれば地域文化が重視されることとなり、理系重視として基礎科学・基礎研究の重要性が保証されれば、「②」の点で運動の分断は容易であった。

さらに、現状の国立大学に対する問題点を認識しながらも、現状の政策に代わる高等教育・大学の未来像を明確にできなかった。国立大学の内部個別問題であった教養部の解体を一方的に解釈し、地方国立大学に対する視点が含まれていないなどの欠陥も有していた。最終的に、国立大学法人化後、①は反小泉改革・反構造改革に収斂され、②は分断され、基礎科学・基礎研究については保障され、人文学研究は切り捨ての方向に移行したのが現実である。さらに、根底にあったはずの反新自由主義・反グローバリズムも論点が拡散していた。[15]また、全国大学高専教職員組合からは教育論を中心とする批判があがっていたが、反対運動の推進力とはならなかった。[16]

切り捨て・格差を心配している地方国立大学では、鹿児島大学長田中弘允を中心に四四国立大学学長連名による『地方都市に位置する国立大学のあり方について（要望）』が平成一二年三月に発表されている。

「地方都市に位置する国立大学のあり方について（要望）」

平成一二年三月一八日

田中弘允（鹿児島大学学長）外　国立大学学長　四三名

自由民主党におかれましては、国立大学の独立行政法人化問題に関し、高等教育が二一世紀のわが国の命運を大きく左右するものであることを重要視され、文教部会文教制度調査会に高等教育研究グループを置いて検討を開始し、その方針が近々に発表されると伺っております。

私ども地方都市に位置する国立大学としましては、以下に示します理由により、現段階では、国立大学として果たしてきた役割がさらに推進できるような措置を強く要望いたす次第であります。

（1）国土の均衡ある発展を計（ママ）るためには地方国立大学の役割の維持強化が必要である。

（2）本社機能をもつ大企業が少ない地方都市では研究補助金等が得にくい。

（3）県民所得が低い地方では大学運営費は地域社会よりも国費に頼らざるを得ない。

（4）戦後五〇年培ってきた地域社会との提携やそれへの貢献を今後も良好に維持していくべきである。

（5）地方都市の国立大学が衰退することになれば地域の経済・文化は縮小し過疎化を招く。

（6）各地方の独特な歴史・文化・経済と結びついたユニークな教育・研究の発展が必要である。

以上の理由により、わが国を支える基盤としての地方に対して歴史的に深く関わってきた地方国立大学につきましては、国策としての育成がなされますことを強く要望いたします。

内容は、「要望」というより陳情であり、論理的には、道路特定財源に依存する地域経済活性化と同様に、中央依存の地方論であった。田中等の提案は、地方との関係性についても展開力に乏しい内容であり、構造改革期にあっては、まさに「抵抗勢力」の論理であった。

このような反対派の動向は、「激震」によって危機意識の醸成を図り、「対抗軸」によって独立行政法人化に反対するグループと、切り捨てや格差を問題にする地方国立大学とでは、闘争方向性に根本的な違いがあったといえる。

さらに、助教授クラスを中心としたフラットなネットワーク型の反対運動を行うグループと、全共闘世代を中心とする地方国立大学長等との共闘も困難であった。

前者は脱イデオロギー的な連帯が可能であったが、後者は、表層的にはリベラルであるものの、その内実は権威主義的で文部省に依存する体質を持っていたためである。このため、政治を人事とカネをめぐる部局間対立とボス支配でしか理解していない国立大学にあって絶対多数であった無関心な教官を動員できず、運動は、国立大学内部でさえも大きな関心を呼ぶまでにはいたらなかった。

これに対して、独立行政法人化を推進する賛成派の論理は明快であるとともに、計画的であり、組織性も有していた。

大学の独立行政法人化を推進したのは、文部省ではなく、通商産業省（現在の経済産業省）であった。

その基本にあるのは、日本企業の開発部門中、基礎研究を外部化し、そのための研究投資の多くが海外に流れていることにあった。日本の研究機関における研究が国際的な競争と無縁であり、その原因が国立研究所にまで大学化したことにあるとする。大学組織は、教授を頂点とする閉鎖的なヒエラルキー構造であり、同時に非競争的、さらに能力主義でないため流動性もない、という悪循環にあり、文部省のもとでの大学政策には戦略性もないとされたのである(17)。通産省は実証的なデータと欧米の先行事例を用い、現状の大学制度の不備・問題点を的確にあぶり出し、最大の実証として通産省工業技術院での改革をあげ、結論として独立行政法人へと導くことに成功していた。

同様に、国立大学法人化を必然とする考えは、国立大学教官からも出ている。石弘光一橋大学学長（当時）は、著書のなかで、少子化（一八歳人口の激減）、新卒者の雇用難、国家財政の危機的状態という現状のなかで、大学は、次の三点を必要とされている。

①大学の研究・教育、運営にあたり競争原理の導入は不可避である。

②大学は研究至上主義を排し、教育重視に転じる必要性がある。

③学生の教育は国際的なレベルを目指して行うべきである。

そのために、文部科学省の護送船団方式による大学行政に対して決別すべきであるとしている。また、石氏は大学の問題として、（1）大学の組織・人事の硬直性、（2）競争原理・インセンティブが存在しない、（3）研究・教育評価システムの未確立、（4）経営マインドがない、導入の必要性、と四点をあげている。そして、反対派を意識して、（2）の点では、競争原理が基礎研究・教育の衰退を招くとの論理に対して、それを理由に研究・教育で努力を怠っている大学人が多いことを述べ、基礎研究・教育の重要性は大学全体で守ればよい、としている。また、国立大学法人化に対する地方国立大学からの批判に対しては、現行の地方財政法を改定して、地方国立大学は地方自治体との財政上の連携を強めるべきであるとしていた。

以上のように、凝集力に乏しい反対派は、当該期の行政改革・構造改革の流れのなかで国民からの支持調達に失敗していく。一方、賛成派は、グローバル化のなかでの国際競争力強化という認識を共有し、通産省主導にみられるような研究開発機能を高め、あるいは、グローバル化のなかで研究重視から教育重視へと人材育成に転換する契機として、文部科学省の護送船団方式から脱却する方策としての独立行政法人化・国立大学法人化を支持した。賛成派の場合、科学技術創造立国との目標のなかで、研究至上主義的な方向と、個性化や人材育成を中心とする教育重視という二つの方向性が奇妙に同居するものであった。賛成派といっても、その実は一枚岩ではなかったためである。

ここに、文部科学省が生き残る活路があった。反対派を各個撃破するとともに（基礎研究と地方国立大学）、科学技術創造立国にみられる研究重点化と、教育重視を融合させることが唯一、組織として可能であったためである。

Ⅱ　構造改革のなかの国立大学法人化

国立大学の法人化自体が決定したものの、国立大学にとっては、この段階からが重要であった。平成一一（一九九九）年七月、加藤紘一代議士が自民党総裁選で、「国立大の民営化」を提唱、八月には民主党政権政策委員会が国立大の民営化を盛り込み、平成一二年五月一一日には、自民党政務調査会文教部会が「提言　これからの国立大学の在り方について」をまとめた。

国立大学の方向性について、「国際的な競争力を高め、世界最高水準の教育研究を実現する」「大学の個性化・多様化を進める」「教育機能を強化する」の三点を明記し、このために「競争的な環境を整備し」「諸規制の緩和を推進する」「国公私立大学を通じて高等教育、学術研究に対する公的投資を拡充する」の三点を方針とした。さらに、国立大学の運営について見直しを迫り、「護送船団方式からの脱却」「責任ある運営体制の確立」「学長選考の見直し」「教授会の運営の見直し」「社会に開かれた運営の実現」「任期制の積極的な導入」「大学の運営に配慮した規制の緩和」の七点を要求、国立大学そのものの組織編制についても、「様々なタイプの国立大学の併存」「学部の規模の見直し」「大学院の一層の重点化」「国立大学間の再編統合の推進」をあげている。そのうえで、「4．国立大学の独立法人化」のなかで通則法ではなく、調整法・特例法で法人化を、平成一三年中に具体化することを提唱している。

1　科学技術創造立国

国立大学の学問を規定する国家の科学技術政策も変化していった。

平成七年一一月一五日に公布・施行された科学技術基本法（法律第一三〇号）は、自民党科学技術部会（尾身幸次部会長）のもとで議員立法が目指されたのが発端である。

この科学技術基本法は、その提出理由説明に「我が国の科学技術の現状を見ると、まことに憂慮すべき状態にあります。特に、独創的・先端的科学技術の源泉となる基礎研究の水準は欧米に著しく立ち遅れており、基礎研究の担い手たるべき大学・大学院、国立試験研究機関等の研究環境は欧米に比べ劣悪な状況に置かれております」「科学技術の高度化・専門化に対応して総合的・学際的な取り組みが緊要となっているにも拘わらず、大学、国立試験研究機関、民間等の研究者が、組織や専門分野の壁を超えて十分に有機的に連携しているとは言い難い状況にあります。さらに、将来の我が国の科学技術を担う若者に科学技術離れの現象が見られることは、国の将来にとって由々しいことでありま す」との現状認識を持ち、産学官の「有機的な連携」（第二条第二項）、研究のための法制上の優遇措置（第七条）、研究者の確保（第一一条）、施設整備（第一二条）等が明記された。それでも同法は、「大学等における研究活動の活性化を図るよう努めるとともに、研究者等の自主性の尊重その他の大学等における研究の特性に配慮しなければならない」（第六条）と大学に配慮したものであったが、科学技術会議のもとでの科学技術基本計画の策定を義務付けたのであった。(18)

この科学技術基本法のもと設置された科学技術会議で作成された「科学技術基本計画」は、平成八年七月二日、閣議決定された。内容は、科学技術をめぐる環境を柔軟かつ競争的なものとし、産官学の連携を強化し、成果を国民・社会、そして経済に還元することを目的としたものであった。このなかでも国立試験研究機関への任期付任用制の導入、若手研究者の養成・確保等が提言された。国立大学にとっては、「基礎研究を中心となって担うべき大学、国立試験研究機関等における研究の重要性、社会的、経済的ニーズに対応した研究開発」と記され、基礎研究の重視をうたったものであった。また、任期制についても「大学院等の教育研究の充実、若手研究者に対するフェローシップ等の支援の拡大、充実や、大学・高等専門学校等における自然科学系教育の改善・充実を進める」との段階にとどまるものであった[19]。

この間、科学技術会議の政策委員会を中心に、科学技術創造立国のため、国家的な戦略プログラムとして、国立大学も含む産官学の総合的な研究体制、資源配分を含む研究領域の重点化、基盤強化がより鮮明に強調されるようになった。さらに、競争的研究環境と人材の流動性の促進、産業競争力の強化に直結することが明確となっていった[20]。結果、競争的な研究開発資金が大幅に拡充されていった。

そして、科学は日本学術会議、政治は総合科学技術会議という区分が行われつつ、実際には、国家的な科学技術戦略の決定機関として、中央省庁再編後、省庁横断型・大臣級の総合科学技術会議が平成一三年一月に設置された。総合科学技術会議では、科学技術会議での審議を踏まえて審議を開始し、平成一三年三月二二日の「諮問第一号「科学技術に関する総合戦略について」に対する答申」では、科学技術政策の総合性と戦略性が強調されるとともに、第一期科学技術基本計画の課題としては、「任期付任用制度、産学官連携の促進のための国家公務員の兼業緩和等の制度改善を行ったが、現在までの人材の流動性の向上は必ずしも十分ではない」「大学については、自己点検・評価を義務化し、評価の一層の促進が図られた。しかしながら、評価結果の資源配分・処遇への反映や、評価プロセスの透明性は未だ不十分であるとされており、評価の実効性の向上が課題となっている」とされていた[21]。さらに、本答申では、科学技術の振興のため重点的な資源配分が明記され、基礎研究も「新たな知に挑戦し、未来を切り拓くような質の高い基礎研究を一層重視する」とされ[22]、産学官連携のもとで、より国家的・社会的課題に対応した研究開発への重点化が志向されたのであった。それが、①ライフサイエンス分野、②情報通信分野、③環境分野、④ナノテクノロジー・

材料分野の重点四分野であり、これに、エネルギー、製造技術、社会基盤、フロンティアの四分野を加えるものとしたのである。さらに、このための科学技術システム改革としては、競争的資金の拡充、間接経費配分、任期制の拡大・普及、評価システム改革等による競争的研究開発環境の整備が目指されたのであった。

総合科学技術会議では、平成一三年一一月二八日付で諮問第二号「「国の研究開発評価に関する大綱的指針について」に対する答申」を出し[(23)]、同年一二月二五日には、「研究者の流動性向上に関する基本的指針（意見）」[(24)]を、国立大学法人化の決定をうけ、平成一四年六月一九日付で「産学官連携の基本的考え方と推進方策」[(25)]と、「競争的研究資金制度改革について　中間まとめ（意見）」を発表する[(26)]。国策としての科学技術総合立国を推進するため、重点四分野を中心とする産学官連携による体制を構築していったのである。そのなかで国立大学は、その主要な研究機関として位置付けられ、非公務員化による人材流動化にともない人材供給機関として産業競争力回復のための一翼を担う存在となったのであった。

産学官連携のなかで、「大学」は研究成果の社会への還元を強要され、大学固有の理念さえも、産学官の連携に取り組むためのものとされ、産学官連携の意思統一のもとで国家戦略に組み込まれる存在となった。そこでは、産業界と大学との間で、相互の立場を尊重することが提唱されていたが、研究と産業化までの間で役割分担が存在し、産業界と大学間の人材交流が第一義とされ、大学の人材養成については二義的な位置付けがなされたのであった。そして、国立大学はこれに対応するため、交流拡大のための非公務員化、大学財政システムの改革、これを実現できる大学内中央集権的な管理体制が求められたのであった。そして、このような大学改革を促進するために競争原理の導入と多元的評価体制が整えられ、実際に競争的資金が拡大していくことで、必然的にその方向に向かっていくこととなったのである。

2　経済界からみた産官学

産官学の一方である経済界からも国立大学に対する注文が増えていった。中央省庁再編にあたっても、日本経済団体連合会（経団連）は、「国全体としての具体的な科学技術戦略の構築の必要性を痛感している。経団連で実施した科学技術行政に関するアンケート調査でも、主要企業八四社の研究開発担当役員のうち八〇社が科学技術戦略のない日本に強い懸念を持っていることが示された」とし、縦割り行政・短期的行政の弊害として、人事交流の不活発、「重要度に応じた資金配分ができない、研究開発関連の予算が細分化されており基礎から応用に至る一貫した資金配分が行えない、今後増えてくる省庁間・分野間にまたがる研究テーマに対応したいわゆる「プロジェクト」方式の取組みがしにくい」と指摘。「科学技術の政策立案・総合調整機能の強化」「国立試験研究機関の統廃合」を提言していた。[27]そのうえで総合科学技術会議の充実、[28]産官学の提携強化、[29]そして、平成一一年一一月二四日付の「科学・技術開発基盤の強化について―次期科学技術基本計画の策定に望む―」では、[30]「わが国の大学における問題として、流動性、競争性、国際性の欠如が指摘されて久しい」とし、法人化と競争的資金の拡充、任期制導入による産学連携・国際交流拡大を提言し、基盤強化と産官学連携の推進による技術の普及と環境整備を求めたのであった。そして、平成一三年に入ると、産官学の連携強化をより強く、より具体的に主張し、「わが国の大学が企業にとって魅力的なパートナーとなるためには、まず、実用化を踏まえた世界トップレベルの研究を増やすことが必要と思われる。その上で、大学発のベンチャーの創出などを通じて、積極的かつ組織的にその成果を実用化段階へ橋渡ししていくことが期待される。また、これらを迅速に行なっていくためには、大学の制度そのものの自由度を大幅に拡大するとともに、大学関係者の契約意識を向上させることが不可欠と思われる」と要求、「各大学横並びではなく、国際競争力を持つ大学に対して、施設を重点的に整備していくべきである」とした。そして、「大学は基礎研究の実用化に向けた橋渡しに積極的に取り組む必要がある」とし、重点四分野への予算配分の重点化を求めている。さらに、平成一三年一〇月一六日付

「国際競争力強化に向けたわが国の産学官連携の推進―産学官連携に向けた課題と推進策―」では、[31]産学連携にあたり企業が海外の大学と連携する場合には、世界最高水準の研究開発成果や特許の活用という目的が明確で大規模な投資を行っているのに対して、総額としては上回っているものの、日本の大学への投資は小規模なものが中心である。その意味で企業・大学共に意識改革が必要であり、産学の人的交流拡大のためにも非公務員型の導入を求めていた。そして、平成一五年三月一八日付「産学官連携による産業技術人材の育成促進に向けて」では、[32]大学を「大学の基本的な役割は真理探究を目的とする知の創造と、教育を通じた知の継承にある。もとより、これらが直ちに、産業化や経済活性化に直結するものではなく、企業では不可能な基礎研究や技術者・研究者の養成が大学の主たる役割であることは当然である。しかし、創造された知を積極的に実用化すること、教育面に産業の現状を取り込んでいくこと等で産学の連携強化を図ることは、大学、産業界双方の国際競争力強化に資することとなる」とし、「大学の国際競争力を強化することは、わが国産業の競争力強化に資するのみならず、対内投資の促進や国際貢献を通じて、わが国の国際的地位の向上に繋がる」「国立大学の法人化に際し、各大学は建学の理念を改めて明確化し、例えば、全分野で無くとも特定分野では名実共に世界一流であるような、特色ある大学の再構築が図られることを強く期待する」と個性化を求めたのであった。

国立大学法人化後は、平成二〇年三月一八日付「道州制の導入に向けた第二次提言―中間とりまとめ―」で明確に、高等教育は、道州政府の管轄下にあると明記するにいたっている。[33]

3　文部科学省の対策

平成一三年一月、文部省と科学技術庁は統合されて文部科学省となった。そして内閣府には、前述の総合科学技術会議とともに、経済戦略会議を強化した経済財政諮問会議が設置された。そして、四月二六日に「聖域なき構造改革」を標榜する小泉純一郎内閣が発足すると、経済財政諮問会議はその中心として機能し、同会議が他の会議に優先する存在となっていった。

小泉首相は、自民党総裁選でも大学に競争原理を導入することを公約に掲げており、民営化を求める民主党小林元参議院議員の質問に対して、平成一三年五月一一日、参議院本会議で、次のように答えたのであった。

（前略）国立大学のあり方についてでありますが、現在、政府は国立大学の独立行政法人化の問題について検討を進めておりますが、大学の教育研究の一層の活性化を目指し、競争原理の導入を含め、改革のためのいろいろな可能性を検討してまいりたいと思います。

なお、議員は思い切って国立大学の民営化を目指すべきだという御指摘でありますが、私はこれには賛成であります。国立大学でも民営化できるところは民営化する、地方に譲るべきものは地方に譲るという、こういう視点が大事だというように私は思っております。

産業競争力の強化に資する大学教育についてですが、我が国の国際競争力を高めるためにも大学の役割は極めて重要であります。このため、評価に基づく重点的予算配分など、各大学間の競争的環境を醸成するとともに、地域社会や産業界との連携、交流等を促進し、積極的に経済社会に貢献できる大学づくりを進めていきたいと思います。（後略）

小泉首相の発言をうけ、経済財政諮問会議において、片山虎之助総務相から、国立大学の「公設民営方式」の導入が主張され、大学の種別化も提案された[34]。さらに尾身幸次科学技術担当大臣は、産官学連携推進のため、「国立大学の独立行政法人化に際しましては、非公務員型も取り入れつつ、改革の方向を打ち出していきたいというふうに考えております」とした。平沼赳夫経済産業相からは、「新市場・雇用創出に向けた重点プラン」が提出された。このなかで、

（前略）

大学研究における競争導入を徹底的に進めるとともに、大学等の組織運営改革や「学」から「産」への技術移転戦略の構築を急ぐ。

・大学の学部・学科の組織編制の自由化や国立大学の早期独立行政法人化、人事・給与等処遇の弾力化へ向けた制度整備を図る。

・実務的・実践的な講座（先端技術、知的財産、国際標準等）の設置の促進、産業人材の教官への活用など、高等教育の戦略性を高める。

・大学教官の特許取得へのインセンティブの付与、民間への技術移転に関するルール整備、ベンチャー休暇制度、大学等への出資機能の付与、企業資金とのマッチングの強化、学内インキュベーション体制の構築など、「大学発ベンチャー」を育成する。

（後略）

とされたのであった[35]。

文部科学省側も遠山敦子文部科学相のもと、「大学（国立大学）の構造改革の方針」が策定され、平成一三年六月一一日の第一〇回経済財政諮問会議で「1．国立大学の再編・統合を大胆に進める」「2．国立大学に民間的発想の経営手法を導入する」「3．大学に第三者評価による競争原理を導入する」の三点が明らかにされた。さらに、「大学を起点とする日本経済活性化のための構造改革プラン」（平成一三年六月一一日、文部科学省）では、「具体的プラン」として「2．国立大学に民間的発想の経営手法を導入する」では「経営責任の明確化、外部人材の経営への参画、学部セクショナリズムの排除、学長リーダーシップの強化、新しい人事システム」や、「任期付任用・公募制と業績評価による能力主義の徹底」が明記されていた。この文部科学省側の動きに対して平沼経済産業相も高く評価しつつ、

「組織編制の弾力化」「学科等設置の自由化」を求めている。遠山プランの発表後、経済財政諮問会議では、さらに国公立大学教員の非公務員化が求められていき、経産省の産業構造審議会、総合規制改革会議等によって民営化も求められた。この流れのなかで文科省側も非公務員化を受け入れて行き、平成一四年三月、国立大学協会調査検討会議の最終報告書「新しい「国立大学法人」像について」において非公務員型の採用が盛り込まれたのであった。

この間、臨時教育審議会の成果として設置された大学審議会からは、平成一〇年一〇月二五日、「二一世紀の大学像と今後の改革方策について（答申）―競争的環境の中で個性が輝く大学―」が発表された。本答申は、具体性に欠けているが、従来からの学習社会論とともに[36]、国際競争力の強化と大学院の拡充、大学の個性化にともなう行財政制度の弾力化・組織運営体制の整備等が主張されていた。さらに、第三者評価等の評価システムの整備についても、その必要性が語られていた。

しかし、改革の手順や、具体的な数値目標などは書き込まれることはなく、理念としての改革が標榜されただけであった。この答申に基づき、国立大学では改革が志向されたが、結果は画一的な改革となった。それは、教養部解体と同じように、国立大学内での画一化・平準化としての大学院重点化に改革の力点が置かれたためである。管理運営体制の整備としての学長権限強化等は、大学院整備の代償ないし付随する改革案件であった。そして、この答申でいう個性化とは、国際的通用性・共通性の確保を前提としたものであったが、各大学等の自主的判断とされるものにすぎなかった。

文部省では、この「二一世紀の大学像と今後の改革方策について（答申）」が実現できるように、大学設置基準等の改正による規制緩和を行ったが、国立大学の個性化につながるような施策は、ここからも生まれなかった。その後、グローバル化[37]も念頭に置かれた改革方針が定められても、その方向性とともに政策的な展開力には著しく乏しいものであり、目に見える改革とはならなかったのである。

具体性と拘束力を持たない答申は、行政改革を要求する政府と画一的な平準化を求める国立大学の双方に配慮した、中間的な内容にすぎないものであった。つまり、文部省は、政府に対しては政策的なアリバイを作成し、国立大学に対しては政府との交渉を通じて支配力を強めようとしたのである。

前述してきたように、行政改革と構造改革のもと、国立大学は、国立大学協会を圧力団体として文部省・文部科学省に独立行政法人化回避を陳情し、局面打開を図ったものの、政府がそれを認めることはなかった。国立大学の法人化という政策は、科学技術創造立国という国策において下位にあり、文部科学省も政府内での発言力を弱めていたためである。

結果として、政府主導のもと、平成一五年二月二八日に国立大学法人法案が閣議決定され、七月九日に成立したのであった。

Ⅲ　国立大学法人法の意味

当該期、金融危機が顕在化するなかで、構造改革の必要性は国際的にも認知され、経済財政諮問会議の重要性が高まり、それに付随して国際競争力が求められて総合科学技術会議が重要視されていたが、中央教育審議会や大学審議会は文部科学大臣の諮問機関にすぎない存在であった。ましてや、国立大学のサロンである国立大学協会などは、経済財政諮問会議の臨時議員にすぎない文部科学大臣だけを窓口にする一圧力団体にすぎなかったのである。

大学政策・高等教育政策の不在が主張されるものの、金融危機をはじめバブル崩壊後の日本にとって国際競争力の回復が第一であり、概括的で理念的、明確な目標を持たない大学審議会の答申をもとに数々の批判に立たされていた国立大学を国民が支持することはありえなかった。

政府内においても国立大学は、行政改革の一対象にすぎず、文部省の発言力は相対的に弱まりつつあった。中央省庁再編後、文部科学技術省となったあとは、総合科学技術会議を通じて政策実現を図れる旧科学技術庁系が発言力を増すこととなったのも必然であった。このような状況下で、文部科学省の文部省系は、教育を主眼としたまき直しを図るとともに、国立大学への統制力を強める方向にシフトしたのであった。

一方、国立大学側は、世論を誘導できず、大学界全体の意見をまとめることもできなかった(38)。この結果が、国立大学法人化であり、自立的な管理・運営体制の構築と個性化が標榜されたものの、その実、管理・運営については総枠で制限され、科学技術創造立国のもとでの個性化という困難も抱えることとなったのである。また、地方国立大学にとっては、アメリカの州立大学をモデルとした改革が必要となったのであるが、自覚しているものはわずかであった（ただし、東大・京大および旧帝大等は、自覚的であったと考えている）。

国立大学協会の学長は、国立大学法人化の過程で、教学と経営の一体化による自主性確保という点に固執し、学外者の参画を、教育刷新委員会における南原同様に、学長任命制にこだわった。国立大学協会における条件闘争とは、法人化に抵抗した地方国立大学も含めて教学・経営（管理運営）の一体的運用であり、役員会・経営評議会の学外者については学長任命制による大学の自治の再構築であった。それは、教授会自治から、権限が強大化した学長による「民主集中的な自治」への転換であったといえよう。自主性・自律性を大学の自治に求めた国立大学は、結果として、教育刷新委員会でも議論された教学と経営との一体化による、民意との隔絶を選択したことにもなり、南原の矛盾を改めて体現するものであった。

この過程で、学長選挙も意向投票として形骸化され、一度の意向選挙（必ずしもトップである必要がない）によって学長選考会議（この構成員も学長推薦）によって多選も可能となったのであった。さらに、学長によって任命される学外者は、民意を反映するとは限らないものであった。

1　教育基本法の改正と教育振興基本計画

この間、教育基本法の改正も企画されていた。平成一三年一一月、中教審に諮問が行われ、平成一五年三月二〇日には答申「新しい時代にふさわしい教育基本法と教育振興基本計画の在り方について」が明らかにされた。答申は、「二一世紀を切り拓く心豊かでたくましい日本人の育成」という目標とともに、七点の改正ポイントをしめし、そのなかの「2」として「「知」の世紀をリードする大学改革の推進」があげられた[(39)]。

大学は、「これからの国境を越えた大競争の時代に、我が国が世界に伍して競争力を発揮するとともに、人類全体の発展に寄与していくためには、「知」の世紀をリードする創造性に富み、実践的能力を備えた多様な人材の育成が不可欠である。そのために大学・大学院は教育研究の充実を通じて重要な役割を担うことが期待されており、その視点を明確にする」とされた。高等教育機関としての大学は、「「知」の世紀をリードする創造性に富み、実践的能力を備えた多様な人材の育成」の機関と定義されたのである。

そして、この答申では、旧教育基本法が持っていた普遍的な部分について継承しつつ、国家・民族的な視点を取り入れ、「5　日本の伝統・文化の尊重、郷土や国を愛する心と国際社会の一員としての意識の涵養」がポイントとしてあげられ、「グローバル化が進展する中で、自らの国や地域の伝統・文化について理解を深め、尊重し、郷土や国を愛する心をはぐくむことは、日本人としてこれからの国際社会を生きていく上で、極めて大切である。同時に、他の国や地域の伝統・文化に敬意を払い、国際社会の一員としての意識を涵養することが重要であり、これらの視点を明確にする」とされた点も重要であった。

さらに、改正教育基本法に基づく、政府の教育振興基本計画策定が明記された。教育振興基本計画は、五年程度の計画期間として作成されることとされた。そして、教育振興基本計画の基本的な考え方のなかで、「教育投資の充実」は、「国家戦略として人材教育立国、科学技術創造立国を目指すために」、「国民の支持・同意を得るためには、今まで以上に教育投資の質の向上を図り、投資効果を高め」「施策の総合化・体系化、また重点化によって教育投資の効率化に努めるとともに、政策評価の結果を適切に反映させる必要がある」とされたのであった。

そのうえで、具体的な政策目標として、次の一二点があげられた。

○大学改革の流れを加速し、活力に富み国際競争力のある大学づくりを目指すため、国立大学の法人化など大学の構造改革を推進する。
○世界水準の教育研究成果の創出及び確保を目標として、大学等の施設整備を推進する。
○高等教育機関の活性化を図るため、各大学において具体的目標を定め、教員の公募制・任期制の導入の推進を図るほか、教員の自校出身者比率の低下や大学院入学者中の他大学出身者の割合の増加についての数値目標の設定など、各大学において具体的な目標を定め、教員・学生の多様性を高める。
○学校管理職への女性の登用や大学・大学院における女性教員比率等の飛躍的な向上を促進する。
○「留学生受入れ一〇万人計画」に続く新たな留学生政策を早期に策定し、高等教育の国際化及び国際競争力の強化等に資する留学生施策を推進する。
○奨学金の充実など学生支援の推進を図る。
○安易な卒業をさせないよう学生の成績評価を厳格化し、高等教育修了者にふさわしい学生の質（基礎的な教養、専門的な学力、人生観と世界観など）を保証する大学教育の実現を図る。
○優れた研究教育拠点形成等の重点的な支援とともに、博士課程学生、ポストドクター（博士課程修了者）支援の充実など優れた若手研究者の育成を推進する。
○国際的な通用性等を踏まえた高等教育機関の質を確保するための第三者評価システムの構築を推進する。
○産学官連携を推進する。

○研究開発成果等の知的財産の創出、保護、活用等を推進する。
○大学・大学院等への社会人の受入れを拡大するため、社会人特別選抜制度や夜間大学院、昼夜開講制、長期履修学生制度の充実、サテライト教室の設置など、社会人の再教育を推進する。

平成一八年四月二八日、教育基本法改正案は閣議決定され、同年一二月一五日に成立したのであった。一二月二二日、法律第一二〇号として施行された。

その（大学）第七条は、

大学は、学術の中心として、高い教養と専門的能力を培うとともに、深く真理を探究して新たな知見を創造し、これらの成果を広く社会に提供することにより、社会の発展に寄与するものとする。

2　大学については、自主性、自律性その他の大学における教育及び研究の特性が尊重されなければならない。

であった。大学は、知見を「広く社会に提供」し、「社会の発展に寄与する」機関であり、そのなかで、大学の自治とは、「自主性、自律性その他の大学における教育及び研究の特性が尊重されなければならない」ものとされたのである。

2　高等教育の将来像と効率化

そして、平成一七（二〇〇五）年一月二八日、中央教育審議会で策定された答申「我が国の高等教育の将来像(40)」で、高等教育機関としての大学は、

①世界的研究・教育拠点、
②高度専門職業人養成、
③幅広い職業人養成、

④総合的教養教育、
⑤特定の専門分野（芸術、体育等）の教育・研究、
⑥地域の生涯学習機会の拠点、
⑦社会貢献機能（地域貢献、産学官連携、国際交流等）

の七点を併有した機能的分化を求められた。これが国立大学にとっては、法人化のもとでの個性化であった。

さらに、国立大学には、国からの運営費交付金を常に減額されてきた。第一期中期目標期間（平成一六-二一年度）には効率化係数と附属病院の経営改善係数をもって、また、第二期中期目標期間（平成二二-二七年度）等は廃止されたものの、大学改革促進係数によって運営費交付金の減額は継続しておこなわれた。そして、第三期中期目標期間（平成二八-三三年度）に入ると後述の「国立大学改革プラン」に準じて、より重点支援の名のもとで大学の類型化を進め、その枠組みのもとで再配分を行っているのである。(41)

結果、文部科学省「国立大学法人化後の現状と課題について（中間まとめ）」（平成二二年七月一五日）でも明らかなように、国立大学法人化後、国立大学をめぐる環境は著しく厳しくなった。基本的に、運営費交付金の削減にともない外部資金依存率が高くなり、外部資金の獲得に多くの労力が払われる一方、急激な国際化、教育の質的保証等、文部科学省による指導範囲が広がり、かつ強制化されることとなった。(42)

平成二五年六月一一日に閣議決定された文部科学省「国立大学改革プラン」は、国立大学に類別化と（世界・全国・地域）、さらなる個性化、グローバル化、イノベーション創出、人材養成機能の強化を求めるものであった。(43)

特に、世界水準を目指す場合、世界ランキング一〇〇位以内としたうえで、積極的な留学生支援、理工系人材の戦略的育成、人事・給与システムの弾力化、このためのガバナンス機能の強化を求めるものであった。世界ランキング一〇〇位以内との目標は、世界的なジャーナルへの投稿が一つの指標となっている。このため、成果が出にくく、施

設費用がかかる基礎研究や、国立大学の立地に対応する個性的な研究より、技術的な研究、特に、インパクトファクターが高い臨床系医学研究や、企業等からの外部資金を得やすい応用科学研究に重点が移っている。

留学生三〇万人計画は、本来、日本人学生の国際化が目的であったが、単に、留学生数を増やすことが目的となっている。(44) そして、留学生の増加は、教職員数が減少しているなか、現場の業務量を著しく増加させる結果となっている。日本人学生の留学も、主とする留学先が発展途上国であるため、学生のニーズと合致せず効果をあげているわけではない。大学発ベンチャー支援や理工系に偏した人材育成策は、基礎研究に特性を発揮してきた日本の国立大学の根幹を損ない、AI化が進む社会で、世界のトップ大学が、人間性の重視とAI化に対応したリベラルアーツ型の教育を基本とするなかで、時代遅れとなる可能性がある技術者養成をすすめるような面も持っており、合理的な選択とは考えられないものであった。

また、人事・給与システムの弾力化は、選考および基準とともに決定過程が透明化されていなければ、恣意的なものとなりやすい。そもそも、給与システムの弾力化は、実際には人件費の抑制にのみ利用されているのが実態である。人事・給与システムの変化は、文系においては、私立大学との格差をより大きくするものであり、優秀な文系教員の国立大学から私立大学への流出を促進させている。また、理系においても外部資金力に優れた有力な国立大学に若手人材が集中する傾向を促進させている。

このような大学改革は、教育再生実行会議の主導によるものであり、平成二五年五月二五日付「これからの大学教育等の在り方について」（第三次提言）に基づいたものであった。このなかで、大学改革とはグローバル化、イノベーション創出、社会との連携の三点と、留学生と社会人の呼び込みと、改革志向を持つ学長の権限強化と三点に対応した改革をすすめる大学に対する経営基盤の強化であった。改革至上主義の教育再生実行会議に対して、文部科学省は、結果として運営費分担金は減っているものの、他の競争的資金を合わせれば国立大学法人の予算規模を維持させている点で国立大学法人を保護する役目も担っているともいえよう。

内閣府人事局の成立後、さらに政治主導による改革スピードはあがっている。具体的に、国立大学は、平成二七年六月八日文部科学大臣決定「国立大学法人等の組織及び業務全般の見直しについて」で、第二期中期目標終了時における組織および業務全般の見直しが求められ、第三期中期目標・中期計画において、「ミッションの再定義」を踏まえた組織改革、教育研究面では質の向上、経営の効率化を求めつつ、制度改正等の措置として第三期運営費交付金を、地域・専門特性・卓越した教育研究拠点の三つに類型化して重点配分を行い、さらなる経営の効率化と外部資金獲得が求められた(45)。

平成二九年五月二二日付で地方大学の振興及び若者雇用等に関する有識者会議より「地方創生に資する大学改革に向けた中間報告」が出されている。このなかで、「①大学、特に地方の国立大学は、「総合デパート」としてだけでなく、地方のニーズを踏まえた組織改革等を加速」させることを求めている。そのニーズとは「成長分野のビジネスや地方産業につながる人材育成、研究成果の創出」であり、ガバナンスでは、理事会を「社会的ステークホルダー」とし、地方公共団体との連携強化を提言している。

3　高等教育のグランドデザイン

平成二八（二〇一六）年一一月二六日、「二〇四〇年に向けた高等教育のグランドデザイン」が中教審答申として明らかにされた(46)。

この答申を踏まえた対策は、第三部に譲ることとし、この「高等教育のグランドデザイン」は、第四次産業革命に対応し、二〇四〇年を展望した長期計画となっている。

内容は、第四次産業革命に対応するのに急務の二一世紀型スキルを中核にした教育の転換を可能にする高等教育のさらなる「柔軟化」と「多様化」を求めるものである。同時に、地方創生に資するために地域との連携、国立大学法人の見直し、国公私立を越えた大学間協力を求めるものであった。また、専門職大学、専門職短期大学の設置、大学院の高度化が提言されている。

その際、「国内外で機関ごとにただ「競争」するのではなく、課題解決等に協力して当たるための人的、物的資源の共有化による「共創」「協創」という考え方により比重を置いていく必要がある」とされている点が重要ではないだろうか。

注

（1）拙稿「1. 国立大学法人化の過程―行政改革から構造改革へ―」『地方国立大学にとっての国立大学法人化』広島大学文書館研究叢書1、二〇〇八年。

（2）「脳の棺桶、国立大学」週刊誌『アエラ』一九九一年五月二八日号。

（3）中井浩一著『徹底検証　大学法人化』中公新書ラクレ、二〇〇四年。

（4）平成九（一九九七）年四月二日、行政改革会議、第九回議事概要、http://www.kantei.go.jp/jp/gyokaku/0408dai9.html（二〇二〇年六月二〇日）。

（5）平成九年四月一六日、行政改革会議、第一〇回議事概要、http://www.kantei.go.jp/jp/gyokaku/0422dai10.html（二〇二〇年六月二〇日）。

（6）平成九年五月二一日、行政改革会議、第一四回議事概要、http://www.kantei.go.jp/jp/gyokaku/0526dai14.html（二〇二〇年六月二〇日）。

（7）この過程で、行政改革会議の企画・制度問題及び機構問題合同小委員会の第五回会議（平成九年一〇月二二日、http://www.kantei.go.jp/jp/gyokaku/1031kiki5.html（二〇二〇年六月二〇日））で、水野清委員（自由民主党衆議院議員九期、

引退後、橋本内閣の行政改革担当の内閣総理大臣補佐官）から、東京大学と京都大学の独立行政法人化についての提案がなされている。その際、水野は、これに関連して「本年三月に東大医学部の教授らから東大附属病院の改革案が出され、これが公表されたが、文部省は、事前に何の断りもなく頭越しにこのような意見が出されたことに激怒したと聞いている。国鉄の民営化の際にも運輸省と国鉄とで民営化の話を進めることはできなかったわけであるが、文部省のこのような態度では、現場の声が伝わってこないことになる。文部省の意図はよく分からないが、独立行政法人化の是非は別にして、このようなやり方は問題であるとの発言があった」。これに対して、有馬朗人委員（元東京大学総長、理化学研究所理事長）から、国立大学附属病院の改革は必要としつつ、国立大学の独立法人化問題を「刺激策」とし、大学審議会での大学改革審議を見守る姿勢を明らかにし、長期的検討が必要であるとしている。

（8）（9）『行政改革会議最終報告』平成九年一二月三日、http://www.kantei.go.jp/jp/gyokaku/report-final/　（二〇二〇年六月二〇日）。

（10）当初、独立行政法人制度と国立大学は無関係であったとされる（並河信乃「外野席から見た中央省庁改革」『北大法学論集』第五〇巻六号、二〇〇〇年）。

（11）「日本経済再生への戦略（経済戦略会議中間とりまとめ）」『信託』第一九七号、一九九九年二月。

（12）http://www.ipss.go.jp/publication/j/shiryou/no.13/data/shiryou/souron/13.pdf　（二〇二〇年六月二〇日）。

（13）平成一一年九月二〇日付「国立大学の独立行政法人化の検討の方向」文部科学省ホームページ、https://www.kantei.go.jp/jp/komon/dai15append/siryou5-2.html　（二〇二〇年六月二〇日）。

（14）同前注（3）五五頁。

（15）同様の立場で、『現代思想』（一九九九年六月）、『世界』（一九九九年一〇月）がある。

（16）全国大学高専教職員組合編『国立大学の改革と展望―独立行政法人化への対抗軸―』（日本評論社、二〇〇一年）。

（17）澤昭裕「現役通産官僚は見た「研究危機」を生んだ大学の責任」『論座』二〇〇〇年八月号。

（18）「科学技術基本法提案理由説明」https://www.mext.go.jp/b_menu/shingi/kagaku/kihonkei/kihonhou/riyuu.htm　（二〇二〇年六月二〇日）。なお、衆参両院における付帯決議には、「科学技術創造立国」と「柔軟かつ競争的な研究環境を整備」、

「日本国憲法の理念である平和国家の立場を踏まえ、進んで全世界の科学技術の発展と国際平和に資するよう努めること」「科学技術の研究開発を所管する各省庁は、相互に連携を強化し、一致協力して本法の強力な推進を図ること」が盛り込まれている（平成七年一〇月三一日、衆議院科学技術委員会「附帯決議（衆議院・参議院）」http://www.mext.go.jp/b_menu/shingi/kagaku/kihonkei/kihonhou/futai.htm（二〇一〇年六月二〇日）。

（19）http://www.mext.go.jp/b_menu/shingi/kagaku/kihonkei/honbun.htm（二〇一〇年六月二〇日）。

（20）平成一三年三月二四日付科学技術会議政策委員会「科学技術基本計画に関する論点整理」。

（21）同前、一四頁、https://www8.cao.go.jp/cstp/kihonkeikaku/honbun.html（二〇一〇年六月二〇日）。

（22）同前、一六頁。国立大学の施設整備についても明記されていた。

（23）https://www8.cao.go.jp/cstp/output/toushin2.pdf（二〇一〇年六月二〇日）。

（24）https://www8.cao.go.jp/cstp/output/iken011225_1.pdf（二〇一〇年六月二〇日）。

（25）https://www8.cao.go.jp/cstp/output/iken020619_3.pdf（二〇一〇年六月二〇日）。

（26）https://www8.cao.go.jp/cstp/output/iken020619_4.pdf（二〇一〇年六月二〇日）。

（27）平成九年七月二三日、（社）経済団体連合会「中央省庁再編に対する提言（科学技術関係）—国民のニーズに応える科学技術行政システムの確立に向けて—」http://www.keidanren.or.jp/japanese/policy/pol141.html（二〇一〇年六月二〇日）。

（28）平成九年一〇月二一日、（社）経済団体連合会「総合科学技術会議（仮称）に関する要望」http://www.keidanren.or.jp/japanese/policy/pol152.html（二〇一〇年六月二〇日）。

（29）平成一一年七月六日、（社）経済団体連合会「わが国産業の競争力強化に向けた第二次提言—「産学官共同プロジェクト」構想の推進とインフラの整備を中心に—」http://www.keidanren.or.jp/japanese/policy/pol234/index.html（二〇一〇年六月二〇日）。

（30）（社）経済団体連合会、http://www.keidanren.or.jp/japanese/policy/pol251/honbun.html（二〇一〇年六月二〇日）。

（31）（社）経済団体連合会、http://www.keidanren.or.jp/japanese/policy/2001/048/index.html（二〇一〇年六月二〇日）。

（32）（社）日本経済団体連合会、http://www.keidanren.or.jp/japanese/policy/2003/024/honbun.html（二〇一〇年六月二〇

日)。

(33)(社)日本経済団体連合会、http://www.keidanren.or.jp/japanese/policy/2008/008.pdf(二〇一〇年六月二〇日)。九州経済同友会では、道州制の導入にともない、「大学制度改革」の具体的事業として、次のように述べている。

・産学連携や産業クラスター形成の際に、企業の商品化ニーズ等に対応できる大学の研究体制を整備するため、九州の国立大学法人の研究成果や教授、研究者などの知的財産を共有し、大学間の共同研究らを行いやすい環境を作る。そのために、九州の国立大学法人を州立大学法人とし、たとえば、九州大学福岡校、長崎校、熊本校、鹿児島校のように再編し一体的運営ができるように改革する。

(九州経済同友会・九州はひとつ委員会『九州自治州構想(要約版)』平成一七年六月、http://www.kerc.or.jp/about/image/k_doyukai_h17_teigenyouyaku.pdf(二〇一〇年六月二〇日))ただし、平成一八年一〇月二四日付道州制検討委員会委員長石川敬一より九州地域戦略会議議長鎌田迪貞宛「道州制に関する答申」では「州立大学法人」等の記述はなくなっている(http://www.kerc.or.jp/about/image/k_doyukai_tousin.pdf(二〇一〇年六月二〇日))。

(34)平成一三年第八回経済財政諮問会議、平成一三年五月一八日。具体的に片山総務相は「全部公設にして教育は私学に任せたらいいと思うんです、公設民営で。大学は、ついでに言うと、全部私学にしちゃって、東大や阪大やそういう大学は、例を出して申し訳ありませんが、大学院大学は特殊な大学にしたらいいと思うんです」と述べている。

(35)平成一三年第九回経済財政諮問会議、平成一三年五月三一日。

(36)木田宏著『学習社会の大学』玉川大学出版部、一九九五年。

(37)平成一二年一一月二二日付大学審議会「グローバル化時代に求められる高等教育の在り方について」(答申)。

(38)日本の大学全体において多数を占める私立大学が、国立大学法人化を民営化・私立大学化と捉えた場合、脅威として反発することは当然であった。しかし、地方にあって経営基盤の脆弱な私立大学にとっては脅威であったが、私立大学でも首都圏、関西圏等の大都市圏にある私立大学の多くは、設備投資が少なくてすむ文系学部が中心であり、さらに各種の補完事業を展開しており、どこまで国立大学法人化を脅威と感じていたかは疑問である。実際、文系における教員の流動性は、国立大学から私立大学へという流れが圧倒的に多いという事実によっても明らかである(典型的な私立大学からするイコール・

フッティング論としては、清成忠男「国立大学法人化と私大へのインパクト」『国立大学法人化の衝撃と私大の挑戦』（エイデル研究所、二〇〇五年）等を参照。なお、このイコール・フッティング論を実証するためには、中・高・大学という一貫教育という面も含めた総体としての私立大学・私立学園の財政分析・研究が必要であろう）。

（39）http://www.mext.go.jp/b_menu/shingi/chukyo/chukyo0/toushin/030301.htm　（二〇二〇年六月二〇日）。

（40）http://www.mext.go.jp/b_menu/shingi/chukyo/chukyo0/toushin/05013101.htm　（二〇二〇年六月二〇日）。

（41）福島謙吉「国立大学法人運営費交付金制度の構造的特質と問題点について」『大学アドミニストレーション研究』第五号、二〇一五年。

（42）http://www.mext.go.jp/a_menu/koutou/houjin/__icsFiles/afieldfile/2010/07/21/1295896_2.pdf　（二〇二〇年六月二〇日）。

（43）http://www.mext.go.jp/component/a_menu/education/detail/__icsFiles/afieldfile/2013/12/18/1341974_01.pdf　（二〇二〇年六月二〇日）。

（44）平成二〇年七月二九日付「「留学生三〇万人計画」骨子」文部科学省他 https://www.mext.go.jp/a_menu/koutou/ryuga-ku/__icsFiles/afieldfile/2019/09/18/1420758_001.pdf　（二〇二〇年六月二〇日）。

（45）http://www.mext.go.jp/component/a_menu/education/detail/__icsFiles/afieldfile/2015/10/01/1362382_1.pdf　（二〇二〇年六月二〇日）。

（46）http://www.mext.go.jp/b_menu/shingi/chukyo/chukyo0/toushin/1411360.htm　（二〇二〇年六月二〇日）

参考文献

『地方国立大学にとっての国立大学法人化』広島大学文書館研究叢書1、二〇〇八年。

中岡慎一郎著『大学崩壊　現職教官が語るその実態と改革案』早稲田出版、一九九九年。

毎日新聞教育取材班『大学に「明日」はあるか』毎日新聞社、一九九八年。

「特集　大学の不条理」『現代思想』第四六巻第一五号、二〇一八年一〇月号。

田中弘允、佐藤博明、田原博人著『二〇四〇年大学よ甦れ：カギは自律的改革と創造的連携にある』東信堂、二〇一九年。

第二章　国立大学法人の実態

以上の大学改革を踏まえて、国立大学法人の実態を明らかにしたい。

大学改革は、本来、開かれた大学への過程のはずであったが、大学の対応が常に後手にまわったため、国立大学法人化の過程とは、単に、文部省が提示した鋳型にはめ込まれるだけのこととなっている。大学の多様化とは個性化からほど遠く「画一的な」多様化にすぎないものであった。

さらに、ガバナンス機能の強化は、学長に権限を集中させるものであるが、学長個人の能力・資質に規定されて混乱を招くことも少なくない。外部理事・委員の経営参画は、学長任命制であるため、明らかにバランスを欠いている。具体的に、大学人と官僚出身者が中心であり、国立大学法人化の過程と同様の、「過保護ママ」と「甘ったれ坊や」の関係が継続しているといってよい。また、役員会、教育研究評議会、経営協議会と多重な意思決定システムは、多くの業務負担を事務職員に与え、大量の教員を法人本部に送り込み、かえって業務の継続性と合理化を阻害し、同時に大学全体の教育・研究力を低下させる要因ともなっている。

それ以上に、大学の類型化を全国一律としたため、首都圏・関西圏と地方での大学のあり方の違いを計画に取り入れにくくさせている。

まず、具体的に広島大学を事例として、改革の実態について見てみよう。中国地方の中核大学である広島大学は、広島高等師範学校、広島文理科大学、広島高等学校、広島工業専門学校等を包括して成立した病院を有する大規模大学である。研究大学としてトップグループを旧帝国大学、三単科大学等とともに構成している。

以下では、地方にある国立大学、研究大学である広島大学を事例に、国立大学法人化以降の改革について見てみよう。

Ⅰ　法人化後の改革推移

広島大学では、国立大学法人化による運営費交付金の減少にともなう外部資金依存、その外部資金による政策誘導を、自らの選択とすべく、文部科学省および中央教育審議会等の答申に対応して各政策を立案した。

そもそも、国立大学法人化の過程において広島大学は、原田康夫学長（平成五年五月～平成一三年三月）の強いリーダーシップのもと、全学委員会の統合・整理、学長権限の強化を行い、業務合理化に成功し、大学改革では先進的と評価されていた。(1)

しかし、国立大学法人化は、より急激な変化を国立大学法人広島大学に求めるものであった。広島大学では、平成一七年一月二八日、中央教育審議会「我が国の高等教育の将来像（答申）」における七点の機能のうち、当初、①世界的研究・教育拠点、②高度専門職業人養成、③幅広い職業人養成、④総合的教養教育、⑤特定の専門的分野（芸術、体育等）の教育研究、⑥地域の生涯学習機会の拠点、⑦社会貢献機能（地域貢献、産学官連携、国際交流等）の全七点を同時に選択したといってよい。このうち、最も重視したのは①であり、国立大学法人化時の牟田泰三学長（平成一三年五月～平成一九年五月）時に整備された宇宙センターは、その後、研究拠点として世界的に研究をリードする組織となった。

教育面では、平成一八年度から到達目標型教育プログラムが導入された。また、②は法科大学院、②③として教育学研究科の充実、④としては総合科学研究科の創設があげられる。⑥⑦としては広島市内東千田地区「知の拠点」構想をもって対応した。

また広島大学では、事務局体制を再編し、業務ごとに「室」を設置し、グループリーダー制を導入して、業務組織（大学事務組織）にトップ・トゥ・ボトム型意思決定システムを導入し、業務組織とした。

基本方針として牟田学長期は、広島大学を総合教育研究大学として位置付けたが、つづく、浅原利正学長は（平成一九年五月〜平成二七年三月）総合研究大学として研究面に重点を置く姿勢を明確にした。また、浅原学長期に類別化において大きな選択を行った。浅原学長期は、「我が国の高等教育の将来像（答申）」における七点の機能のうち、当初、①世界的研究・教育拠点、②高度専門職業人養成、③幅広い職業人養成、④総合的教養教育、⑥地域の生涯学習機会の拠点、⑦社会貢献機能（地域貢献、産学官連携、国際交流等）の七点に対して、①は、平成二五年度（二〇一三年）文部科学省「研究大学促進事業」において研究大学として二二大学・機関の一つに選定されたことで、より「研究」の重点化を志向することとなった。これによって、世界トップ一〇〇位以内が目標となった。

教育面では、平成二二年に学生プラザ棟を設置し、外部資金で広島大学建学の精神にある「平和」を言葉として用いた複数プログラムを導入した。また、平成二六年九月に、文部科学省「スーパーグローバル大学創生支援事業」のトップ型一三校の一つに選定された。②としては、教育学研究科の高度化とともに教職大学院の設置を進め（平成二七年四月）、平成二五年九月二〇日、病院収益を担保とし、償還に病院収益をあてて大学病院新診療棟を開院し、霞地区（総合医歯薬）の重点化を著しく強化した。④は、平成二二年度に平和科目の新設、教養教育本部の設置等を行い、教養教育科目の削減・合理化を促進させて、撤退の方向をしめした。⑦については、平成二二年度、産学・地域連携センターを設置、平成二五年度に地（知）の拠点として「平和共存社会を育むひろしまイニシアティブ拠点」が採択された。

このように、浅原学長期、広島大学は「研究大学促進事業」「スーパーグローバル大学創生支援事業」の二つに選定されたことで、より研究面を重点化することとした。具体的に、世界トップ一〇〇入りを目標とする機能強化のため、平成二七年三月に「広島大学改革構想」のもと工程表を作成し、その着実な実行を構成員に課している。

しかし、外部資金による教育・研究拠点形成は、「競争的資金採択による研究で資金の終了とともに研究に滞りが生じ、研究拠点としての継続に支障をきたす場合もあり資金面での支援に課題も見られる」とされるものであった。(2) また、同時に、高度専門職業人養成として教育と医学分野を中心に高度化が推進されたことで、③幅広い職業人、④総合的教養教育、⑥地域の生涯学習機会の拠点、の三点は閑却されることとなった。⑦地（知）の拠点「平和共存社会を育むひろしまイニシアティブ拠点」の評価は、平成二八年度の評価が「C」であり、産学と地域との二つの社会貢献方向において、産学が優先され、地域は二次的なものとなった。すなわち、広島大学は、地方国立大学としてではなく、第八帝大意識を有するがゆえに、旧帝大系と並ぶ位置の獲得を最優先にした。その際、広島大学は、文部科学省が提供する各事業について、現状の実力を基盤に獲得するのではなく、事業選定されうると考えられる理想値を念頭に計画を立案し、事業の選定を受けてきた。

スーパーグローバル推進事業で予算規模を五割以下に縮減されても、トップ型での採択に固執した理由もこの点にある。なによりも、世界トップ一〇〇に向けた数値目標の達成が至上命題となったのである。

そして、越智光夫学長のもとで、この方向性はより強化された。越智学長は、『広島大学は世界トップ一〇〇に入れるのか』（山下柚実著、PHP新書、二〇一六年）を出版させるなど、一〇〇位を公約化した。しかし、過去には牟田学長期に九七位と一〇〇位以内に入ったことのある広島大学であるが、現在は六〇〇から八〇〇位台に低迷しているのが現実である。

具体的に、①重点としては、平成二七年度より教学組織を分離し、学術院を設置した。また、総合科学部国際共創学科の設置、情報科学部の設置を申請した。②平成二七年度より教職大学院を、また、霞地区医学部等のため、平成二八年三月二八日に広島大学東千田未来創生センターを開所した。半面、④については、教養教育推進本部を廃止している。⑦についても、外部資金獲得を最優先事項として、産学連携に特化しつつある。

しかし、学術院に教養教育を担当させて教養教育科目の合理化を図る方向性は、部局との連携がとれないため、現在まで成功していない。このため、教養教育を放棄し、理系重視のもとで基礎教育とするにいたっている。また、学術院は、人事管理組織としては有効であるものの、科研費の科目コードをなぞったようなものであり、研究組織としても機能していない。複合領域や学際領域の設定がなく、学問の蛸壺化を招くものであり、イノベーション化を促進する研究領域の創成、総合的な教養教育の基盤としても不向きである。

新学科・学部の新設も、「研究大学促進事業」「スーパーグローバル大学創生支援事業」に対応し、改革姿勢をしめす事業である。また、学長によるガバナンス強化の一環として平成二八年度より人事委員会を設置し、全学の人事を集中的に一人の学長が管理している。(3)

大学院では、既存、大学院研究科の整理統合を行い、人間社会科学研究科（広島高等師範学校からの伝統・「教育」の文字は失われた）、先進理工系科学研究科、統合生命科学研究科（医学系をほとんど含まない）と医系科学研究科を令和二年四月に設置している。学部としては情報科学部と、リベラルアーツ型の総合科学部をあえて二学科として国際共創学科を平成三〇年四月に設置している。

統合生命科学研究科は、既に広島県立大学に生命環境学部・生命システム科学専攻があり、情報科学部も、広島市立大学に情報科学部があるなかでの新設であった。

広島大学の場合、特徴的なのは、旧制岡山医科大学を包括した岡山大学への対抗意識から、大学院再編での医学系重点化とともに、医学系への施設投資が突出しており、病院診療棟の新・改築、小児がん医療中国四国ブロック拠点病院指定にともなう「ファミリーハウス」の新設などの施設整備が行われている点である。その多くが、借入金で行われ、病院収入益から返済するだけでなく、運営分担金からも経費が支出されているのが特徴である。一方で、地域貢献事業の一環として、防災・減災研究センターを広島大学も設置しているが、学問的伝統のない医学・生命科学系への特化という点も含めて国立大学・岐阜大学の将来ビジョンと酷似している。

これは、研究大学促進事業のみならず、G型（グローバル型）大学を執行部が選択した結果、業績があがりやすい臨床医学研究に重点投資し、一方で、広島高等師範学校・文理科大学以来の伝統もある文系四研究科を一つにし、対外的な評価も高い理工系研究部門の相対的な縮小を図る政策であるといえる（理工系三研究科を一研究科に）。また、国際共創学科の設立は、一学部一学科制が基本であるリベラルアーツ型学部の総合科学部内に設置したもので、異様な設置形態といえよう。

以上、政府・文部科学省の「比較的強めの誘導」のもと、広島大学は、地理的に「L型（ローカル型）大学」ではあるが、研究重視の「G型（グローバル型）大学」を推進しているといえる。

しかし、広島大学の研究拠点化とは、本来、「州」単位、中国地方各国立大学・公立大学・私立大学との連携と、そのなかでの分業的な個性化のなかで意味を持つべきであったのではないだろうか。文部科学省は、「重点支援③主として、卓越した成果を創出している海外大学と伍して、全学的に世界で卓越した教育研究、社会実装を推進する取組」を行う第三期の「機能強化の中核とする国立大学を重点的に支援する大学」を一五校指定しているが、一五校に対する平成二九年度における重点支援評価結果における再配先として、岡山大学（九〇・八％）とともに、広島大学は、八八・一％と査定され、改革の遅れが指摘されていた。そして、中国地方の国立大学は全てマイナス評価である。広島大学は、指定国立大学法人化を目指して「勝者総どり」を狙うのではなく、地域的連携が政策的にも必要とされているると理解すべきであろう。(4)

広島大学の改革が上記のように行われたのは、医学部・病院長出身の学長が二代続いたことによる。そして、学長のリーダーシップは、法人本部に大量の教員を導入することで確保された点で特徴的であった。具体的に、法人化以降における法人本部内執行部は、表1のようなものである。

Ⅱ　国立大学法人化の実態

執行部内への教員の登用は、二〇二〇年段階で六一名もの教員が管理運営業務を行っている。

広島大学における国立大学法人化は、有能な業務職員が中心となって行った。しかし、学長権限の強化とともに、学長の意思を徹底させる意味で多量の教員が執行部内に登用された。競争的資金の獲得が必要となり、申請書類の作成には、教員も必要であったためでもあるが、外部資金の獲得と管理運営能力が同意義化していくこととなった。大学は営利組織化していったものの、所詮、国立大学は、文部科学省の掌にある。文部科学省による競争的資金の獲得が抜本的な大学財政の改善につながることはなく、外部資金の獲得が自己目的化したため、業務コストだけが増加している。

大量の教員が執行部に入ったことは、将来に向けた、彼らの役員能力の養成という目的もあるが、それ以上に、業務を知らない彼らが責任ある立場についたため、政策継続性が阻害され、意思決定の多重化を招き、さらに彼らが往々にして自己の部分利益拡大を図るなどしたことにより、むしろ管理運営において業務コストを著しく増大させた。

業務コストは、基本的に業務組織（事務組織）が担うのであるが、外部資金化が進んだことでPDCAサイクルで言うところの、企画立案業務と評価業務が著しく増大している。教員による思いつきのような政策は、執行にあたって部局レベルでの読み替えが必要な場合も多いため、部局の事務レベルでも著しく業務量が増大しているのが実態である。

具体的には、表2にあるように、二〇〇六（平成一八）年から二〇一六年までの間に、教職員数は全体で約三四％

表１　広島大学執行部の推移

	年月日	学長	理事・副学長	理事	副学長	学長補佐	副理事	学長特別補佐	人事委員長	部長	監事	合計
牟田泰三学長	平成18年４月	1	5	1（1）	3	5		5		7（7）	2	29（8）
浅原利正学長①	平成19年４月	1	2	3（1）		1	16（5）				2	25（6）
浅原利正学長②	平成21年４月	1	3	2（1）	2	3	19（8）				2	32（9）
浅原利正学長③	平成24年４月	1	5	1（1）	3	3	21（8）	4（1）			2	40（10）
浅原利正学長④	平成25年４月	1	5	1（1）	6	0	22（10）	5			2	42（11）
越智光夫学長①	平成27年４月	1	5	1（1）	6	1	25（13）	7（5）			2	48（19）
越智光夫学長②	平成28年４月	1	6	1（1）	6	1	15（2）	4（1）	1	13（12）	2	50（16）
越智光夫学長③	平成29年４月	1	6	1（1）	7	1（1）	16	5	1	10（10）	2	50（12）
越智光夫学長④	平成30年４月	1	6	1（1）	7	1（1）	17	4 特任補佐６	1	13（12）	2	59（14）
越智光夫学長⑤	平成31年４月	1	6	1（1）	10	1（1）	16	2 特任補佐４	1	13（11）	2	57（13）
越智光夫学長⑥	令和２年４月	1	5	3（1）	16	1（1）	14	2 特任補佐５		12（11）	2	61（13）

各年度『広大通信』より作成。カッコ内は、業務職員（事務職員）および非教員数。総数から内数を引いたものが教員出身者数となる。

表２　教職員数の変化（各年度５月１日現在）

	平成18年度	平成19年度	平成20年度	平成21年度	平成22年度	平成23年度
役員	10	9	8	8	8	9
常勤教員	1626	1612	1594	1581	1548	1544
常勤教員(附属学校)	221	220	220	222	222	222
特任教員等	11	77	100	136	161	220
その他契約(教員)	561	585	670	724	636	709
常勤職員	1365	1440	1476	1528	1519	1541
契約(職員)	892	1077	1161	1280	1356	1406
非常勤	2237	2448	2518	2854	2964	3147
計	6923	7468	7747	8333	8414	8798

	平成24年度	平成25年度	平成26年度	平成27年度	平成28年度
役員	9	9	8	9	10
常勤教員	1528	1498	1480	1495	1464
常勤教員(附属学校)	220	219	215	217	215
特任教員等	258	280	292	280	251
その他契約(教員)	748	689	728	747	757
常勤職員	1575	1589	1621	1604	1618
契約(職員)	1453	1454	1494	1511	1549
非常勤	3111	2951	3156	3473	3394
計	8902	8689	8994	9336	9258

※育児休業および休職を除く
特任教員等は、特任教員、寄附講座等教員、共同研究講座等教員、病院助教を示す（いずれもフルタイム）
その他契約（教員）は、研究員や、パートタイム勤務の特任教員等を示す
非常勤は、非常勤講師、TA、RA 等を示す

増加している。このうち教員数は、附属学校を含めて約一一％増加しているものの、大学常勤教員は約一〇％減少している。反対に、特任教員等の非常勤教員は約二三倍にもなり、その他契約（教員）も約三五％増加している。専任教員の減少は、人件費コストの削減のためであるが、広島大学では、人件費ポイント制を導入したため、教授ポストが増え、若手研究者の採用につながるポイント配分が少なくなった。このため、教員構成のバランスが崩れ、若手研究者の多くが特任教員として雇用され、彼らは厳しい環境に置かれることとなっている。この点を是正することが目的であった教員採用人事の全学管理であったが、採用基準を理系に統一したため、人文学・社会科学系の採用が困難になり、単なる理系重視大学の政策へと変化している。さらに、採用にあたり、審査を行う人事委員会への書類作成、学長への報告書作成等が加わり、採用の業務コストは、三倍以上に増えている。

業務職員数（事務職員）も全体で約四六％増加しているが、その多くが契約職員、非常勤職員であり、契約職員が約七四％増、非常勤も約五二％増加している。全体での常勤比率は、約四六％から約三六％へと低下している。また平成二八年には、広島市内の東千田キャンパスに、主に霞地区学生（医学系）のための教養教育施設である未来創成センターが新設されたが、一般職員は、むしろ約六％削減されている。職員の増減で例外的なのは、看護職員であり、約五〇％増員されている。

業務量は、作成された法人文書ファイル（簿冊）数で理解できる。具体的には、左記のようなものであった（表3）。法人文書数の変化で特徴的なのは、基本的に全てにおいて業務量が増大していることである。国立大学は、教学面での充実も求められているため、この点での業務量も増大している。そのうえで、法人としての独立した管理運営も求められたのである。私立大学のように、教学と管理運営が分離していれば組織・業務の合理化も可能なのだが、広島大学では、業務内容ごとに事務局体制を個別「室」に再編成した結果、業務の境界線が不分明となり、さらなるコストを生んでいる。

表3 法人本部における法人文書数の推移

H21		H22		H23		H24		H25		H26		H27	
学長室	301	学長室	318	学長室	223	学長室	217	学長室	226	学長室	202	学長室	184
総務部企画室	50												
法人化対策室	6												
												大学経営企画室	29
												グローバル化推進室	1
監査室	97	監査室	148	監査室	142	監査室	154	監査室	168	監査室	214	監査室	213
教育企画G	467	教育企画G	542	教育企画G	376	教育企画G	363	教育支援G	381	教育支援G	425	教育支援G	443
教務G	352	教務G	552	教育支援G	388	教育支援G	206	教育推進G	462	教育推進G	555	教育推進G	572
		教養教育	22	教養教育	131	教養教育	151	教養教育	165	教養教育	195	教養教育	199
学術	809	学術	1046	学術	1056	学術	1139	学術	1371	学術	2977	学術	1887
学活G	648	学活G	750	学活G	642	学活G	663	学活G	662	学活G	782	学活G	836
経済G	352	経済G	367										
入試G	363	入試G	386	入試G	169	入試G	152	入試G	137	入試G	131	入試G	155
国際部国際	1048	国際交流G	613	国際交流G	1257	国際交流G	997	国際交流G	997	国際交流G	1144	国際交流G	1399
総務部国際交流課	133												
学生部留学生課	197	留学交流G	666										
広報	159	広報	193	広報	193	広報	221	広報	253	広報	395	広報	439
社会連携	291	社会連携	389	社会連携	391	社会連携	408	社会連携	466	社会連携	1139	社会連携	1273
産学セ	146	産学セ	138	産学セ	135	産学セ	134	産学セ	142	産学セ	155	産学セ	147
医療政策室	129	医療政策室	194	医療政策室	224	医療政策室	227	医療政策室	255	医療政策室	331	医療政策室	749
情報化推進	332	情報化推進	386	情報化推進	326	情報化推進	359	情報化推進	412	情報化推進	481	情報化推進	487
総務部企画室	116												
財務部	1735	財務企画G	872	財務企画G	747	財務企画G	788	財務企画G	824	財務企画G	913	財務企画G	891
経理部	687	経理G	771	経理G	907	経理G	1150	経理G	1528	経理G	2133		
		管財G	560	管財G	502	管財G	555	管財G	569				
		契約G	346	契約G	372	契約G	497	契約G	616				
		外部資金G	219	外部資金G	396	外部資金G	452	外部資金G	1721				
										共通事務室	1374	共通事務室	3758
施設部	1064	施設企画G	528	施設企画G	404	施設企画G	466	施設企画G	523	施設企画G	649	施設企画G	689
(施設部)	460	施設計画G	126	施設計画G	50	施設計画G	2002	施設計画G	2016	施設計画G	2133	施設計画G	2241
		施設管理G	479	施設管理G	313	施設管理G	439	施設管理G	386	施設管理G	596	施設管理G	590
環境安全セ	54	環境安全セ	43	環境安全セ	16	環境安全セ	12	環境安全セ	14	環境安全セ	14	環境安全セ	13
総務部	636	総務G	870	総務G	636	総務G	1003	総務G	990	総務G	1141	総務G	1305
総務部総務課	129												
				東京オフィス	1	東京オフィス	16	東京オフィス	152	東京オフィス	181	東京オフィス	161
		リスク	47	リスク	147								
人事	1309	人事G	670	人事G	507	人事G	516	人事G	498	人事G	585	人事G	1273
総務部人事課	153												
		服務G	260	服務G	242	服務G	265	服務G	333	服務G	189	服務G	433
		職福G	524	職福G	425	職福G	440	職福G	523	職福G	609		
人事	1462		1454		1174		1221		1354		1383		1706

例外的にファイル数が増えていないのは、学長室である。権限が集中する学長の直轄事務でファイル数が増加していない理由は、当該室が調整機能ではなく、トップダウン型の意思決定に対応して業務の分配に特化したためである（反面、総務の業務量が増大している）。学長権限の強化にともない、学長の意思決定が絶対化した結果でもある。また、医学系・病院の重点化は、業務上でも医療政策室の業務量を見れば明らかである。

業務組織の常勤職は、業務量の増大とともに、非常勤職員の管理責任も求められている。常勤職員のみで行う入試事務等の業務もあり多忙を極めることとなっている。教員と職員の二元的な指示系統の問題もあり、往々にして教員は責任を取らないことから、組織としてモラルハザードを生むことも危惧されるような状態である。

人事部については、契約職員・非常勤職員に関わる「任免」の簿冊数が増え、労働者派遣法の改正もあって倍増している。文部科学省等からの調査および照会・回答も、平成二七年度は平成二五年度の七・五倍にも上っている。また、人事制度については、従来研究科・学部ごとに行っていた教員人事が、平成二八年度の教員組織としての学術院の創設にともない、事務を人事部人事グループが所掌するようになっている。こうした大学組織の改編にともなう業務も増加しているのである。

本来、業務量が著しく増減することの少ない人事部ですら、国立大学法人化後、業務量を増大させているのである。特に教員人事に関しては、部局・人事委員会・学長と承認手続きが重層化し、審査手続きが煩瑣になったため、教員の文書作成量も著しく増大しているが、人事部の職員数は、表4のように微増にとどまっている。

また、広島大学では国立大学法人化にともないグループリーダー制を導入し、業務組織を事務局から業務単位とした室体制（教育室、学術室、国際室、総務室、学生室等）に変更した。これにともない、意思決定システムは、稟議制から従来の課長職に相当するグループリーダーと学長を直結させるトップ・トゥ・ボトム型の意思決定システムに変更した。しかし、学長が全ての校務に精通しているわけもないため、室を束ねる副学長が責任を分担する事業部体制に

表４　人事グループ職員数の推移

	H18	H19	H20	H21	H22	H23	H24	H25	H26	H27	H28
常勤	35	37	35	33	30	33	37	35	35	35	36
契約・非常勤	6	6	11	13	16	15	15	14	14	15	15
計	41	43	46	46	46	48	52	49	49	50	51

（註）育児休業および休職を除く　なお、人事部は、平成26年度、共通事務室が全学で設置されたことにともない、職員福利グループが同室に移り、平成28年度に再び人事部にもどりグループ名自体なくなっている。

近い形態に移行した。

事業部体制は、一般企業では採用されなくなっているが、大学においては、病院組織が類似した組織である。広島大学における「室」体制の事業部組織化は、国立大学法人化後、病院長出身者が二代続いて学長に就任したことが背景になっている。

同時に、国立大学法人化により拡大された学長権限は、各室を担当する副学長だけでなく、重要事業ごとに副理事という「部長級」の教員を教職員一体型の名のもとに大量に執行部入りさせ、さらに、業務組織に「部長」職を再設置することで二元的な指示系統を有する組織となっている。そのうえで、学長によるトップダウン型の意思決定システムへと移行したため、意思決定ルートの二元化がより混乱を招くこととなっている。

以上、広島大学を事例としたが、他の国立大学でも同様のようなものと考えている。

広島大学では、学長のトップダウン型の意思決定システムに変化したことで、大学改革スピードはあがったようにみえているが、構成員の意見は、政策立案過程で反映される場所がなくなり、トップダウンによる組織改編にともなう業務負担を単に教員が負うこととなっている。実際に業務量は人員削減のなかで下方化して増大しているのが実態である。国立大学は、企業化したともいわれるが、意思決定システムをみる限り、全く合理化が進んでいない。

また本来業務として、教員が担当するものを職員が担当したり、職員が担当するものを教員が担当したりするような、教職員協働型にともなう弊害も生まれている。両者の中間職のような、ポスドク相当の者も非常勤職員として大量に採用されているが、権限と職掌が明確でなく、意識と能力にも問題があるため、業務上の問題を助長させている。

さらに、組織が多元化した結果、同一案件について複数の部局で文書が起案作成されることも散見されるようになった。法人化以前であれば一元化した事務局組織のもとで、業務の重複についてのチェックが可能であったが、教員をトップとする体制では横の連携を欠き、担当教員の能力にも依存してチェック機能が働かないことが多い。結果として業務職員の業務量がさらに増えることとなっている。

また国立大学法人化以降は、毎年運営交付金にマイナスシーリングがかけられ、その結果、外部資金依存率が高くなり、外部資金導入にともなう業務が増大することとなった。このため、教育・研究部門の業務内容は、科学研究費補助金のチェックなどをはじめとする業務が増大し、また、新たな外部資金獲得のためのプロジェクト型の業務が急増している。

とはいえ、教務・学務という高等教育機関としての業務は、従前と変化なく存在し、この点についても外部資金導入の影響を受けて著しく業務が煩雑化している。すなわち、業務において、通常業務でも合理的決定を必要とするような改変があり、新規事業にともなう合理的決定が増大しているのである。新規事業にともなう立案等にあたっての調査や、申請書作成に関する業務も増大しているのが現実である。

二元的な指揮系統や、業務の重複を合理化するためには、組織の合理性を高めるため、教学組織と管理運営組織を分離させて責任を明確にするしかない。

さらに、管理運営組織に大量の教員を参加させることは、科学立国・日本にとって、有能な研究グループを率いる教授を「枯れ木」化させたり（一方で枯れ木教授であるがゆえに、管理運営の一端を担いたいと考える者も多い）、申請書内容と現実との乖離を承知しながら、申請書の作成とうま味に依拠して自己利益拡大を策する「学商」化させるなど[5]（「学商」とは、外部資金獲得のための書類作成に才能を有し、外部資金の獲得とその利用を自己利益拡大につなげることにたけた一群の大学人）、大きな損失ともなりかねないと考えている。

広島大学を一つの事例としたが、国立大学法人化の問題点をあげるならば、次の四点となるだろう。

1　教員意識と職員

第一に、このような大学改革の過程で、教員の意識は変化しただろうか。

第一部で述べたように、新制国立大学は、制度設計上、アメリカの州立大学がモデルであった。しかし、旧制の帝国大学はドイツをモデルとして導入され、教育刷新委員会でも、また教員の意識の面でも、高等教育機関としてではなく、研究機関としての意識が強かった。国立大学の教員は、教育者ではなく研究者であることを求め、求められたのである。実際、教員に採用される基準は、研究業績であり、昇進も基本的に研究業績である。教育刷新委員会の時代から今日に至るまで、国立大学の教員にとって大学とは高等教育機関ではなく、研究機関とする意識が支配的なのである。

このような意識は、学校教育法制定時に職制として存在しなかった総長を旧帝国大学が権威主義的に使用し、後に法に組み込ませたということにも象徴されている。このような意識が真に象牙の塔にふさわしい学問的な権威として存在していれば良いのだが、現在の国立大学に往時の権威的な面影はない。

そもそも、大学は、日本国内での研究論文の七割を生産する研究拠点であるが、なによりも高等教育機関であり、第一部で明らかにしたように、戦後の大学改革は国立大学を研究機関としてではなく、高等教育機関として再定着させることが重要なポイントであった。

しかし、研究重視的な意識が現在に至るまで続き、国立大学では、実態からではなく、理想値に基づく研究重視型を志向しているのではないだろうか。

医学系・生命科学系も、第四次産業革命下のメガトレンドであるが、地方では、少子高齢化とともに過疎化が深刻であり、地域医療の維持が最優先の課題である。これまでは大学医局制度により、医師の地方派遣が可能であったが、昨今では大学医局の弱体化により、困難となっている。過疎化が進む地方では、地域の医療法人等に連携した実践的な総合医と訪問看護師が必要であり、これに対応した医師養成等が求められている。それでも、地方国立大学医学部・病院では、専門医養成とセットになった臨床研究の増大を第一にしているのではないだろうか。

教員の本務は、教育・研究である。このどちらかに重点を置くにしても、両者は密接に関連している。しかし、評価の対象は研究であり、論文数が重要であるならば、研究時間を確保することを第一にするだろう。それゆえ、学長になることを目的としたような校務に最初から関心を持つような大学人は存在しえない。大学の管理運営を当初から担うような者は、教員として必要とされないのである。

さらに、大学教員・研究者は、一般社会人とは違った志向性を有している。一般社会人は、全体を理解し、現実の事象をそのなかで位置付けて理解し、問題を解決していく。実用科学の研究者ならば、漸進的で改良主義的であるため、共通の志向性を持っているが、現状日本の大学教員の多くは、問題解決型ではなく、問題を発見し、その真理追求のため地面を掘り進んで地下水脈をさがすような者達である。彼らは、地下水脈を掘り当ててブレークスルーすることができてはじめて反転世界のように社会を理解することができる（できない者もいるが……）。多くの研究者は地面を掘り進む途中であり、途中で挫折し、研究者として「枯れ木」化する者も多い。基本的に、大学教員は、志向性において一般社会人と違っていることに意義をみいだしているのである。

また、理系研究者の場合、研究が伸びるのは四〇歳代半ばまでであり、五〇歳代以降は、それまでの経験則と実験等の蓄積による研究グループの運営と実験施設の合理的管理、研究システムの調整などによって研究業績をあげていくものである。五〇代以降の教授・准教授は、若手の研究者と一体となって研究組織を形成し、研究業績は、そのチームワークや教授の管理能力・研究理解力、全体的な研究方向性への指導力によって成果を出していく（理系教員でも単著である数学は、例外である）。

研究管理能力を有する研究組織の長である教授を大量に管理運営組織に登用することは、日本の科学立国・研究推進面でも大きな損失なのである。

今日、国立大学では、一般の大学教員に「危機意識を持て」と言うものの、そもそも危機感の共有を求める者の多くが、執行部の一員として一応の責任を持った時に危機感をはじめて持ったのであり、説得力を持たない（執行部に入ってからビジネス書を読むような者ではそもそも話にならない）。

そんな彼らを見ていれば多くの大学教員は、大学の管理運営とは無縁に生き、シノギとして教育しつつ、枯れ木とならないように、研究に専心した方が利口であると考えるのが普通である。それゆえ、民主集中的な学長のもとにあって権限もない、単なる中間管理職化した学部長・研究科長の成り手すらないのが実態なのである。

社会的責任を持つような教員が基本的に存在し（え）ないなかで、教員を改革ゲームに狂奔させるより、教育・研究に専念できる環境を確保することの方が大学にとって効率的であることはいうまでもないだろう。

これに対して大学職員は、大学の重要な構成員である学生・教員と常に接し、毎日、大学のために働く者達である。教員の志向性や研究動向を理解し、また、社会人としてのバランス感覚も持っている者も多い。大学の現状を理解している彼らを育成し、彼ら大学職員を理事長等大学管理運営の中心に据えるように育成した方が大学は機能する。

しかし、教職員協働型と称する現在の国立大学の組織では、学長にはその大学内の教員しかなれず、教員は、職員よりも上であるとの意識を持つ者が多く、職員もそれに順応する者が重用されてしまっているため、誤った運営が行われる原因ともなっている。教学組織と管理運営（経営）組織の分離が、なによりも重要な所以である。

2　いびつな財政構造と覇権

第二に、財政構造と覇権の問題である。国立大学法人化にあたり、地方国立大学は、無医大県解消のため設立された医科大学と合併した。結果、全ての地方国立大学でその後に学長となったのは、医科大学出身者であった。

この背景には、国立大学の特異な財政構造に問題がある。公立大学でもそうであるが、図1にあるように、国立大学法人歳入の最大の費目が「附属病院収益」（三六％）なのである。この構造は今日に限ったものではないが、国立大学の場合、運営交付金（三二％）よりも多い（公立大学も同様）。国立大学法人化前に医学部を設けていた総合大学でも同様の財政構造を持っている。

本来、医学部の教育・実習機関であった医学部附属病院は、その収益から発言力を強め、大学病院となり、結果として医学部・病院における基礎医学と臨床医学というバランスを臨床系に傾け、大学病院そのものが研究機関化するにいたっている。

さらに、大学病院は、多くの医師・看護師を擁しており、学長選挙（意向投票）における集票能力でも他部局に比べて圧倒的に優位であり、その影響力は、大学全体を左右することとなった。日本における博士号取得者割合でも、最も高い比率にあるのが医学博士であり、高度職業専門人育成機関として最も安定した就職口を有する医学部・大学病院は、その意味でも発言力を強めたのである。

地方が無医大県解消を望んだ理由は、少子高齢化の進行と同時に過疎化が進み、恒常的な医師不足が問題となっていたためである。地方国立大学が地域に対して具体的な優位性を持っているのは、大学病院が高度医療拠点であり、医師の供給・派遣元として立場を持っていたためであった。

一方で、無医大県に新設された医科大学は、旧帝国大学および旧医科大学から、教授陣を供給された経緯があり、旧帝国大学・旧医科大学から系列化される傾向にもある。ある意味、第三部で具体的に述べる国立大学の州立大学化

図１　日本の大学の財政状況

国立大学法人の収入状況（平成28年度）
（経常収益）

公立大学の収入状況（平成28年度）

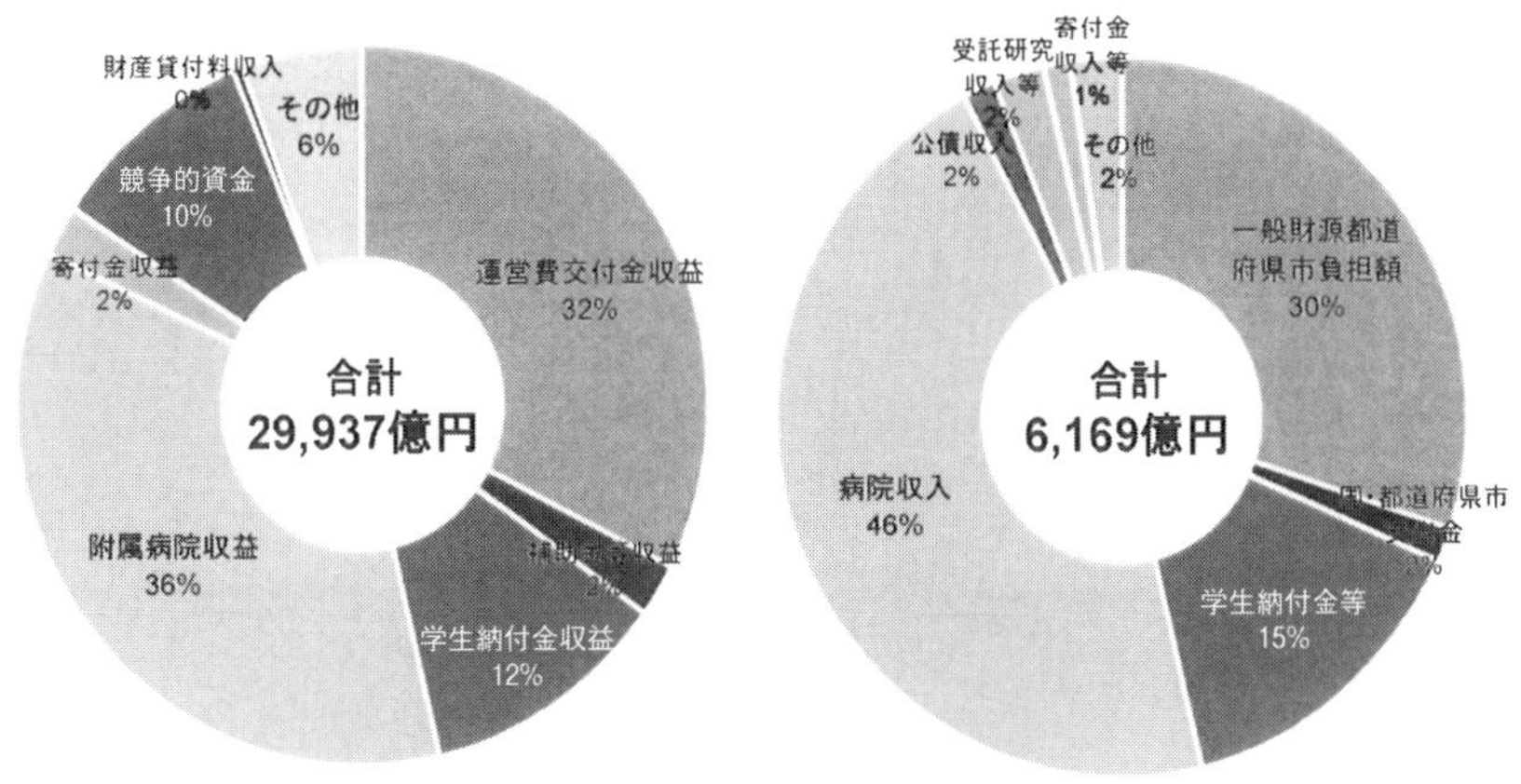

私立大学の収入状況（平成28年度）
（大学法人の事業活動収入）

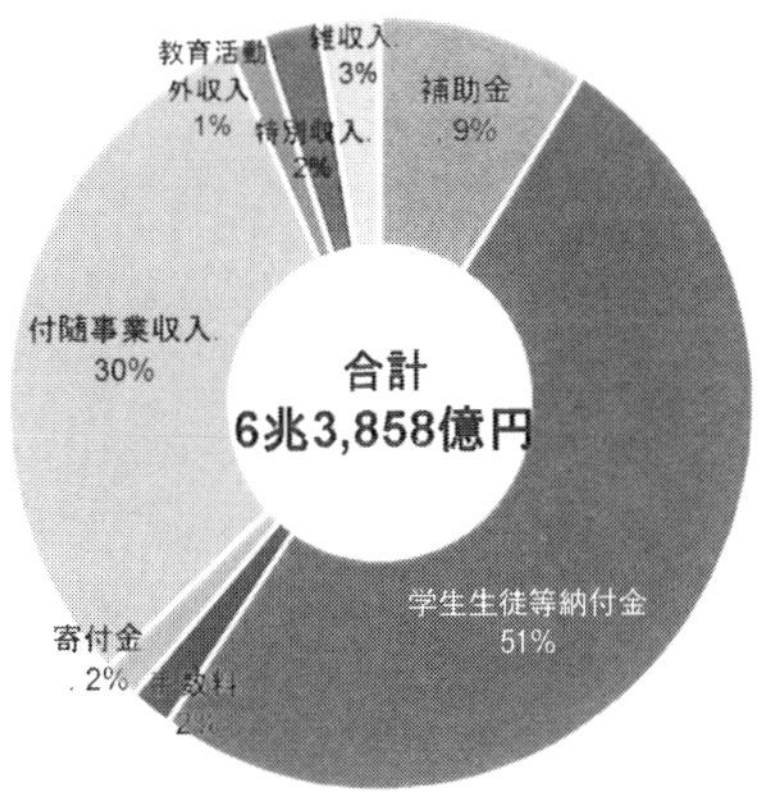

平成30年11月26日中央教育審議会「2040年に向けた高等教育のグランドデザイン（答申）」参考資料Ⅵ、高等教育を支える投資関係資料、117頁。

とは、医学部・病院が有する大学の系列化のもとで行うのも合理的であるかもしれない。しかし、各大学病院の母系列は多様であり、前述したように地域の要望と大学病院側の利害は必ずしも一致していない。旧制医科大学でもあった岡山大学のメディカルセンター案などが成功していない事実からも、病院を中心とした州立大学化は、基本的に困難であるといわざるを得ない。

しかし、大学全体が象牙の塔から社会に開かれた存在となるなかで、医学部・病院も、医局の民主化という点で例外ではなかったものの、多くの学部でギルド的な小講座制が大講座制へと変化するなかで、依然として実態的には小講座制を維持した。これは、医学の専門性に大きく依存するものであったが、問題も生んでいる（高度医療への投資を促進するために病気腎移植を問題視したり、法医学の講座を維持するためにCT、MRIの導入に消極的であったり、総合医に対する偏見など）。ギルド的な小講座システムは、病院長・教授選挙における閉じられた空間での（擬制）民主主義とはうらはらに、ギルド内での絶対的な支配関係を生みやすい。また、大学病院の系列化は、大学病院を頂点として関係病院へ医師を派遣するという関係から、地域にも根差すものであり、医師個人としても大学病院・講座における師弟関係を生涯にわたって継続させるという特色を持っている。結果として、国立大学は、大学病院の講座・教授を頂点とする凝集力の強い利益集団を内包することとなった。さらに、医師個人も、大学受験での偏差値勝ち組意識が強い者も多く、社会的なステータスも高いため、今日、大学内にのこった唯一の象牙の塔ともいえるだろう。今日、象牙の塔とは、基本的に白い巨塔なのである。

それだけに、問題が大きい。第一に、高等教育機関である大学において診療と研究をおこなってきた大学病院出身者は、教育に対する理解度が自らの学生体験を中心としており、教育の質の保証やその変化を根本的に理解できない者がいる。教養（教育）について無理解な者も多い。

第二に、自然科学分野において日本は、基礎科学分野が強く、ノーベル賞受賞者も多く出してきた。応用科学である臨床医学では、「今、役に立つ」ことが研究であり、目的であるため、基礎科学に対する理解度が必ずしも高いとはいえない。

　第三に、インパクトファクターに代表される引用率からする論文評価という点で、臨床医学は、人間の生命を左右するだけに、参照率が高い。このため、術式にみられる技術的な内容であっても高い評価を得られる分野である。インパクトファクターで、ネイチャーやサイエンスと同程度の点数を有する医学専門研究誌も存在しており、それをもって基礎科学に対する優位であると公言する者もいる。さらに、インパクトファクター主義でない人文科学・社会科学の学問状況やその存在意義についての理解力を持たないような者を生みやすい。

　もちろん、医師・医者とは、病気を治すのではなく、病人を治す者である。医は、仁術を体現する医師は今も多い。同じように、教育者も、人材を育成するのではなく、人間を育成するという観点に立てれば共通の認識が得られるのだが……、現状でそこまでにいたっていないのが実態ではないだろうか。

　なお、インパクトファクター第一主義は、ある意味、「ポイントゲット」とするゲーム感覚を若手研究者に生みやすく、若手研究者をして科学の進歩につながる真理の追究・基礎科学より、応用科学にシフトさせる傾向を生んでいる。このままでは、日本が積み上げてきた良い研究環境も根本から崩しかねない。

　そもそも国立大学の財政は、四六答申時から安定が求められていた。現在、政府による教育投資額は、先進国でも最低の部類に入り、選択と集中の結果、科学立国などといいながら、その基盤すら崩壊に導いている状態である。

　この点は、高等教育のグランドデザインでも指摘されているものの、これまで実施されたことはない。一方で、日本国民の教育負担が先進国に比べて大きいのも特徴である。国立大学法人化で大学が自主的な政策を展開できないのは、財政的な余裕が全くないことも大きな原因なのである。

　このようななかで、人件費については運営費交付金で支出し、先端医療面で施設整備を国費導入しているにもかかわらず、病院収益に依存しなければならないなどということでは、事業体として大学がいびつ化するのも当然といえよう。そもそも、財政的に自立不可能で、安定的であるべき運営費交付金にマイナスシーリングをかけられているような組織が個性化すること自体、困難なのはいうまでもないだろう。

公的な教育投資の増額とともに、それを効果的に行えるようなシステムへと転換が必要である。競争的資金も、そのためのコストを考慮して選択するとともに、州立大学化を前提としたものとし、全体的な政策も画一的な多様化ではなく、個別独自性を有する経営体と教学組織にしなければならない。

本来、教育投資額だけで国立大学を問題とするならば、国立大学の理系大学化は、これまで以上に高コスト体制への移行を意味している。学生一人当たりの教育投資額は、理学部・医学部、工学部、農学部の順で高く、人文学・社会科学系学生の約一〇倍もの投資を必要としている。総合大学化している国立大学を単に、その財政健全化からみるのであれば、私立大学並みに文系学生の定員を増やした方が効率的である。もし、民営化したのであれば、理系は不採算部門なのである。それだけに、科学立国を大学に求めるのであれば、運営費交付金の増額・安定化がなによりも重要なことはいうまでもない。

3　学長権限の強大化

第三に、国立大学法人化は、私立大学における理事長と学長を合わせた権限を学長に与えるものであった。

意識調査・アンケートをもとに、両角亜希子東京大学准教授は、「学長人材の育成」を必要であるとしているが[6]、本質的な問題は、強大すぎる権限にあり、国立大学法人化から一五年もたって学長人材の育成が必要などと気が付くことではない。基本的に、私立大学でいえば理事長でもある学長が大学教員でなければならない、という考え方自体が間違っていると考えるべきである。

教学については評議会、経営については経営評議会、その上に役員会があるという多重の意思決定構造にあって、教学の長としての経験と経営者として業務の合理化や、事業化を実際に主体として行った経験を併せて持っている者がいるとは思えない。たとえいたとしても、そのような者は、研究グループの運営を発展させうる優秀な科学者であり、研究システムのさらなる発展に尽くした方が科学立国・日本の役に立つ。

現状の国立大学では、教授会自治時代とは様変わりして中間管理職となった学部長・研究科長へのなり手すらいないのが実情なのである。部局長経験がなければ、構成員である教職員・学生に対する視野も狭くなり、構成員に対して「寛容や尊敬、配慮、思いやり」を持たないブラック企業の経営者のようになることもある。

私立大学のように、教学の長としての学長と経営の長としての理事長を機能的に分離して運用する方が合理的なことが理解できるのではないだろうか。

まず、実態からみてみよう。国立大学の学長の出身学部は、表5のとおりである。

表5　国立大学学長出身学部

出身学部	平成16年4月	平成30年4月
理学部	12	12
工学部	26	23
農学部	2	7
医学部	22	26
薬学部		1
理系合計	62	69
文学部	8	4
法学部	3	3
経済学部	3	2
教育学部	8	5
文系合計	22	14
その他	3	3
合計	87	86

傾向から、国立大学は、平成二七年六月の文部科学省通達、文系学部の他学部への転換を基本的に守っていると理解できよう[7]。

なぜなら、全体で理系学長が全体の約七一%から約八〇%へと上昇し、文系学長が約二五%から約一六%へと減少している。このなかで、特に医学部出身の学長が約二五%から約三〇%へと増加している。そして、理系のなかでも応用科学系の者が約五七%から、約六六%へと増加しているのが特徴である。

地域的な特性としては、医学系学長は、北陸、中国、四国、九州等、主に西日本で増えている。背景には、この地域を統括するような有力な医学部が複数存在する点にあるが（北陸、中国、九州）、例外もある（四国）。

北陸地方の場合は、金沢大学と新潟大学が、それぞれ戦前からの医科大学を包括して成立している。中国地方の場合は、戦前からの医科大学を擁するのは岡山大学だけであるが、敗戦直前の昭和二〇年六月に岡山医科大学から教員を入れて医学専門学校となり、広島県立医科大学をへて包括された広島大学が対抗意識を持っていることが背景にある。また、九州で増加しているのは、京都帝国大学医科大学の分科医院を前身とする旧帝国大学・九州大学のほか、戦前からの医科大学を包括した長崎大学、熊本大学があるためである。この点が、東北大学を擁する東北地方と異なっている。

医学部出身者、特に病院長経験者が学長になるのは、病院経営と大学経営を経営という言葉で同一視している点にあるともいえよう。医局員の労務管理、法人化に伴う病院経営合理化の経験も大きい（地方財政再建促進特別措置法の弾力運用、診療報酬の見直し等が主であった）。

しかし問題の本質は、豊田長康氏が主張するように、教学において研究従事者数（ＥＴＥ）を増やすことは、ＧＤＰと正の相関関係を持っていても、[(8)]大学の事業収入との関係では負の相関関係にある点である。教学では研究従事者数（ＥＴＥ）を時間的にも増やすように努力し、経営では、事業収入の拡大を図り、業務を合理化する。事業化をすすめる主体と人員とは、分けて協力関係とするほうが合理的である。

さらに、学長の出身大学でも変化が起きている（表６）。

まず、特徴的なのは、地方国立大学中心に自大学出身の学長が、約二三％から約三七％へと増えている点である。これは、地方国立大学の危機意識を反映したものであると理解できよう。私立大学では、教職員を自大学出身者で固め、その同族意識を利用して権力構造を固めようとする動きが常にあるが、地方国立大学でもその傾向をより強くし

表6　学長出身大学

出身大学	平成16年４月	平成30年４月
東大・京大出身	18	22
自大学出身	20	32
上記以外大学出身	49	32

てきたといえる。この自大学主義は、組織と構成員の意識統一を容易にすると考えられるが、今日、大学がグローバル化し、教員の流動化が必要とされるなかで、時代に逆行する動きである。その一方で、東京大学・京都大学出身の学長も増えている事実は、いまだに国立大学が中央志向・依存体質にある証左ともいえよう。

今日、第四次産業革命下、教学面でしっかりとしたシステムを構築しなければならない。同時に、経営の合理化が必要であり、そこには、熟練した経営能力が必要である。国立大学法人化から一五年も経過して、いまさら学長の育成を考えるのは、あまりに拙速で、現状では無意味であるといわざるを得ない。

そもそも、国立大学法人化の過程でも理解できるように、国立大学には独自のプランはなく、国立大学法人化にいかに対応するかが、各大学のポイントであった。各大学の改革プランなるものも、どれも新味に欠け、画一的多様化の産物にすぎないものであった。

さらに、意思決定機関が多重化している。最終的に役員会が存在するものの、教学面での評議会、経営面での経営評議会が単純に学長に直結しているだけである。学長任免制のもとにあるこれらの会議では、学長が提案する原案に異論などだしようがなく、単なる上意下達機関にすぎないものとなりやすい。

いまさらながら、地域密着をアピールし、防災センターを設置することも画一的多様化にすぎない（防災センターは、愛知大学、東京大学、京都大学、高知大学、鹿児島大学、岐阜大学等で設置されている）。地方国立大学の地方重視も、地方が努力して設置してきた公立大学や地元密着型で苦労してきた地方私立大学と、このままでは単にバッティングするだけである。地方私立大学にとっては、まさに民業圧迫の典型例ともなりかねない。

地方国立大学による地方密着の本気度は、平成三〇年度、役員会に地方・地域代表者が一人も名をつらねていない事実でも明らかである。大学人以外は、中央省庁出身者（文部科学省は「出向者」を減らす意向）であり、国立大学の教員自治主義と中央依存体質を明らかにしている。まさに、学長の出自は、国立大学の現状を映し出しているといえよう。

4　文部科学省の立ち位置

それだけに、学長の資質に大きく依存してしまう当該システムは、政府・文部科学省にとっては、学長一人を相手にすればよく、指導が容易という点で都合の良いシステムであるともいえる。

急激に進む大学改革案を、強めの指導により国立大学をして合意させることが可能なためである。文部科学省は、国立大学法人に対して運営交付金と競争的資金の二方向から指導が可能である。国立大学法人の学長は、この二つの財源の安定供給をうけるためには、その指導に沿って大学改革を行う必要があり、一方、文部科学省としても、国立大学法人が財政的に自立しないようにし、意識と危機感を共有しつつ、もう一方で忠実な大学改革を行う主体として教学を強引に改革できる経営者としての学長が必要なのである。

しかし、文部科学省は、高等教育政策において四六答申を得ながら、その実現を怠った過去と責任がある。政治的な問題があったにせよ、地方国立大学の総合大学化政策から、選択と集中への転換、科学立国の底辺拡大に対する理解不足、首都圏での私立大学抑制策の失敗、文理融合の非定義化（アメリカのようなリベラルアーツ型大学であるべきだが）、地域特性を考慮に入れない画一的な政策（もちろん、選択する大学側にも問題があるが、文科省はわかっていたはずである）、大学を学校教育全体で位置付けて再定置する努力、先導的試行の応用による政策展開、社会教育・生涯教育も含めたトータルな政策展開や企業の社会責任を応用した合理的な再編も可能であったのではないだろうか。だが、時機を逸し、五月雨式の政策は、科学立国の基盤形成で世界に後れをとり、一方で、基礎科学を中心とする日本の特色をも奪ってしまっている。

東京一極集中のなかで、地方創生を展開するにあたり、沖縄の本土返還が教育権からであったことにも学びつつ、特区制度を利用して道州制を先取りするような政策展開を他省庁とも連動すれば可能だったのではないだろうか。文部科学省は、中央官庁としての立ち位置において初等中等教育に固執しすぎたのではないだろうか。

現状の文部科学省は、財政面から教育投資をしぼりあげる財務省と産業界の要望に応えることを強要する経産省と大学との間にあって、双方にいい顔をしているだけのようにも見える。そして、教育政策のイニシアティブも、官邸、経産省・財務省に奪われたようにみえてしまう状態である。

文部科学省は、国立大学・私立大学を統合して管理する方法論を持ちながら、指導官庁として間接アプローチに終始し、行政コストを大学にかけさせることで監督しているような状態ではないだろうか。

国立大学を自立させないようにしていることが、高等教育機関の活性化にあたっての阻害要因ともなっているのではないだろうか。このままでは勝ち組の総どりや、無秩序な大学再編が行われてしまうのではないだろうか。大学への社会経験者の登用促進要請も、現状の体制を維持する苦肉の策なのかもしれない。

なぜダメであったかの検証が前提であるが、文部科学省は指導官庁から脱皮して、監督官庁化して真に学校教育全体を俯瞰した「第四の教育改革」を企画官庁として提示する必要があるのではないだろうか。

現状の大学改革は、評価倒れで疲弊を生み、コストを現場に押し付けているだけにすぎない。学校教育全体のなかで高等教育機関を再定置させる努力も怠っている。その意味でも、現状の文部科学省も、戦後教育改革の原点に戻り、抜本的で学校教育制度の一環としての高等教育政策を提示すべきであろう。

山極寿一京大学長と五神真東大学長との間で、国立大学法人化をめぐって論争がなされた。

山極京大学長は、「文科省と国立大学が一体となって取り組んできた教育研究の質の向上を切り離し、単なる財政問題として処理した。国の財政が悪化している。その責任を法人化して各大学法人に押しつけたのだ。はっきり失敗だと認めてもらわないと」と断じた。[9] これに対して、五神真東大学長は、国鉄改革とくらべながら国立大学法人化を必然とし、事業化を通じて大学改革は可能だ、としている。[10]

山極京大学長の意見は、文部科学省と国立大学がいまだに「過保護ママ」と「甘ったれ坊や」という関係が継続している現実を映し出すとともに、[11] 一方、五神東大学長の意見は、大学を研究機関として事業化に血道をあげる姿をみることができる。この二人の話に関する記者の感想にもあるのだが、共通するのは、「学生の不在」である。

なぜ、彼らには、大学を研究機関としてのみ規定し、高等教育機関であるとの認識が欠けているのであろうか。答えは、教育投資効果で大学をしめつける財務省も、また、産業界の意見を代弁して、今の役に立つ研究を強要する経済産業省も同様に、大学を公共財としか考えていないからである。

官僚的発想からすれば、国立大学、特に東大・京大は研究機関であり、国立研究所が行政改革によって独立行政法人化したように、国立大学というものも国立大学法人化することによって、公共財としてお国のために役立つべきだ、としているのである。これに呼応するかのように、大学にも大学教員とは研究者である、研究者であらねばならない、という意識がある。

Ⅲ　国立大学法人化の問題点

しかし、この考え方は根本的に間違いである。第一に、確かに大学、特に国立大学には、これまで多額の国費が投入されてきた。しかし、そこには常に学生が居り、学費を徴収してきたのである。大学は、いまでも学費収入がある限り、準公共財なのである。研究大学となろうとも、大学とは、基本的に研究機関ではなく、高等教育機関であらねばならない。そもそも、公共財であるならば、学生の選抜などはできない。東大・京大は、研究所および大学病院を切り離し、自らは、高度教育機関・大学院大学として特化すべきではないだろうか。(12)

第二に、第一部で明らかにしたように、大学は高等教育機関であり、人間の育成が主たる目的でなければならない。人間として必要な教養を持つことが、真の国際競争において必要なのである。

そして第三に、第三部で明らかにするが、人材養成は、官僚も含めた高度職業専門人……科学者の養成には寄与するかもしれないが、材ならば特に効率性が必要である。今日のような国内での無意味な競争で消耗させているような愚策は、それこそ納税者である国民からすれば問題なのである。教育と研究を明確に分離し、大学は、高度教育機関の責務に特化すべきなのである。(13)

大学は、高等教育機関として自立し、採算性のある附属研究所や病院は独立行政機関として自己資金で運用し、別建てにする方が外部資金も得やすく、組織効率も良いのではないだろうか。高等教育機関としての大学は、現行の附属病院収益を抜いたものを確保して運用すれば、実質化し、教学の安定も得られるだろう。(14)

この三点を踏まえ、第三部では、歴史的な経緯を踏まえた大学の類別化と、州立大学化としての国立大学法人化を推進し、公立大学との合併・整理と私立大学との共存による「知」の再編について、考察することとしたい。

注

（1）拙稿「2．広島大学における管理・運営問題と学長のリーダーシップ」『地方国立大学にとっての国立大学法人化』広島大学文書館研究叢書1、二〇〇八年。

（2）平成二六年九月二日付評価委員会「国立大学法人化一〇年の検証」。

（3）「一〇〇年後にも世界で光り輝く大学へ」の標語のもと、平成二九年三月一七日に制定された「広島大学新長期ビジョン」では、「新しい平和科学の理念＝「持続可能な発展を導く科学」を確立し、多様性をはぐくむ自由で平和な国際社会の実現」をミッションとし、「フレーム」として研究大学強化事業とスーパーグローバル大学創成支援事業の実行をあげている（https://www.hiroshima-u.ac.jp/about/philosophy/SPLENDOR_PLAN_2017（二〇二〇年六月二〇日））。

（4）平成二九年一月一二日付「平成二九年度国立大学法人運営費交付金の重点支援の評価結果について」「（別紙3）評価を反映した再配分の率」http://www.mext.go.jp/b_menu/houdou/29/01/__icsFiles/afieldfile/2017/01/12/1381033_6.pdf（二〇二〇年六月二〇日）。また、令和二年一月一四日の役員会で、一五〇億円以上の巨費を投じて新病棟を建てた医学系、大学院再編で「統合生命科学研究科」として重点化した分野に対する評価では、広島大学は最低ランクの一四位、一五位という低い評価であった（社会科学九位、数物系科学九位、農学九位、環境学七位、細目では教育学二位、教育社会学・教科教育学一位、英米・英語圏文学三位であった）。企業であれば経営責任を問われたであろう（「第四期指定国立大学法人公募における申請要件と広島大学の状況について」https: //commu. office. hiroshima-u. ac. jp/aqua/f1e92dcd-6c34-4c15-8e36-e04aef1005d0/view?modified＝1579160057000）（二〇二〇年六月二〇日）。これが問われなかったように、今日の国立大学法人における役員会、経営評議会が学長指名の単なる協賛機関にすぎず、管理運営の責任を果たしうる存在であるか疑問である。

（5）アキ・ロバーツ、竹内洋著『アメリカの大学の裏側』朝日新書、二〇一七年。

（6）『日本経済新聞』平成三〇年二月二二日。

（7）「特集　国立大学文系不要論を斬る」『中央公論』二〇一六年二月号。

（8）豊田長康著『科学立国の危機　失速する日本の研究力』東洋経済新報社、二〇一九年。

（9）異見交論四〇「国立大学法人化は失敗だ」山極寿一氏（京都大学学長）『読売新聞教育ネットワーク』二〇一八年三月九日、https://kyoiku.yomiuri.co.jp/rensai/contents/40-2.php（二〇二〇年六月二〇日）。

（10）異見交論四一「法人化は必然　全国立大で最強のシナリオ」五神真氏（東京大学学長）『読売新聞教育ネットワーク』二〇一八年三月一五日、https://kyoiku.yomiuri.co.jp/rensai/contents/41-1.php（二〇二〇年六月二〇日）。

(11) 中井浩一著『徹底検証　大学法人化』中公新書ラクレ、二〇〇四年。

(12) この意見は、大学紛争期、昭和四三年四月一四日の中央教育審議会第二四特別委員会第二七回会議で東大の大内力経済学部教授が参考人として、管理職専門人養成が必要であること、病院・研究所等の外部化を含めて「大学をできるだけ簡素な形のものに再編成」する必要性を説いていた（『中央教育審議会第二四特別委員会速記録』一二－一二、国立公文書館）。

(13) 東大の場合、五神学長のいう事業化が重要であれば、東京大学の研究所を大学から切り離して独立行政法人化させ、個別に運用した方が運営効率がよい。同じことは、京大にもいえるだろう（これでは教育できないとの意見もあろうが、国立大学法人総合研究大学院大学の事例がある）。また事業化は、本来リスクがあるものであり、それを高等教育機関であるべき大学に押し付けている、ともいえる（事業化といいながら、「親方日の丸」なのではないだろうか）。国家戦略上、重要であるならば、政府が責任を持って独立行政法人として独立させたほうがふさわしい。事業化による資金を大学に還流することで成り立つ経営ということ自体が高等教育機関・国立大学として異様なことなのである。このような研究所による事業化に奔走することが、実用性と採算性という観点が優先されて学問の自由を阻害することともなっているのではないだろうか。このことは、文部科学省と厚生労働省に二股をかけているような大学病院にもいえる。また、想定される反論としては、大学の論文数の減少もあげられよう。

(14) 大学病院は、診療・教育実習機関として十分独立可能である。施設に関する投資と現状の人的資源を原資とすれば、十二分に運営可能であり、厚生労働省管轄下とすれば運営費交付金からの資金提供なども必要ない。教育・研究は、文部科学省管轄下の医学部に集約すべきである。

第三部　第四次産業革命下の大学

戦後教育改革とその再定着としての「第三の教育改革」の延長線上に、現在の国立大学法人化を位置付けるならば、次の三点が未完なのである。

第一に、大学が社会制度の一部であり、社会に開く存在である限り、大学は、民意を取り入れるシステムを内在化させなければならない。そのモデルは、国立大学の場合、アメリカの州立大学であったのであり、国立大学に国費が投入されるかぎりにおいて、民意を反映しうる組織として理事会の存在は不可避である。

第二に、学問の高度化に対応するためには、大学の類別化は必然である。一方で、教育格差を是正し、教育機会の均等を図りつつ、優秀な人間を育成し、それを登用するシステムの再構築が必要である。

第三に、大学は高等教育機関なのであり、本来、教養豊かな市民の育成と教養を持った指導者を育成する教育機関なのである。職業教育は、高等教育機関とされている各種専門学校でも行われている。より高次の教養教育を前提とし、その上に、研究機関としての大学院大学を設置しなければならない。

この三点を現在の国立大学・国立大学法人からみた場合、次の五点で改革が必要である。

第一に、国立大学のなかで、地方重視型の大学と先端的な大学との類別化が進んでいる。道州制導入を見通しながら、これに対応した学区制を導入し、各地域で法人の統一化が必要である。その際、単に国立大学だけの再編ではなく、公立大学および、地方の私立大学との関係性も加味した改革でなければならない。特に、理事会の導入にともなう財源の問題もあり、公立大学も含めた再編が必要である。

第二に、学区制の導入は急激にではなく、段階的に行うべきである。現状では都道府県レベルで行い、そのうえで、道州制を前提とした複数県による連合形態に移行すべきであろう。また、先端的な大学というものは、地域によっては一大学に集中させる必要は全くなく、多元的な存在でよい。このために、各国立大学で個性化が必要とされていたのである。

第三に、理事会制度の導入による理事長には、民意を代表することができ、学問の自由を守ることができる学識があり、経営能力のある者（大学・研究機関外の経験を有する）が登用されることが重要である。現状の国立大学法人では、過半数代表者なる者が存在するが、有名無実化している。学問の自由を保障し、大学の教育・研究を発展させうる構成員により、民主的に選出され、過半数の支持を得る存在であるならば、この役目は学長が担うべきものである。今日のように、組織率が二〇％程度の組合関係者が、半自動的に「過半数代表者」になるようなシステムは異様である。教職員組合は、教員組合（大学教員組合）、業務職員組合（法人職員組合）と機能的に分けるか、その統一であったとしても、別途自立し、構成員の権利保持に従事すべきである。この学長も、大学における部局間のヘゲモニー対立の結果にともない選出されるような矮小な存在ではなく、旧制の帝国大学のように、全国的な観点から有為な人物を登用すべきである。特に、学長としての資質・教養という観点からは、単なる「新しい野蛮人」であってはならないことはいうまでもない。現状のような学長が理事長を兼任するようなシステムは、教育刷新委員会でも指摘されていたように、独裁を生みやすく、最も民主的ではないシステムであり、現状をみる限り大いに問題がある。

第四に、大学の類別化にあたり、アメリカにおける教養大学のシステム（大学教育学院）を日本にも導入すべきである。日本でも日本基督教大学が成功事例として存在しており、国立大学の州立大学への再編過程で設置することが合理的である。その際、後述するが、地方での導入にあたっては、柔軟かつ多様な機能を持ったものとして設置できるようにすべきである。

第五に、このような改革のなかで、「リーダー」「研究者」「市民」の育成を、国公私立を総体として大学全体のなかで類別化しつつ、行えばよい。特に今日の日本では、有能な若いリーダーの育成が急務なのである。

以下では、今日、四次産業革命と呼ばれる状況のなかでの解決策について提案することとしたい。

第一章　第四次産業革命で求められる大学教育

第四次産業革命が進行中である。あふれる便利さのなかで、人は、「勝ち」「負け」だけにこだわり、「負け組」とならないようにしながら走っている。振り返ることも、自らを省みることもなく、追われるように日々を過ごしているのではないだろうか。

「勝ち組」と「負け組」という考え方は、無秩序と富の独占を生みやすい。国家間・国家内、そして本書では大学の世界でも「勝者総取り」の力学が展開されてしまう。

クラウス・シュワブは、著書『第四次産業革命　ダボス会議が予測する未来』『「第四次産業革命」を生き抜く』で、その方向性を否定し[1]、人間中心の全人類的な恩恵が必要だ、としている。一方で、クラウス・シュワブは、第四次産業革命下の人間を次の四種類に分類している。

①リーダー

②科学者・専門技術者・研究者

③消費者

④全く恩恵を被らない者

クラウス・シュワブが対象としているのは、「①リーダー」である。確かに、進行中であり、これまでの世界が一変するのであればリーダーだけでも、ということは理解できる。しかし、リーダーは交代していく。その時、「寛容さや、尊敬、配慮、思いやり」は、資質として大切にされるのであろうか。また、「②」は、より高度に専門化し、視野が狭くなり、「新しい野蛮人」を再生産し、新技術を暴走させるのではないだろうか。「③」の消費者は、単に養われるだけの存在となり、人間としての尊厳を失うのではないだろうか。「④」は切り捨てられるだけで終わるのではないだろうか。

クラウス・シュワブは、それを「社会不安」としてまとめている。この「社会不安」を現実にしないためには、「寛容さや、尊敬、配慮、思いやり」を持ったリーダーを創り、技術の政治性・社会性を理解した科学者を、尊厳を持った人間としての消費者を育成して恒常的なリーダーの交代と循環を促し、最終的に第四次業革命の恩恵を全ての人間に行きとどくようにしなければならない。

第四次産業革命下で重要なのは、どうすれば人間中心主義を維持し、人間は尊厳を保つことができるのか、という点にある。必要なものは、明快である。

人間中心主義を貫き、人間としての尊厳を大切にする、教養ある人間の育成が必要なのである。

以下では、第四次産業革命といわれる時代にあって、高等教育機関である大学を再定義する試みである。大学を社会制度として、高等教育機関として再定着させるための処方箋の一つともなれば、と考えている。

Ⅰ　第四次産業革命が大学に求める教育

1　教育の質的転換

日本も「二〇四〇年に向けた高等教育のグランドデザイン」（中央教育審議会答申、平成三〇年一一月二六日）を明らかにしている。(2) そのなかで、高等教育の中核に二一世紀型スキルを置いた。「これは、将来においても、陳腐化しない普遍的なコンピテンシー（能力）」であるとされ、背景に「①テクノロジーが急速かつ継続的に変化しており、これを使いこなすためには、一回修得すれば終わりというものではなく、変化への適応力が必要になること」があげられている。重要なのは、技術の進歩とともに内容が常に更新されるということにある。

そして、これまで以上に、教育の質的転換が強調され、学習者が主体的に「何を学び、身に付けることができたのか」を問うものとなっている。

これからの学生には、「今後の情報を基盤とした社会においては、基礎的で普遍的な知識・理解等に加えて、数理・データサイエンス等の基礎的な素養を持ち、正しく大量のデータを扱い、新たな価値を創造する能力が必要となってくる。基礎及び応用科学はもとより、特にその成果を開発に結び付ける学問分野においては、数理・データサイエンス等を基盤的リテラシーと捉え、文理を越えて共通に身に付けていくことが重要である」とされている。「文理横断的にこうした知識、スキル、能力を身に付けることこそが、社会における課題の発見とそれを解決するための学問の成果の社会実装を推進する基盤となる」ともされている。

そして、「AIには果たせない真に人が果たすべき役割を十分に考え、実行できる人材」として、「これからの時代に求められるのは、個々の能力・適性に合った専門的な知識とともに、幅広い分野や考え方を俯瞰して、自らの判断をまとめ表現する力を備えた人材である。また、求められる人材は一様ではなく、むしろそれぞれが異なる強みや個性を持った多様な人材によって成り立つ社会を構築することが、社会全体としての各種変化に対する柔軟な強靭さにつながるものである」とされているのである。(3)

中核となる二一世紀型スキルとは、「学習とイノベーションスキル」「情報、メディアテクノロジースキル」「生活とキャリアスキル」の三つである。(4)

文部科学省は、大学に「スキル」教育を求めているが、現状では、その内容と方法について少人数教育によるアクティブ・ラーニングを指定しているにすぎない。

大学では、新入生向けの演習で、レポート作成方法を含めた「スキル」を提供し、基礎科目・教養教育科目の受講人数を制限し、授業内容については科目担当者に任せた「アクティブ・ラーニング」のような授業を行っている[5]。もちろん、大学が提供する講義全てを、アクティブ・ラーニングにする必要はない。講義科目とともに、教養教育・基礎科目のなかでいくつかの科目をアクティブ・ラーニング型の講義内容とすればよいのだが、問題は、アクティブ・ラーニング、それ自体にスキルがあり、専門教員が必要と考えられていることである[6]。今の大学で少人数教育を行うには膨大な人件費がかかり、そもそもアクティブ・ラーニングを専門とする教員はいない。大学では、スキル教育を含む基礎教育・教養教育を前専門教育としてのみ理解して運用しているのがほとんどなのである。

大学にとって問題なのは、スキル教育の内容が技術の進歩によって更新される「情報、メディアテクノロジースキル」については、新たな教育投資が必要なことである。

四類型に分類された人間に必要な教育を整理すれば、次のようになるだろう。その際、最も大多数の人間が対象となる「③消費者」は、さらに分類したうえで必要な教育を当てはめることとする。

①リーダー↓エリート教育としての高度な教養教育（文系）、新技術のスキルと全体理解力

②科学者・専門技術者・研究者（理系）↓高度の数理能力、新技術スキル、技術の政治性・社会性理解が可能な教養教育

科学者・専門技術者・研究者（文系）↓高度の専門能力と教養教育、対人関係スキル

③消費者

a．職業・職種の転換が必要な者↓職業転換のための「リカレント教育」としての新技術スキル

b．職業・職種の転換が必要な者↓職業転換のための「リカレント教育」としての教養教育・対人関係スキル

c. リーダーとなるため→高度な教養教育、新技術のスキルと全体理解力（大学院修士課程）

d. 退職者→生涯教育としての「リカレント教育」、教養教育→専門教育・高度の教養教育

e. 退職者→生涯教育としての「リカレント教育」、教養教育→教養教育（経験知の集積としてのデータ作成・管理）

f. 大学進学対象者（理系・エリート・科学者等）→基礎教育・教養教育、新技術スキル、高度の専門教育（博士課程後期）

g. 大学進学対象者（理系）→基礎教育・教養教育、新技術スキル、専門教育（博士課程前期）

h. 大学進学対象者（文系・エリート・研究者等）→教養教育・高度の教養教育、新技術スキル、専門教育・高度の専門教育

i. 大学進学対象者（医学系・教育系）→基礎教育・教養教育、新技術スキル・対人関係スキル、専門教育（博士課程前期）

j. 大学進学対象者（文系）→教養教育・高度の教養教育、新技術スキル、専門教育

④全く恩恵を被らない者

基礎教育、新技術スキル、技術の政治性・社会性理解が理解可能な教養教育

→能力により、①～③に

以上をやや強引にまとめると、（1）スキル教育（新技術、対人関係）、（2）基礎教育、（3）教養教育の三つに分類できる。

（1）スキル教育（新技術、対人関係）

新技術の導入にあたり、産業界から最も求められているスキル教育は、二つの要素でなりたっている。一つは新技術の習得であり、もう一つが、職種転換にも必要な対人関係用のスキルである。前者の新技術スキルについ

ては、現時点で必要なスキルが短時間で不必要となる可能性が否定できない点に問題がある。このため、大学は、教育投資額を最小限としつつも、恒常的に更新可能なシステムとする必要がある。

産業界は、新入社員のためだけでなく、現在の社員教育・職種転換等にもスキル教育が必要であると考えている。リカレント教育としてのスキル教育は、本来、職業転換研修として行われるものであり、政府が教育投資を行うべきものである。

特に、スキル教育の「情報、メディアテクノロジースキル」については、先端技術の理解と運用能力が必要であるが、情報科学系の博士課程前期・後期の大学院生が、講義・実習を担当することができるだろう。基本的な講義部分は、職業転換のための「リカレント教育」用としても利用されるため、通信教育等で補うことが受講者のためにも必要である。

対人関係スキルは、対人関係職業への転換教育として、社会的常識やマナーから職種別の専門的教育が対象となる。二一世紀型スキルとしては「生活とキャリアスキル」が相当し、高等教育機関として専門学校・専門職大学院が職種別教育を行っている。大学でも学生の出口論（就職）として、資格取得にともなう講義等を含めて各種、展開している。一般的に、大学では、心理学、人文学・社会科学の科目を教養教育として提供することとなる。

その他、二一世紀型スキルとしての「学習とイノベーションスキル」は、学習方法については、新入生対象のゼミで行っているようなもので対応可能であろうが、イノベーションスキルについては問題解決型の方法論であり、今の大学で手薄な部分である。しかし、基礎教育・教養教育教育のなかで、事例として教え、考えさせることは可能だろう。また、「生活とキャリアスキル」の生活についても、新入生向けの演習で対応可能である。

基本的に、スキル教育として別建てにしたが、「情報、メディアテクノロジースキル」以外は、基礎教育・教養教育内で対応可能である。大学としては、カリキュラムとして講義科目を選定し、受講者がコース別に、あるいは独自にカリキュラムを組んで講義を選択すればよいだろう。

なお、キャリアスキルのうち、管理能力等のスキルについては、社会経験を有する者の登用も考えられる。しかし、大きく管理対象と環境が変わっているため、通用するとは限らない。大学が人材を登用する場合、管理職からの採用が主となり、給与水準からいって高コストである。開発や人的管理などの経験知は有用ではあるが、この点でのアカデミックキャリアを持たない社会人経験者の登用はできるだけさけるべきだろう。

（2）基礎教育

基礎教育は、基本的に理系科目である。基礎教育は、基幹基礎と専門基礎に分けられる。基幹基礎科目は、数学（微分積分学、線形代数学等）と理学（生物学、力学、化学等）とプログラミング基礎等であり、その上に、専門基礎として実験、演習等が行われる。基本的に積み上げ型の教育カリキュラムであり、専攻・専門に沿って選択される。

現在、基礎教育は、自然科学・医学系では必修となっており、以前は教養部が、現在は専門学部の所属教員が担当している。

プログラミング基礎や、専門基礎の実験などは人数制限が必要であり、授業にあたって新たな教育投資を必要とする。後者の実験については、専門科目に組み込むこととし、前者のプログラミング基礎は、スキル教育の「情報、メディアテクノロジースキル」とも重複するため、理系のスキル科目として運用することも考えられる。

（3）教養教育

教養教育科目は、学問の総合化を可能とする科目としての質的保証が必要である。教育教育科目は、プログラム制（コース制）を導入して、リベラルアーツ型の教育組織としても機能するように整備する。問題解決型、真理の探究方法、自ら考える創造力等の育成等、多様な展開が可能である。

プログラムの事例としては、①地域文化・科学研究、②組織・リーダーシップ研究、③リスク管理と「検証」方法プログラム、③政策科学研究、④国際理解と協力研究、⑤国際安全保障・平和研究、⑥言語文化研究、⑦比較文化研究、⑧スポーツ健康科学、⑨行動科学研究等、多様に設定し、「リカレント」教育における生涯教育として、また、学士教育機関としても機能する。複数プログラムの履修により、高度化も可能であり、高度の専門教育へとつながるように、プログラムとして大学院と連携させることも重要である。

戦後、教養教育の重要性が常に問われながらも定着できなかったのは、その内容が専門教育を薄めるような内容や、後期中等教育・高等学校程度の内容であったためである。大学教育として最新の研究を応用しつつ、それを平易に、かつ、総合的に講義で展開するためには、教育・研究で十分な経験と業績が必要である。日本の大学教員は、教養部を差別的に扱い、専門研究を第一にしてきた風潮をいまだに有しているが、実は、教養教育は最も講義展開が困難な科目なのである。このため、教養教育は、研究・教育実績がある年齢的にも五〇歳以上の者が担当すべきである。若手教員は、専門研究をより進化させることに専心すべきであり、大学では教授クラスで複数専門性を持つ有能な者が教養教育を担当すべきであろう。

なお、一部の私立大学では、大学教育を行うにあたり、高等学校教育レベルの補習も必要なのが現実である。具体的には、数学、物理等の理系科目であり、この点については、基礎教育内に、補習教育のためのカリキュラムを作成する。

地方においては、地域特性を加味した科目や、独自のプログラム（コース）の設定が重要であろう。

2　リカレント・生涯教育のパラダイムシフト

筆者は、一四年間、公開講座「我が家の歴史」を運営してきた。この講座は、自分史ではなく家族の歴史を作るもので、広島大学日本史担当教員等の協力を得て、その作り方を個別指導も含めて行った。受講者は、退職後の比較的高齢な方が多かったが、熱心であり、書籍という形にした方も多く、またライフワークとしておられる方もいる。

受講者の方々は、真面目でひたむきな努力のうえに現在の日本を創った人々である。彼らだけでなく、彼らの祖先の経験も記述することによって残す、ということは、真のビックデータ化に対応するものとも考えている。

『マツダＲＸ－７─ロータリーエンジンスポーツカーの開発物語』の著者、望月澄男氏も受講者の一人であったが、(7)彼が高速増殖炉『もんじゅ』の失敗について、ノズルの形態が技術者の眼からみて全然だめだ、と語っていたのを思いだす。設計・金属強度上、絶対安全としても、熟練した技術者の経験は、その欠点を一発で見抜いたのであった。

戦後日本は、望月氏のような人々の知恵と経験によって成り立っている。このような経験知を残し、後世につなぐとともに、現役を引退したとしても、彼らの知恵と経験を活かす必要がある。彼らの知恵と経験は、ＡＩとは違う体感的なものであり、機動的で柔軟な意思決定システムに必要なものである。同時に、意思決定については恒常的な検証が必要であり、また、政策は体系的かつ長期的なスパンで検証し、その検証成果を蓄積することによって、リスクを回避し、失敗によるコストを下げる一つの指標としなければならない。

その意味で、リスク管理業務が必要であり、担当者は、社会的な経験を有する者がふさわしい。現役引退直後は短期的な、後年は長期的な分析者となり、最終的には、生涯にわたって自分や祖先を記述することによってデータ化することができれば、彼らの事績は、より豊かな社会に貢献できるのではないだろうか。

日本は、失敗を許さない社会であるがゆえに、高リスクハイリターンが常態化しつつある今日、多くの場面で消極的な姿勢に終始し、衰退しているのではないだろうか。その意味で、リスク管理に経験豊かな人材を配置し、彼らをして第三者的な立場で活動させることは、日本社会のリスク管理能力を著しく向上させ、若く有能なリーダーが積極的な活動を行える基盤を作ることになるだろう。

多くの日本人は、働くことに意義をみいだしてきたのであり、寿命がのび、いわゆる老後が長くなったからといって、急に趣味を持つような器用さを持つとは限らない。むしろ、長年の社会経験にともなった働き方があるのではないだろうか。リスク管理は、彼らの新たな働き方を提示できるのではないか、と考え、プログラム・コースとして提案した。リスク管理が可能な人間は、自らがやってきた仕事に誇りを持っていることが前提である。その誇りこそが、職能的な誇りである。このような生き方は、働き蜂ともいわれた日本人の老後には、ふさわしいものの一つと考えている(8)。

同時に、このことは、豊かさの転換も意味している。豊かさは、金銭ではなく、人・人間としての誇りであると考え、それを継続し、磨き、昇華させていく、そのような営みを生涯にわたって行うことこそが重要なのではないだろうか。リスク管理は、同時に、社会への還元であり、社会に奉仕する人間の重要性を改めてアピールすることにもなると考えている(9)。

Ⅱ　第四次産業革命下の教育に対応する改革

1　大学間連携の必要性

第四次産業革命で必要とされる教育を、現行の大学教育科目と対応させつつ整理したが、対応する組織は、基本的に各大学に任されている。しかし、対応する教育投資を一大学・単体でできるとは限らない。教育投資を効果的にするためには、国公私立を問わず地域連携で対応することの方が合理的であろう。

今日、高等教育機関は、多様化の時代である。職業・職種別の専門学校・専門職大学院、技術者養成の高等専門学校、私立大学も、学生の安定化志向とも相まって資格取得プログラムを充実させるなど実学にシフトし、多様な学部構成を行うことで職業専門学校化している。同時に、私立大学には、地域・企業との連携も進め、理事長に企業経験者を据えるなどして、より地域・社会のニーズに対応した大学運営を行っているところもある(10)。

しかし、勝者総どりするのは、一部の有力私立大学である。今後、少子高齢化のなかで、地方私立大学や、中堅以下の私立大学は、さらなる合理化や、個性化をより先鋭化させて進める必要があるだろう(11)。また、専門学校を設置しうる都市規模は、首都圏や関西圏などの大都市部に限られている。若者の地方流出は、より促進されるのではないだろうか。そうなれば、地方大学の経営環境はより悪化し、地方の衰退もより促進されるだろう。

地方にある大学は、国立・公立・私立の区別なく協力関係を結ぶことで、首都圏にみられる多様化に対して、地域特性を有した組織を創成し、共通の課題である教育面でのコストを削減し、地域の潜在的なニーズを取り込む必要がある。大学ごとの努力も、地方では限界ではないだろうか。

地域連携にも適正規模が存在する。首都圏・関西圏は、大学数が膨大であり、各大学の利害も錯綜している。そして、既に多様な教育機会が存在している。複数の大学が連携するには、地方の方が容易である。

第一に地方でも、政令指定都市であれば、国公立私立大学の規模が、一八歳年齢に対応して基本的に適正であり、地域の拠点性も持っている。第二に、各大学が対象学生の質で棲み分けて存在しており、基本的に競合関係にないことも対立を生みにくい。第三に、地方国立大学の教員に余剰が生じている。第四に、公立大学も学部編成等で国立大学と棲み分けており、今日的な国際関係や、情報関係の学部を有している場合が多く、国立大学とは違った教養教育科目を担当できる教員の参画が可能である。また、私立大学は、文系の総合大学、文系の単科大学、理系の単科大学と、地元出身者のために多様性を維持している場合がほとんどである。

それゆえ、国公私立大学が共同して、上記のスキル教育、基礎教育、教養教育を、優秀な高等学校生徒や、生涯教育として一般市民にも開放することによって運営することは、経営上においても、地域の教育拠点化という点でも合理的である。

それゆえ、本書では、各大学の協力のもとに教養教育を中核として基礎教育とスキル教育を担当するシステムとして大学教育学院（仮称）の設置を提案する。

この教育システムは、第二部で明らかにした国立大学法人の問題でもあった地域との連携という点を是正するものであり、効率性と、大学ゆえの質的保証をして教育システムとしても有効であると考えている。

そして、参加各大学は、プログラム・コース単位および各大学で必修ないし選択科目として大学教育学院の基礎科目・教養教育科目を利用すれば、教育コストの削減につながり、独自の専門教育に、より力を注ぐことができるだろう。

2　文理融合の嘘

その際、国立大学の「選択と集中」を理系中心に強行する過程で地方国立大学の文理融合が提言されている。

筆者は、文理融合の学部・大学院に二〇年以上いるが、基本的に文理の融合は、ある課題を設定し、その課題に対応する専門研究者がいた時にのみ成立する一過性的なものと考えている。基本的に、文理は棲み分けているにすぎない。

例えば、古文書にみる災害研究が文理融合の例としてあげられるのは、災害というキーワードあってのことであり、恒常的に文理融合が成立しているなどとは考えられない。自然科学の研究方法を導入した人文学・社会科学や、人文学・社会科学の知見を取り入れた自然科学は存在しているが、それが文理融合ではない。学問の総合性は、一人の研究者によってのみ可能なのであり、今日的な学際研究は、専門研究の羅列にすぎないのである。

地方国立大学にあった文理学部が失敗したことを先例に、組織の中心は、リベラルアーツ型であるべきである。リベラルアーツ型は、教養教育であり、人文学・社会科学が中心である。そもそも、文理融合組織は、学問分野ごとの特性の違いを理解できなければ、ポストと金（大学教員が最も関心があるもの）の奪い合いをし、往々にして「インパクトファクター」「英語論文」という「理系基準」の導入により、教育システムのバランスが崩れるのが常である。

このように曖昧な「文理融合」などという概念や無内容・無意味な事例提示は混乱を招くだけであり、一般教育が衰退したのと同じように、無駄な時間と労力を改めて大学にかけるだけである。

職業教育としての理系教育は、基礎教育―専門教育を基準とし、文系は、教養教育―専門教育を基準とすればよい。すでに大学設置基準の大綱化以来、基礎教育は専門教育に包含されており、理系では特に、学部専門教育として一体化している。それゆえ、文理融合を組織化すれば、理系学部の改編が必要となり、コストがかかり、科学立国の基盤も失われる。理系の場合は、組織として学部・大学院を一体としつつ基礎教育を提供するのが常態であり、現状の組織を維持すべきである。国立大学で不要視されている文系を再編して、人文学・社会科学系を中心としたリベラルアーツ型学部とし、これに全学的な科目として理系学部の基礎科目を組み込んで再編した方が、現状の地方国立大学にとって合理的である。

ただ、今日の大学人を見て思うことは、基礎―専門のみであり、幅広い教養がないことである（趣味と教養の区別がついていない者も多い）。まさに「近代の野蛮人」として、規範意識や民主主義等の知識に著しい欠損があるような者もいる。この点、戦前は、旧制高等学校教育で文系・理系関係なく、教養を学んでいた。教養のなさ、という点で、日本の科学者は、欧米の科学者とも大きく異なっているのである。

第四次産業革命下、クラウス・シュワブは、四つの知性として、①状況把握の知性（精神）、②感情的知性（心）、③啓示的知性（魂）、④物理的知性（肉体）の必要性をあげている。[12] また、新技術の開発にあたり、科学者は、技術の政治性を理解し、社会的価値を優先しなければならないともしている。今日の日本の科学者養成では、この点が欠けており、日本の科学者がリーダー足りえない理由の一つである。

理系学生に対しても、単なる研究倫理ではない哲学が教養として必要であり、それは国際的な研究リーダーとしての素養でもある。

では、具体的に第四次産業革命にも対応した組織として大学教育学院を提示する。

Ⅲ　大学教育学院の組織

組織としては、教学（教員組織）と管理運営（理事会・業務組織）を明確に分けて運用する。

教学組織は、担当教員をして教育と研究に専念してもらうためのものであり、カリキュラムの整備、学位・単位認定が主たる業務となる。同時に、管理運営組織に、地域や民間の知恵を組み込むことで、地域のニーズを把握し、それに対応することも可能となろう。また、既存の大学とも連携しつつ、地域ニーズに合わせた社会人大学院の付設も考慮する。

1　教学組織

教学組織に参画する教員は、国公私立の各大学の専任教員で構成し、発足時は出向とする。教員組織は、基幹となる常勤教員、併任教員、非常勤教員であり、常勤教員が教学の責任を担う。意識の高い退職大学教員の積極的な登用も必要である。

なお、出向にあたり、常勤職員については、出向元の教育・学務について免除され、経営が軌道にのれば、学院の専任教員となる。

常勤教員は、定年・給与面で優遇し、教育・研究評価に基づいて定年延長等を行うこととする。常勤職員の授業負担は、現在の教員平均セメスター制で平均七コマ程度である（九〇分授業一〇五回分）。本大学教育学院では、昼夜開講となり、勤務形態は厳しい。クォーター五期制で、夏休みも担当する場合がある。基本的に、クォーターを導入するとして、このうち二クォーターは、研究・教育準備期間として、セメスター制に換算して七コマ（九〇分授業一〇五回分）担当を標準とする。

教学組織は、教養教育部門、基礎教育部門、スキル教育部門の三つを設置する。教養教育部門で、学位（学士（学術））を出すことができることとする。

教養教育部門は、文系教員で構成され、カリキュラム・コースごとに、学位取得を可能とする。個別に教養教育単位を取得した場合、各大学の必要単位として「質の保証」をする。基幹常勤教員は、カリキュラム・コースの教員組織に配属され、その代表者によって教学についての決定機関である評議会を構成し、さらに、評議会員の互選と理事会の承認により、学院長を選任する。

基礎教育部門・スキル教育部門には、専任の常勤教員を置かず、理事会直下の業務組織が関係する各大学・学部等と協議して併任教員の派遣、および非常勤教員を選任し、授業を担当させる。単位認定にいては、教学組織の評議会の承認をへて行う。

スキル教育部門については、基本領域とカリキュラムについては、参加大学でカリキュラムを作成し、文部科学省のガイドライン等に準拠して構成する。

教養教育のプログラム・コースの専科学生の選抜については、高等学校時の成績および小論文、面接、試験等によって行う。募集は、春と秋の二回とする。学費については、公立大学に準拠するのが良いだろう。基本的に教員組織、特に教員の校務負担は最低限とし、教育・研究に専念できる環境を形成する。

2　管理運営組織

管理運営組織については、理事会を設置し、県・市（地方公共団体）の代表者（首長ないし教育委員会委員長）、学院長、事務局長、参加大学理事長、市民・県民の代表者、民間企業関係者等で構成する。この理事会の互選で理事長を決めるが、理事長は、大学関係者以外から選ばれなければならない（大学・研究職以外の経験を有していることが必須である）。この理事長のもとに、各大学から選抜された職員で事務局を設置する。事務局長は、理事として理事会に参加するとともに、経営、教務・学務の事務を担当する。また、職員は、地方自治体の職員待遇とし、夜間業務等もあり、給与面で優遇する。民間からも積極的に職員を採用する。

理事会・理事長は、大学教育学院を代表し、学院長とともに文部科学省等との交渉を担当し、学院の運営・経理の責任を負う。

事務局は、学生の管理（募集、入学から卒業まで）、教室管理、財務・会計、教員管理（配置、カリキュラム編成）等を担当する。

大学教育における学院の運営経費は、事務経費、常勤教職員の人件費が主であり（軌道に乗るまでは、出向元に出向時の賃金を負担させ、差額分のみを支給する）、収入は、スキル教育を含む政府助成金および学費である。学費は、参加各大学の学生の授業料から、大学教育学院で選択した科目数を案分して歳入として経費に繰り込むとともに、一科目ごとに一般市民にも開放し、授業料を徴収する。

教室は、各大学の教室を利用し、昼夜間開講としてできうる限り新たな教育投資を行わない。図書館等各種施設については、参加各大学の図書館等施設の利用を許可してもらい使用する。また、教員研究室についても、控え室を用意する程度で基本的に不要であり、カリキュラム・コースにおいて学生指導を行うセミナー室とともに、教員研究室についても参加各大学において供出してもらい利用する。本部・事務組織については、学生手続き等のこともあり、都市の交通のよい場所に設置する。

3　教育システム

教育システムとしては、スキル教育（新技術・対人スキル）、基礎教育、教養教育の三分野をカリキュラム化する。クォーター制とともに、昼夜間開講とし、夏休みでの開講を加えた五期制とする。

夏休みの開講は、主に高校生等（優秀であればそれ以下でも良い）にむけてのものである。大学が質的保証することによって、高校生等にあらかじめ大学の単位として取得させておくこととなり、その後の飛び級や、専門研究に早い段階で進ませることができるシステムである。これは、「先導的試行」であり、地方創生の鍵ともなる。

本システムの学生は、①大学進学前の高等学校生等（基礎教育、教養教育）、②参加各大学学生（基礎教育・教養教育）、③大学教育学院学生（教養教育・高度教養教育）、④リカレント教育対象者（スキル教育、教養教育）、⑤生涯教育対象者（教養教育）、⑥単科生（教養教育）の六つに分類できる。

「①」は、当該地域を中心とする優秀な高等学校生徒等であり、夏休みを利用して、基礎教育および教養教育を履修する。これらの生徒に対しては、単位認定を厳格に行い、大学進学後の履修単位とする。

「②」は、参加大学の学生であり、基礎科目・教養教育科目を履修し、各大学の単位として認定する。

「③」は、リベラルアーツ型の教育機関としての大学教育学院入学者である。カリキュラム・コース毎に、定員を決定し、主カリキュラム・副カリキュラムのもとで卒業単位を履修し、学院から学位・学士（学術）を交付する。定員は、専任教員数に対応して設定する。

「④」は、第四次産業革命下で職域転換を必要とする者であり、基本はスキル教育であり、職種・職域に対応して、対新技術スキル、対人スキルを選択したうえで、必要単位数を求める者である。教養教育としてリーダープロジェクト、リスク管理等を履修する管理職等も想定している。

「⑤」は、人生百年となるなか、興味と関心に基づいた教育・研究として教養教育を提供するとともに、専門学部・大学院での学習を可能とするシステムである。学びなおし、というよりは、生涯学習であり、一般市民を対象としている。

「⑥」は、教養教育科目を一科目ごとに単科で履修する学生である。対象は、一般市民を想定しており、単位履修者には、一科目ごとに成績と修了証明書を交付する。

このように、多様な学生を包含できるのが大学教育学院の特質なのである。

大学教育学院は、後述の研究を含めた大学全体の再構築にあたっての一つのプロトタイプを提供する。まず、地域特性を反映させたカリキュラム・コースの選定が容易である。同時に、新技術の発展のなかで、更新性の高いスキル教育だけでなく、提供された基礎教育・教養教育を選択することによって多様な「学び」を実現することが可能である。

高校生への教育と、生涯学習システムの点は、少子高齢化と人生百年を考えた場合、有効であると考えている。

4　中核市での運用

大学教育学院の運用は、県庁所在地等の中核市でも運用可能と考えている。むしろ、国立大学と公立大学を中核に据えられる点で、運用が容易なのではないだろうか。

県庁所在地では、国立大学・公立大学が中核となりやすい。地方国立大学は、理系学部・大学院と病院・医学部を中核とした再編課程にある。地方国立大学に多い教育学部は、教養教育システムに変更が可能なゼロ免化を行っている大学も多い。その意味で、リベラルアーツ型への変更は可能である。

問題は教員養成課程であるが、中曽根内閣での留学生一〇万人計画では、留学生の日本化が課題となり教育学部等に日本語教育コースを設置した。今度は、三〇万人計画をも利用しながら、公立大学の国際関係学部等と一体化して、第四次産業革命で「④全く恩恵を被らない者」への教育協力へと展開すべき好機ではないだろうか。

教育学部の国際化に際して、学生は、一八歳年齢や大学院生に限る必要はない。国際貢献は、国際経験を有する日本人なら年齢に関係なく、意欲と語学力があれば可能なのではないだろうか。また、このような意識を持った受講希望者は、定年退職者にも多く、活用すべきであろう。国際貢献という点で、国際教育協力は専門職大学院化も可能なのではないだろうか。

一方で教育学部が地方各地にある意味は、師範学校が全国各地に設置されたように、郷土には、郷土を知る教師が必要であるという点にある。少子高齢化のなかで地域統合が進むとしても、単に教育学部を再編・統合するのではなく、教育委員会とも共同して教員に対する研修も含めた教育コースも設置すべきであろう。

また、国立大学の理・医系学部・大学院があるため、上記の基礎教育の運営が可能である。問題はスキル教育であるが、理系学部と連動できれば運用が可能であろう。地域特性に合わせた教養教育プログラムも編制できるだろう。

過疎化が進む県単位では、各都市にある国公私立大学と連携しつつ、遠隔授業システムを利用すれば、地方でも個別指導も含めたきめ細かな講義が可能であると考えている。

注

（1）クラウス・シュワブ著『第四次産業革命　ダボス会議が予測する未来』日本経済新聞出版社、二〇一六年、クラウス・シュワブ著『「第四次産業革命」を生き抜く』日本経済新聞出版社、二〇一九年。

（2）http://www.mext.go.jp/b_menu/shingi/chukyo/chukyo0/toushin/1411360.htm（二〇二〇年六月二〇日）

（3）「高等教育における国立大学の将来像（最終まとめ）」平成三〇年一月二六日 一般社団法人国立大学協会、https://www.janu.jp/news/files/20180126-wnew-future_vision_final3.pdf（二〇二〇年六月二〇日）。

（4）文部科学省「教育課程企画特別部会　論点整理　補足資料（4）」http://www.mext.go.jp/component/b_menu/shingi/toushin/__icsFiles/afieldfile/2015/09/24/1361110_2_4.pdf（二〇二〇年六月二〇日）。

（5）「大学教育部会の審議のまとめについて（素案）」。

（6）木村誠著『大学大崩壊』朝日新書、二〇一八年。

（7）望月澄男他著、小早川隆治編『マツダRX-7：ロータリーエンジンスポーツカーの開発物語』三樹書房、二〇〇四年。

（8）日本は、戦中は「一君万民主義」、戦後は民主化のもと、イギリス貴族のような不労所得者が存在しなくなった、ある意味、社会的な平準化が最も進んだ国家であった。そして、勤勉な国民性により、高度経済成長を成し遂げた。しかし、成功と失敗が明確化する、ハイリスク・ハイリターンの今日、美徳とされた勤勉さは背景に引き、格差社会を前提とした弱肉強食的で、倫理観のない勝者総取りが横行しているのではないだろうか。またこの一〇年間、日本は、先進国で唯一、賃金が上昇しなかった。「働かざる者食うべからず」（働かなければ食べることができない）である日本では、平均所得の上昇より、中間層の所得水準を実質的に下げることで、業務の合理化ではなく、働く場所の維持（雇用）に腐心したのではないだろうか。「働き方改革」が困難であった理由もそこにあったのであるが、コロナウィルスによるテレワークなどの在宅勤務の常態化は、いやがうえにも、業務の合理化をともなうこととなり、今後、経済格差は拡大する一方になると考えている。

（9）人生一〇〇年時代構想会議『人づくり革命　基本構想』平成三〇年六月、https://www.kantei.go.jp/jp/content/000023186.pdf（二〇二〇年六月二〇日）の趣旨にも沿っていると考えている。

(10)「対談　ロケーションよりコンテンツ「とがった大学」が日本を救う」出口治明・増田寛也、『地方大学　生き残りの条件』中央公論、二〇一八年七月号。

(11) 小川洋著『生き残る大学の条件』朝日新書、二〇一九年三月。

(12) 同前注(1)一四一—一四六頁。

第二章　第四次産業革命下の大学研究

「ものづくり日本」は、多くの技術者による開発への努力が結実したものである。産業社会下の大学は、基盤とする能力を持った「人材」を育成し、供給すればよいと考えていた。

しかし、学生による安定志向の風潮は、「ものづくり日本」産業界のトップにも蔓延しているのではないだろうか。技術開発への投資額は増えず、内部留保金にするばかりであり、ビッグトレンドなどの新技術についても、開発を大学に依存し、リスクをとろうとしていないのではないだろうか。

一方で大学は、この動きに対応して投資額が増えるのを期待して、今、必要なものだけに飛びついて事業化という商売にばかり腐心しているのではないだろうか。これまで述べてきたように、日本の大学は、総合大学化を一つの目標としてきたが、大学の個性化によって委縮させるのではなく、総合大学であるがゆえの有利さを、高等教育機関として転換させ、未来を創造する投資としての教育を中心にしなければならない。

今日、国立大学では、とにかく今のために投資される競争的資金・外部資金に血眼となり、それを獲得することができる学商が幅を利かせている。確かに、外部資金に依存する国立大学では必要なのであろうが、しかし、彼ら自体が科学の発展に寄与する存在ではない（「学商」とは、外部資金獲得のための書類作成に才能を有し、外部資金の獲得とその利用を自己利益拡大につなげることにたけた一群の大学人）。国立大学の教員を学商化させるのではなく、日本の科学立国のためには、大学と企業を結び付けるシステムを国家規模で作ることで効率化させることの方が重要である。

クラウスが提示したビッグトレンドは、確かに今必要であり、産官学共同で対処しなければならない課題も多い。しかし、科学の進歩は、物質科学等それ以外にもあり、さらなる次世代・次々世代のビッグトレンドは、生命科学や、量子コンピューターだけにあるわけではない。

大学というところは、その次世代・次々世代の種を、教育を通じて生み出す創造の場でもなければならないのである。

I　科学者としての意識

日本の大学とアメリカの大学との大きな違いは、傾向として科学者のあり方に違いがあるとも考えている。アメリカの科学者は、問題をみて解決策を考えるという実用科学的な思考回路を有しているのに対して、日本の科学者は、その解決策を真理という点に深めようとする哲学的思考が強かった。

ある意味、思考回路としてアメリカ型の科学者は、柔軟な発想をもって問題解決を行うことができ、社会的なリーダーともなりえる資質を有する。日本の場合は、問題を深めようとする思考が強かったため、基礎科学のような深遠な真理の究明に向いているが、社会的なリーダーには不向きであったのではないか、とも考えている（ある意味、そうであるがゆえに、大きな発見、ノーベル賞級の研究が可能であったのである）。

さらに、大学と企業における研究の棲み分けは、基礎と応用という関係を固定化させてきた。基礎科学における研究の方が深遠であり、科学の進歩を実感させるものであったためである。

特に、国立大学では、このような感覚が強いのに対して、私立大学では、学生の志向に合わせて多様化し、実用科学に特化しているといってよいだろう。しかし、私立大学の実用科学化は文系が中心である。設備投資が必要な理系で実用科学的な思考を有する大学は、限られている。そうであるがゆえに、今日、実用科学的な発想で、国立大学の理系化を促進させ、企業の開発関係者などを還流させることで、国立大学の改革を進めようとしている。

上述したように、今日、国立大学の理系大学化は、着実に進んでいる。同時に、地域特性に根差した多様性（画一的ではない）を確保した連携が求められている。地域特性に根差した重点化が必要であり、東大・京大に伍して、むしろ、それを凌駕しうるシステムの構築が必要であり、国立大学の州立大学化は、その端緒になると考えている。目標は、世界トップ一〇〇などという空疎な数値目標ではなく、ローカルな日本を代表し、次世代のグローバルをけん引する人間の育成機関として、参加大学が個性を競うような、唯一無二の存在としての総合大学化である。

このためには、地方国立大学の再編は、国公私立関係なく地方の大学全体で理解しなければならないだろう。

Ⅱ　地方国立大学の広域連携～州立大学化～と公立・私立大学

地方にあっての大学は、国立大学を中心に、国立大学にない学部を公立大学が補い、私立大学は地域が必要とする人材の供給機関として存在している。

国立大学がグローバルな活動を中心とする研究大学として高度化し、地域に必要な人材は公立・私立大学が提供する、という棲み分けの構図であるが、当該地域の一八歳年齢の進学者をシェアしているのが実態である。それは、首都圏・関西圏で進学した者を除いてのものであり、一極集中のなかで厳しい経営環境に置かれていることに違いはない。

国立大学からすれば、順番は最後と考えているかもしれないが、地域に魅力がなければ、優秀な学生であればあるほど、若者の県外流出は止まらないだろう。

一方で、総合大学化した地方私立大学は独自の教員人事を行っているが、地方の単科大学などでは、教員給与を節減するため国立大学定年後の教員を採用し、教員の供給を国立大学に依頼したりすることも多い（そのことを期待してか、地方私立大学の学長に地方国立大学の副学長クラスが就任している）。

理系では、単科私立大学との研究協力も行われているが、教育面では単科私立大学が技術者養成に特化しており、棲み分けが行われている。研究を中心とした場合、特に理系では、国立大学を中心とした広域連携が必要である。第一部で明らかにしたように、新制国立大学は、アメリカの州立大学を範にとっており、国立大学法人化以後の大学類別化・個性化は、まさに、文部科学省の強めの指導による州立大学の準備なのである。

問題は、一旦、総合大学化した地方国立大学でそれが可能か、ということである。過去における専門学部と教養部との関係、類別化に対する抵抗にみられるように、大学・大学人は、格付けに実に弱い存在なのである。

しかし、地方国立大学のうち五五校は、個性化とともに、公立大学と同じような地域型として生き残ることを選択している。理系の場合、地域における基礎教育を維持しつつ、研究の底辺の維持のためにも、現状における学部・大学院は必要だと考えている。しかし、個性・特色がなければ、現状でも国立大学としての存続は困難なのではないだろうか(1)。

文系の場合は、リベラルアーツ型学部への再編が合理的である。そのうえで、大学院は、現状のポスドク状況をみれば明らかなように研究者を過剰供給しており、大学院の定員削減が必要であろう(2)。文系については、全般的に学位授与する対象を広げ、課程博士号より論文博士に重点を移し、大学院をヨーロッパと同じように修士課程（博士課程前期）までとして研究底辺の拡大につなげたほうがよいのではないだろうか。文系も分野ごとの広域連携によって高度職業専門人育成を図るべきであろう（テレワークはこの可能性を広げている）。

教員養成系学部については、少子高齢化に鑑み、リベラルアーツ型か、学部合併等による統合が必要である。国立大学文系は、専門領域によっては公立大学と合併するなどして研究・教育の充実を図る方が良い場合も多い。

そのうえで、各大学の個性化と研究上の強み等を勘案して、地域に偏りがないように、重点領域の再配置を行う必要がある。このためには、勝者総どりとなりかねないアンブレラ方式ではなく、教学と管理運営を分離したうえで、管理運営に関する統一的な国立大学法人を新たに作り、合理的な域内重点化と再配置を図る必要がある。この点、文部科学省が意図している大学・地方公共団体・産業界からなる地域連携プラットホームでは単なる助言機関に終わる可能性が高く、実質的ではない。むしろ、国立大学法人を広域的に改編・統合し、州立大学化することで役員会構成を変化させ、地方の要望を受け入れることができるように理事会として再編すべきであり（地方公共団体首長、地元産業界・民間人代表、傘下大学同窓会等代表と総長・学長）[3]、教学については、各大学における学問の自由を守る組織として、教育・研究に専念できるシステムとして再編するのが実質的かつ合理的である。

国立大学法人の州立大学化にあたり、公立大学を合併するなどして、基本的な学部・大学院編成を維持することも重要であろう。また、州立大学化は、現在のような競争を州単位（学区）とし、地方公共団体の首長や市民・企業等を参画させれば民意を反映でき、州単位での教育力という点で一定の広域性を持ち、より地域に根差したものに変化するであろう。それは、画一的ではない、地域に根差した真の個性化につながるものである。同時に、州立大学とすれば、中期目標中期計画のような煩瑣な業務は、州単位で、監査業務とともに行うことで合理化できる（国立ではなくなるため）。また、先端的な科学力・研究力重視という点で、国立大学の採算性がある研究所については、個別の独立行政法人として国立のままとすれば良い。また、大学病院についても、独立採算制のもとに大学から切り離して州立病院化させ、教育・研究については医学部に集中させるべきである。

Ⅲ　外部資金のあり方と研究者養成

　国立大学の多くが寄付を募っている。大学によっては、教職員に半ば強制的に徴収を図る動きもある。しかし、ふるさと納税と異なり、寄付行為の見返りはなく、寄付金は、単なる名誉と母校愛にのみ支えられている。この点、有名私立大学のように同窓会組織を整備して、各地に支部を置き、また、会員間の交流もあるような組織ならばよいのだが。国立大学は、学部ごとや、職能的組織（茗渓会、尚志会などの高等師範系同窓会等）であり、活動が活発なのは主に、医学系と工学系の同窓会である（この二つも親睦団体というよりは、職能的組織である）。国立大学全体としての校友会や、連合同窓会等の設立は、国立大学法人化前後のことであり、今日、それを活発化させようとしている。しかし、校友会等の組織は、本来、卒業生と在校生との橋渡し、仲介をなし、例えば、個人情報保護法によって企業が出身大学の名簿を出さなくなったなかで、企業訪問を容易にするなど、校友間の交流拡大と在校生の便宜を図ることが主たる目的であった。そして、卒業生の母校回帰を促し、大学への関心と関与を増やしてもらい、大学それ自体の活性化を目標とするものであった。今日、組織的に未成熟な段階で、急に寄付金徴収窓口にしようとしたりしている。それでは、本末転倒ではないだろうか。アメリカの大統領選挙ではないが、卒業生からの寄付金は、基本的に小口で広く薄く集めるようにしなければならないだろう（あるいはイベント型）。そもそも、日本には、アメリカのような寄付文化が根付いていない。特に、寄付金がどのように使われるか明確ではない大学本体への寄付などは、現状では困難なのではないだろうか。

　この点、野口英世ではないが、奨学資金については、日本は戦前から義倉など充実した組織を地方で持っていた。それは、有為な個人への投資であった。このような奨学資金については現在でも、あしなが募金等があり、日本人は個人・人間に対して寄付行為を行うのが特質なのである。

一方で、大学は、自ら事業主となり、研究・研究室単位で事業化を行うことで外部資金を得ようとも考えている。(4)応用科学分野で生産力の高い研究グループにとっては有効か、とも考えられ、東大や京大、東工大などの規模があれば、それも可能だろう。しかし、地方国立大学では、それを事業化しうる人材に乏しく、企業との共同も限定的にならざるを得ない。大企業は、東大・京大。開発費用が捻出できない中小企業は、地方国立大学というような考え方もあろうが、それでも優良な中小企業が大学に投資した例はすくない。(5)

企業は、大学の実験機材は魅力的であるものの、投資効果が高い組織とはみていない。大学が絡むと事業化に時間がかかり、研究・研究室単位では、金額が大きいとも考えるからである。有力企業などでは、オックスフォード大学やケンブリッジ大学等に冠講座を設置している。それは、ミッションのみならず、世界的な研究者との交流を通じて、派遣した研究者が伸びるからであり、コネクションとして研究者個人の研究面でも、企業にとっても投資効果があると考えられるためである。

この点、日本の研究グループには、いまだにギルド的でアイディアは助教・研究生、研究業績は教授と准教授といった「あいのり」と「丸投げ・丸どり」意識で運営し、院生などを兵隊あつかいするようなところもある。このような組織では、有能な若手研究者がリーダーになることもできずに摩滅し、その新しい発見や発明もしぼんでしまう。また、新技術の開発は、そのスピードが第一である。このため、研究論文にすることを至上命題とする大学への投資は、情報の機密性も低いため企業は投資をためらっているのではないだろうか。

また、政府は、学会を経由して集中的な研究投資をしているが、学会を経由している段階で、すでに商機を逸しているような場合も多いと考えられる（「学会」が独創的な研究を理解できるとも限らない）。機動性が低く、意思決定が遅いのも原因である。政府が野心的で画期的な基礎研究と革新的な技術への応用について大学と企業双方が取り組めるように積極的な資金配分ができる仕組みを作るべきである。

同時に、科学研究費補助金の配分は、大きなプロジェクトを除いて、研究グループにではなく、能力のある個人に行えばよい。企業の寄付金も同様である。

若手研究者で次世代のリーダーたりうる人間の発掘・養成は、日本国にとって最重要課題である。科学研究費補助金を、理系では、研究グループに資金を提供するのではなく、発案者である個人に資金を提供し、その個人が研究グループを指定して成果を出すことにすれば、正当な評価が発案者に付属し、また、研究グループの効率化・適正化が進むのではないだろうか。また、若手研究者の真の意味での流動性を高め、テニアトラック制度のなかで奴隷奉公などという悪しき風習も一掃できるであろう。「良禽は木を択ぶ」この過程で、教授（准教授）は、研究グループの運営にあたって人任せにするのではなく、中心として自ら行動し、差配する存在とならなければならない。そして、自らの研究も継続しつつ、若手研究者を養成し、また、そのために講義などの負担も負う存在になるべきであろう。業績において、第一著者（研究発案者）以外の業績は、理系（文系でも）においては教育評価なのだと理解すべきであろう。

そして、政府は、「さきがけ二一」のような次世代若手研究者養成に、より力をそそぐべきである。(6) また、企業がコラボして投資する際は、企業側研究者に資金を付与する形で、大学・研究グループを設定すればよい。一方で、大学側は、企業研究者が博士号をとれるように指導すれば、一挙両得ともなるだろう。

現状から考えれば以上のようになるが、政府・企業と共同できる大学の附属研究所については、大学から分離し、単体で独立行政法人化すれば、大学の論文至上主義からも解放され、開発・研究のスピードがあがり、資金の集中もしやすい。大学教員もプロジェクトごとに参加させることとすれば、より科学技術立国としての基盤形成上合理的ではないだろうか。

文系は、分野にもよるが、基本的に蓄積と経験値が研究要件であり、また、体系性と展開力が重要であって、理系とは研究方法や価値観が違っている。今日、文系の若手研究者は、分野にもよるが小粒化しており、課程博士がとりやすい重箱のすみをつついたような研究が多くなっている。若手も教授も関係なく、フラットに評価して、科学研究費補助金を配分し、その個人が研究費の交付を受けて研究グループを構成するようにすればよいのではないだろうか。安易な研究を排除する意味で、文系の場合は、大学のネームバリューではなく、その業績（文系は基本的に単著であるため）で判断して研究費補助金を支給すべきであろう(7)。

Ⅳ　自大学主義とテニアトラック制度

地方国立大学の総合大学化は、高度専門職業人養成機関としても機能した。それは、高度職業専門人の供給機関、東大・京大の寡占状態を破るものであり、科学立国の底辺拡大にも寄与するものであった。反面、大学における人事採用にあたり、研究能力・業績以外に、情実的な要素を加えることともなっている（自大学主義）。

若手研究者が育たなくなっているのは、この自大学主義も大きな要因なのである（東大・京大も例外ではない）。実際、自大学出身であることが採用の要件となっている人事もある。場合によっては、能力がない者を育てなければならなくなるのであるが、自大学の出身であることがプライドと化してしまい、研究者として伸びずに、往々にして途中で「枯れ木」化してしまうこともある。このような自大学主義は、「準公共財」ではあるが、多くの国費を投入してきた国立大学では、社会的公正性を担保する意味でも避けなければならない（自大学主義は、卒業生にとっては愛校心となり、親睦として重要であるが、学問の世界では不公正さを生みやすい）。

一方で、若手研究者から導入されたテニアトラック制度は、基礎研究を行う研究者にとって、全く不向きであり、有能な科学者を枯らすことともなっている。そして、若手研究者にとってみれば、いつまでたっても生活の安定が得られず、大学が就職口としても魅力のないものとなっている。特に工学系では、このことがいえるのではないだろうか。

問題は、一律に運用しているからであり、応用科学分野では、問題解決に五年もあれば充分であるが、基礎科学研究では、全く短いのである。

このような状況が、科学立国の妨げとなっており、地方国立大学では、自大学主義をまもろうとする意識が強くなっている。自大学主義では、一つの大学で助教→准教授→教授とエスカレーターのようにして昇進する。つられて共同研究している者も同様に、昇進するのである。この間、グループの構成員全体が、科学者・研究者として伸びればいいのであるが、トップである教授が劣化して単に若手の業績をすいあげるだけになったりすれば研究組織が硬直化し、低生産性を招き、若手研究者の育成の妨げともなる。テニアトラック制度のなかで、さらに、自大学主義という縛りがあると、若手研究者に従属を求めるようになりがちである。たとえ、運よくテニアとなったとしても、他の研究組織を知らないままに終わり、戦前の帝国陸軍軍人のように、柔軟な発想を持ちにくくさせてしまうのではないだろうか。特に地方国立大学では、研究組織自体が大きくないため、大学内で他の研究グループに移ることもできず、若手研究者に閉塞感を持たせているのではないだろうか。

それを避けるには前述したように若手研究者に研究費をつけるとともに、一つの大学で助教→准教授→教授という形で昇進してはならないことにすればよいだろう。

特に、助教クラスの若手研究者には、将来の日本の科学がかかっているのであるから、助教は、必ず自校出身大学以外の者を採用することとすればよい。もし、それが問題であれば（能力があって手放したくなければ）、准教授で採用すればよいだろう。重要なのは、「かわいい子には旅をさせよ」である。出身大学以外の水を飲むことは、新たな知見を得るチャンスでもある。東大・京大、旧帝大も地方国立大学も関係なく、予算を持っている「助教」が流動化すれば、日本の研究システムは、全体的として底辺の拡大につながり、改善されるだろう。特に、教授・准教授自体が活性化しなければ、よい助教は来ないのである。必然的に、枯れ木教授は淘汰されるのではないだろうか。

一方、基礎研究分野については、研究グループの規模を大きくする必要がある。地方国立大学の州立大学化は、専門分野ごとに大学間を移動しやすくし、孤立しやすい基礎科学研究者を集団化させることで、研究の活性化を促すことも可能にするだろう。

重要なのは、基礎科学と応用科学のバランス、人数比を変えない、ということである。基礎科学のなかでの専門移動、応用科学部門では解決すべき問題の変化として人的移動を行うことで対処すべきである。

文系は、特に、自大学主義に陥りやすい。その理由は、高度職業専門人のポストが少なくなっているためである。文系は、ポスドク問題が理系以上に深刻であり、研究は、基本的に単著・一人で行うものであるから、弟子である院生・課程博士の就職が重要な課題となる。研究・教育能力と関係なく、就職の世話ができる者が良い教員ということになりやすい。また、自大学主義は、最低でも自分のポストがあるために、それで安心ということになりかねない。文系の場合は、教員と学生が一対一の関係になりやすいため、結果として、研究が蛸壺化する傾向にもある。

文系でも経済学などは、理系・応用科学同様の問題解決型であるが、哲学・文学・歴史学のような問題発見型、基礎科学的な志向の強い分野でも応用科学が主流の経済学と同じように課程博士を乱発したのが問題なのである。この分野での単なる自大学主義は、学問の停滞を生むだけである。

文系の場合、大学院教育を改善すべきであり、複数指導体制を徹底化し、優秀な者には特に「旅をさせて」学ばせることが重要である。高度職業専門人養成には、多様な視点が重要であり、できうる限り学生を多角的に評価し、その才能を伸ばせるようにすべきである。特に、地方ともなれば若手研究者は孤立しがちであり、多様な指導をうけられるような仕組みを作る必要がある。そのうえで、速成が利かない文系分野では、学生数を絞り込み、優秀な学生を集団指導体制のもとで育成すべきである。そして、博士号については、課程博士に重きを置くのではなく、むしろ論文博士を中心にし、生涯学習者なども含めて研究のすそ野を広げる方向に転換すべきである。

以上のように、自大学主義は、研究でマイナス面が大きく、若手研究者養成にも向いていない。テニアトラック制度も、若手研究者にとって厳しいものとなっている。自大学主義が大学レベルで行われ、今日の国立大学法人のもと、学長・執行部が自大学主義で固められたならば、情実あふれる運営となることも理解できるのではないだろうか。

「老舗」の和菓子屋などが「老舗」であり続けるのは、「伝統」と「秘伝」があり、それを守り続ける職人気質の自制心と倫理観があるからである。大学も「伝統」と「理念」「精神」が必要であり、有力私立大学には、それが確固として根付いている。しかし、学問それ自体は、恒常的な発展と更新をくりかえすものである。企業でも、起業精神を理念としつつも、人的に多様性を確保する組織が変化に対応して発展している。今日、多くの国立大学の自大学主義は、「理念」や「精神」はなく、単なる情実・便宜主義にすぎないことが問題なのである。

V　「州立大学」化の道程

以上をまとめて、具体的に、現状の国立大学等を州立大学化する道程については、下記のことが考えられる。

現在の国立大学法人でも一法人で複数大学を有することができる。しかし、旧帝国大学を中心とするアンブレラ方式は、今日、必ずしも旧帝大教員の全てが優秀とは限らない現実に対応していない。それゆえ、各大学間を多元的な関係性として維持しつつ、各大学の個性化に沿って互譲精神で拠点を形成しつつ行うべきであり、そのためには、州立化した場合は、各国立大学法人等を統合して新しい州立大学法人を作るべきである。基本的に最終的な州立大学化の工程は、以下のように県レベルからはじめ、各県等の連合による州立化（学区化）という漸進的なものであるべきである。なお、首都圏、関西圏は有力な私立大があり、実際、現状のままで良いと考えている（国立大学で、一大学一法人は、最終的に、東京大学と京都大学だけとなるのではないだろうか)。

理事者として経営責任の一端を担うものとする。

(1)「県」レベルでの整備

まず、県単位で、国立大学と公立大学の統合整備を行う。この過程で、民意を代表する地方公共団体の首長等は、

①都道府県単位、一県単位で、国立大学と公立大学を一法人のもとに置く。学部等で競合しない場合は、合併する方がよいだろう。ただし、合併したとしても、校舎の関係もあり○○大学○○校としての運営を可能とする。

②その際、傘下の国立大学・公立大学は、教学(教育・研究)部門と管理運営部門を分け、教員は、大学教員として教学部門に配置する。職員は、法人職員として経営部門に一元的に属することとする。

③理事会は、関係地方公共団体の首長および、地域の民間代表者、傘下大学の卒業生代表(大学人であってはならない)と、学長によって構成し、互選により理事長(大学人であってはならない)を選任する。理事長と学長は、兼任ができない。理事長は、県レベルにとどまることなく、広域性のある視野を持ち、道州制を見込んだ連携が可能な人物であることが必要である。

④法人理事会は、各参加大学の管理運営部門を直轄する。具体的に、中・長期計画の策定、財務・資金、施設整備・管理、学生管理(留学生・国際)、法人職員の人事等を行う。傘下各大学の業務部門も法人理事会の傘下に置き、各大学業務部門と法人本部で構成される経営協議会をもって運営する。経営協議会は、理事長が主宰する。

⑤大学は、教学部門を担当し、大学教員が教育・研究に専念できる環境を整備する。そのうえで、教員人事は教学部門が担当する。また、中・長期計画の策定等にあたっては、部局長等によって構成される教育研究評議会が担当し、理事会との協議により策定に参画する。

⑥学長は、教育研究評議会での投票、各大学の教員による投票により決定する。学長は、自大学および大学教員に限らない。むしろ、積極的に人材を他から求めるべきである。

⑦部局等の教学組織は、できうる限り簡素化し、外部資金・国際協力等に関する部局横断的な委員会を学長に直隷して設置する。

⑧この過程で、大学教育学院を設置する。また、傘下大学間で教育・研究協力体制を形成するため、傘下大学を横断する組織を作り、法人理事一名を置く。

（2）「州」レベルでの大学再編

構造と理事会構成、教学組織構成は「県」レベルと同様であるが、県レベルで、国立大学・公立大学の合併を進め、教学部門の整理統合を進めたのち、各県ごとの法人を合併して「州」・学区単位の新法人を設立する。

①道州制を念頭にした学区制に基づき、傘下の各大学を一法人のもとに置く。そのうえで、各地域に分散させたうえで研究領域の重点化指定を行う。

②その際、傘下の各大学教員は、各大学に帰属するも、学区内での異動を容易にする。法人職員は、全て新法人下の職員とする。

③理事会は、各県からの地方公共団体首長と民間代表者で構成され、各県からの学長各一名とで構成される。理事会の互選により、理事長を選出する。学長は、理事長にはなれない。理事長は、国際的な視野を持った経営能力を有し、教養を有する人物であることが必要である。

④法人理事会は、各大学の管理運営部門を直轄し、大学法人全体の中・長期計画の策定、財務・資金、施設整備・管理、法人職員の人事等を行う。各大学の業務部門を法人理事会の傘下に置き、各大学業務部門の長と法人本部で構

成される経営協議会をもって運営する。経営協議会は、理事長が主宰する。
⑤大学は、教学部門を担当し、大学教員が教育・研究に専念できる環境を整備する。そのうえで、教員人事は各大学教学部門が担当する。
⑥各大学の学長の互選により、総長を選出し、学区内法人の教学部門全体の長とする。また、理事一名をあて、学区内の教育・研究の連携を行う。
⑦各県大学教育院を統合し、学区内を横断する州立教養大学（大学教育学院の発展型）を設置する。

現状の国立大学法人では、第二部で明らかにしたが、教学と管理運営の一体化を理事長を兼ねた学長が行っているが、問題性は明らかである。また、大学業務の合理化という点でも、大学教員が教育・研究に専念できる環境を作るうえでも、ひいては、日本の大学の教育力・研究力強化のうえでも、資するところが多いと考えている。

注

（1）教育刷新委員会で、戸田貞三が「その大学に入学を志望する者が大体或る地方の人々に限定せられる。少くとも半数は地方の人々であるというふうなものは地方に移管するということがそう無理ではないじゃないか」と述べていたように（昭和二三年一月一六日、教育刷新委員会第一〇特別委員会第四回議事速記録、日本近代教育史料研究会編『教育刷新委員会教育刷新審議会会議録』第一〇巻、岩波書店、一九九八年一五八頁）、学生の半分が地域出身者である場合、地方委譲の対象である。その意味で、「地方」を広域化し、道州制を念頭に置けば、ほとんどの国立大学は、州立大学化すべき存在なのである。

（2）今日のように課程博士を出す必要はないと考える。そもそも、文系が役に立たないと考えることが間違いであるが。吉見俊哉著『「文系学部廃止」の衝撃』集英社新書、二〇一六年。

（3）なお、現在の国立大学校友会などでは学長が会長を兼務している場合が多い。これは組織面および資金面に問題があるためである。本来、卒業生による同窓会等の団体は、大学人が中心であってはならず、また、一部の特殊利益を代表するような職域的な団体でもない統一的な組織でなければならない。統一的な組織で、大学人が代表であるような組織および職域的な団体代表者は除かねばならない。もし、そのような団体がない場合は、傘下大学卒業生の非大学人である教養ある著名人をもって代表とすべきであろう。
（4）五神真著『大学の未来地図――「知識集約型社会」を創る』ちくま新書、二〇一九年。
（5）池井戸潤著『下町ロケット』小学館、二〇一〇年。小説ではあるが、「自前」である。
（6）永野博編著『世界が競う次世代リーダーの養成』近代科学社、二〇一三年。
（7）問題は、評価すべきシステムである。文系で停滞している分野は、学会が保守化したことに原因がある。この点は、国際的な傾向である。

参考文献

佐藤郁哉編著『五〇年目の「大学解体」二〇年後の大学再生：高等教育政策をめぐる知の貧困を越えて』京都大学学術出版会、二〇一八年。

第三章　地方における大学の明日

私が住む広島県には、県立の中高一貫校が二つもあり、着実に実績をあげている。私立高校も優秀な高校が多数あり、個性豊かな高校も多くある。また、広島大学附属は、歴史的伝統を持っており優秀であるだけでなく、幼稚園から高校までそろっている。環境として大学も含めた「先導的試行」を行うには、十二分な条件を有している。

首都圏よりも、地方は、教育投資を若者に対して着実に行ってきた。「米百俵の精神」は、今に至るまで続いているのである。そして、地方にある公立大学や私立大学は、地方に貢献してきた。今後、地方国立大学は、地方の要望に対応し、いかにして国際社会で活躍できるような人間を創ることができるのかが重要な課題なのである。

地方であるがゆえに、高等教育機関の多様性や、学校教育を補完するようなシステムにおいて首都圏・関西圏などに劣っている、都会でないとだめ、などといわれてしまう現状が、そのままでよいわけがない。地方だからこその創生と活性化の核としての事業展開が大学に課せられている。

郷土に生まれ育ち、郷土の都市に出て学び、国を理解し、国際社会のなかで自らを位置付ける。ローカルな視点だからこそグローバルを創生できるのであり、真に国際社会に通じる人間を育成することが、地方創生の鍵である。まさに、人は石垣、人は城なのであり、人は大学最大の資産なのである。大学に人という資産があるがゆえに、地方公共団体の多くが公立大学を設置し、無理をしてまで大学誘致をしてきたのである。

I　グローバル化の変容

大学のグローバル化の呼び水として、平成二〇（二〇〇八）年七月二九日、留学生三〇万人計画が文部科学省を中心とした関係省庁によって策定された。本計画の三〇万人という数字は、欧米の留学生受入れ率並みに日本も受け入れる必要があるとして設定されたものであるが、その目的は、本来、留学生教育可能なように日本の大学を国際化させるとともに、日本人学生の国際化が重要な目的であった。

確かに、日本にくる留学生には、目的意識を明確に持った優秀な学生が多い。しかし、なかには、出稼ぎ目的であったりして留学生が大量に行方不明となっている事例も発生している。反対に、出稼ぎ目的であることを利用して事業化に成功する大学もあれば、多くが単なる定員充足の手段や、見せかけのグローバル化の手段としている大学もある。日本への留学が学歴ロンダリングや、単なる観光目的であったりする者だっているだろう。他方、研究資料持参のかもねぎ学生であれば、大学研究者にとっておいしい場合もある。

現在、日本人の国際化のための留学生三〇万人計画は、留学生の数という数値目標だけとなっており、国全体としても、留学生教育を通じて大学と日本人学生の国際化という目的は忘れられ、少子高齢化にともなう国内労働力の補完として必要となっているようにも見える。

また、日本人学生に留学を義務付けたりする大学も増えてきているが、学生自体は、内向きで安定志向。とにかく、資格を取得したりして安定した就職を考えている。安定志向は安全志向でもあり、国際化にともなう留学先も、開発途上国ではなく、欧米志向が強いのである。そして、確かにキャンパスに留学生は増えたが……、棲み分けているように見える。日本人学生の国際化のためにも交流の拡大が必要であるが、外国人留学生だけを隔離したような教育システムもあり、問題だろう。また、研究でも、優秀な留学生の獲得は、科学立国として必要である。ただ、それは、論文共著の対象・単なる業績稼ぎで終わってはならない。国際学術交流を、より実質的とするようなシステム作りが大学にも課せられている（本来は、より国策レベルでキメの細かい交流が重要であろう）。

しかし、現状日本のグローバル化は、日本の都合ばかりではないだろうか。先進国となった日本が、第四次産業革命の「④全く恩恵を被らない者」に対してどのように貢献するのであろうか。世界的な課題解決のために貢献ができるのであろうか。

地方の大学は、人間の育成を通じて、具体的に国際的な課題を解決できるような努力をしてきたのであろうか、今、それが問われているのである。

II　地方創生の教育

第一章で提唱した大学教育学院（仮称）案を設立しうる環境は、整っている。地方国立大学の多くが理系大学化するなかで、文系教員は、疎んじられて余剰人員化している。また、地方私立大学の経費節減にも寄与でき、地域の高等学校学生等に先んじて大学教育を学ぶ機会を与えることもできる。さらに、必要とされているリカレント教育を主体として行いつつ、県民・市民の生涯教育の場としても活用しうる教育システムであると考えている。

一方で、国立大学法人の改革も急務である。科学立国日本の再生のためには、州立大学化による規模の拡大が必要であり、地方国立大学間の連携強化が必要である。このためには、単なる自大学主義や、中央依存体質を払拭する必要がある。競争ではなく「共創」のシステムを、地方国立大学は、教育では公立・私立大学と、研究では日本型の州立大学を目指して複数の国立大学とも連携すべきである。もはや、国立大学法人の役員会構成を少し変化させて、地方関係者を入れるだけでは間に合わない。最終的に、道州制を念頭にいれつつ、地域単位で教学と管理運営を分離し、各大学法人の管理運営組織を統合した新たな国立大学法人を設置すべきである。この過程は、域内の研究重点化を行うもので、国立大学間に互譲精神が必要であり、主導権争いのような愚かな対立は避けなければならない。そうであるがゆえに、まずは、国立大学法人法の最大の問題点である教学と管理運営組織の分離が必要なのである。

Ⅲ　日本の科学者のあり方

同時に、日本における科学者のあり方も変化が必要である。これまで、基礎科学と応用科学という分類が研究組織を大学と企業に分け、かつ、二種類の科学者として存在させてきた。

前者は、真理の追究とそのための論文作成を、後者は、企業の利益を自己目的としてきた。日本のアカデミズムは、前者を科学者、後者を技術者と規定してきたが、もはやその境界線は曖昧である。

そして前者は、真理の追究を哲学的に志向したのであり、結果として、社会との関係性は著しく限られたものとなった。一方後者は、次世代・次々世代と次から次へと降りかかる問題とその解決に専心するため、論文など書く暇もなく開発を続けた。彼らは、博士号を持っているだけで真理を追究したつもりの課程博士が企業の開発現場で役に立たないことを知っている。このため、課程博士や、今に役に立たない大学研究者をひそかに軽蔑さえしているのである。

水と油のような二つの科学者像であるが、前者は、基礎分野を得意として真の科学をより発展させる要である。彼らの業績は、一様ではなく、しっかりした成果を出すには時間が必要な場合も多い。それだけに、評価は長期的なスパンで行うべきである。同時に、その規模を維持し、研究に専心でき、科学の発展と新たな研究成果を次々と生み出すシステムへと変化させなければならない。

一方で、今日、画期的な基礎研究が応用研究と結びついて社会を一変させるような時代である。大学と企業は、個別の大学レベルではなく、国家的なレベルで大学の基礎研究が応用研究に結び付くようなシステムを構築する必要がある。

工学系では、優秀な者が大学に残らず、企業に就職している。今日、政府は、彼らを大学に還流させることによって応用科学分野での研究組織の再編と開発スピードの向上を図っている。確かに、開発に結び付く研究システムの再構築が工学系には必要である。しかし、前線の有能な研究者を企業が大学に送るとも考えにくい（特に地方では）。大学と企業には、それぞれ長所と短所がある。商業化は大学の事業化にともなって歓迎されているが、大学にとって合目的な企業論理が、社会的公正性を担保している高等教育機関になじまない研究もあるだろう。

また、医学系は、基礎医学が生命科学と融合し、臨床医学も進化している。一方で地方にとって地域医療の現状は深刻である。教育学部における教育学系と教員養成系を分離させたように、地方国立大学の医学部でも、総合医養成に特化し、地域医療を担当する医療法人との関係を強化するような方向性を志向してもよいのではないだろうか。

それ以上に深刻なのは、日本のリーダーが「寛容や尊敬、配慮、思いやり」を持ち、また、国際的な信頼と信用を受け、尊敬される人間であるのか、ということである。

日本の科学者は、社会性を有していなかったが、尊敬に値する科学者・研究者を輩出してきた。それが、伝統的な日本の科学者養成の結果でもあった。

しかし、その社会性のなさが、新制大学の本質とのミスマッチをもたらし、第一部で明らかにしたように象牙の塔としての権威を失わせ、今日に至らせている。旧態依然とした大学の自治のもとで、象牙の塔を再構築することはできないだろう。また、象牙の塔を形成していた権威主義的でギルド的な関係から社会を縛るということも、白い巨塔内ではそのような風習が残っているが、社会全体では困難なのはいうまでもない。

もはや、徹底的な社会化のなかで、権威主義的でギルド的な関係を払拭し、学問の自由を守り、科学の進歩と、なによりも未来を託せる人間を育成するという使命のために大学は、全力を尽くすべきであろう。

本書で繰り返し述べていることは、大学教員は、最先端の研究者であるだけでなく、本来、教育者であるのだ、ということである。学校教育の一環として、学費を支払う学生を人材としてではなく、人間として扱い、その育成を期するのが仕事なのである。

第四次産業革命で求められている人間としての素養、特に、リーダーとなるべき人間には必要とされる資質として人文学・社会科学的な教養を、大学が供給しなければならない理由もそこにある。

Ⅳ　文系の生きる道

郷土の、都市の、そして国の知の集積は文化にあり、国際社会のなかで自らを位置付ける意味でも、そして、なによりも人間として生き、他者を理解し、社会を理解し、国際社会に貢献する人間としても人文学・社会科学の素養は必要である。

リベラルアーツ型の教育システムを整備し、そこで教養教育を展開し、それと連動しつつ専門教育・大学院教育としての文系の再編を行うべきであろう。

文系教員も、基礎科学研究者と同様の意識を有している。一方で、政策科学、地域科学、行動科学などの応用科学分野に対応した大学院（政策研究大学院大学等）や学部も増えている。経済学でも、近代経済学（ミクロ経済とマクロ経済）とマルクス経済学との構成比が著しく変化し、前者があたりまえに中心となっている。経営学修士（ＭＢＡ）を出す、ビジネススクールも首都圏だけでなく地方でも設置されるようになってきた。ただ、日本におけるアメリカ型学問分野の中心は、社会科学であり、人文学では、伝統的な研究スタイルが中心となって残っている。このため日本では、地域研究といっても政策的な地域科学ではなく、地域文化を対象とする研究業績が多い。

この点は、理系における基礎科学と応用科学との関係性にも似ているが、人間中心主義ならば、人間とは何か、という命題を常に考える必要がある。自然科学における数学、基礎科学と同じように、文系にとっても（研究倫理だけでなく）哲学が重要なのである。

昨今、大学内で問題視されている枯れ木教授は、確かに存在している。しかしその生態は、論文を書かない、書いても「紀要貧乏」である、という事象に矮小化させてはならない。知的な活動を行い、それを社会に開く行為をしていない、という点で枯れ木教授を問題にすべきなのである。グローバル化の象徴を英語論文の多寡だけを問題にするような愚かしさが横溢するなか、学問の蛸壺化によって文系でも近代の野蛮人や、教養のない大学人が増えている。また、若手の研究者にも、業績を単なるポイント制としてのみ考えるような者が増えている。文系の場合は基本的に、専門教育を若手教員に、教養教育を教授等の年長者に担当させる必要がある。若手教員には、専門教育と研究における学問の総合化を課題にさせるとともに、教授には、一般に理解できるような学問の面白さをつたえるような努力が必要である。そして、長期的に、大学教育学院等において文系研究者の底辺を拡大することによって、文系研究者の質的向上と裾野を広げる努力を図るべきである。

V　高等教育機関・大学の使命

日本の場合、高校生の段階で、文系・理系を選択させ、医学部なら医者、教育学部なら教師等と、それにともなう職業まで選択させている。このため、生徒・学生は、大学・学部を専門性で選択するため、教養教育を軽くみる傾向がある。職業専門人養成としてはそれでよいかもしれないが、国際的に通用するリーダーの育成にはならない。大学は、高校生に、未だに自分の大学でなにが学べるか、というような学生向けの宣伝を行っている。しかし、よく考えてみれば、総合大学であるかぎり、学べないとはいえないので、結局、なんでもと答えている。そのようなことに時間と労力をつぎ込むよりも、基礎教育・教養教育を能力ある高校生等に大学が開放し、彼らの関心と能力を伸ばしたほうが良いのではないだろうか。なによりも、彼らをして、将来のリーダーに成長させるために必要な教養を早期に学ばせたい。

大学生には、第四次産業革命を人間として生き抜くために、スキル教育、教養教育、基礎教育に専門教育を提供しなければならない。そこにはバランスが必要であり、また、彼らの希望をかなえる多様なコースを提供する必要もある。

さらに、第四次産業革命の結果、多くの人間が失業し、新たなシステムへの対応を求められる者もいる。スキル教育は、そのために必要であろう。しかし、何よりも彼らに必要なのは、そこに人間としての尊厳があるということである。高等教育機関としての大学は、人に尊厳を与えられる存在なのか、常に自問自答すべきではないだろうか。

同時に、人生一〇〇年の時代である。六五歳で退職すれば、残りの人生は三五年もある。戦後日本を支え、発展させてきた彼らは、まだまだ働けるし、学びもできる。学問を趣味とするのも良いだろうが、誇りをもって働いてきた彼らには、働ける場所があるはずである。なによりも、少子高齢化のなかで、彼らの力が日本には必要なのである。特に、若者が活躍する社会を創生するうえで、彼らの経験は、モラル・リスク管理という点で若者をサポートするのではないだろうか。日本社会ほど、リスク管理に甘い社会はない。失敗したら、下に責任を取らせてやり直せばよいなどということは、国際社会では通じない。そもそも、国際社会で、責任を取らないリーダーなど必要とされないのである。日本のリスク管理の底が抜けているのは、リスク管理を単にデータを守ることにあるなどと考えているところにある（データは人の頭の中、記憶と体感のなかにもあることを往々にして忘れている）。リスク管理としての検証システムをきっちり位置付け、経験と意欲がある退職・高齢者を採用すべきであろう。このための再教育機関としての大学、あるいは、それを学問化する大学院などの整備も必要なのである。(1)

Ⅵ　政府のやるべきこと

教育投資の効率化を名目として大学を締め付け、単に企業の要求をそのままに行わせることがあってはならない。政府の第四次産業革命をめぐる現状認識は、正しい。しかし、国立大学法人化には多くの問題があり、少子高齢化のなか、地方創生にも第四産業革命にも充分対応していない。大学改革にあまりにもコストがかかっており、迂遠でもある。そして、なによりもボタンの掛け違いがある。

第一に、大学改革とは、次世代次々世代のリーダーや優秀な科学者、尊厳を持った国民・市民を創ることにある。そして、国際社会にも貢献する人間の育成のためにある。国立大学を公共財であると考え、研究機関としてのみ理解するのではなく、なによりも準公共財・高等教育機関として再生することが重要である。このためには、公共財としての研究所を大学から分離し、独立行政法人化することが必要である。

第二に、大学改革は、地方創生の起爆剤として利用すべきである。そのために、地方において国公私立大学が連携したリベラルアーツ型の教育システムを創設して、広く社会に開くことを目指すべきである。

第三に、国立大学を改革するにあたり、日本版の州立大学化を行うべきである。このためには、国立大学法人法を改正し、国立大学を学問の自由を保障する教学組織と管理運営組織を分離し、前者に学長・教員を配置し、後者に理事長・職員を配置して業務の合理化と地域・社会・市民・企業との連携を図る組織とすべきである。大学教員には管理運営能力を強要するのではなく、本務である教育・研究に専心できる環境（財政的安定）を整えることが重要である。そのうえで、各大学の管理運営組織を統合して、複数の国立大学を有する法人を設立すべきである。科学立国の基盤は、広範な底辺を有し、効率的な再配置とするシステムの構築にある。国立大学の州立大学化は、戦後教育改革を完成させるためにも必要である。

第四に、理系では、研究費補助金や寄付金のあり方を変え、若手研究者育成を第一に考えるべきである。若手研究者個人に投資し、能力のある若手研究者が研究を行えるような研究システムへの転換が必要である。なお、理系における基礎科学研究と応用科学研究の評価を分け、同時に、文系の評価についても別途設定すべきである。今だけを問題とするのではなく、未来を創る投資として評価は行われるべきである。

第五に政府は、画期的な基礎研究と革新的な技術の応用について、大学と企業を結び付け、積極的な資金配分ができるシステムを独自に創るべきである。

第六に、大学の評価方法は、会計検査院のように恒常的に査察を行い、実態調査を基本とすべきである。大学、特に国立大学に欠けているのは、現状に関する客観的な視点であり、計画先行で実態からの立案でないことにある。実態と計画との誤差が評価なのであり、実態調査のない評価の問題性も明らかである。その意味で、現行、国立大学法人の監事制度は、見直すべきである。(2)

第七に、学校教育全体で大学改革を位置付け、国策として、長期的かつ安定的な教育投資を可能とするような、財源を付した第四の教育改革の計画を策定すべきである。

第八に、政府は、中央集権という画一主義ではなく、多元的な発展と真の地方創生のため、道州制の導入に真剣に取り組むべきである。現状の中二階のような都道府県を整理し、合理化すべきである。同時に、教育権も含め、行政権も財源とともに委譲して道州制に踏み切れば、住みやすさの競争のなかに教育と生き甲斐を織り込むことができ、地方の活性化につながるのではないだろうか。

以上の八点は、教育投資の効率化と科学立国に寄与し、何よりも地方創生につながるものと期待している。そして、何よりも未来の人間のためになればと考えている。

注

（1）なによりも、日本には「検証」文化が育っていない。この点が、大きな問題点である。拙著『アーカイブズと歴史学　日本における公文書管理』刀水書房、二〇二〇年六月、参照いただきたい。

（2）平成一三年「新しい『国立大学法人』像について」（中間報告）に対する国立大学協会は、監事二名の内、一名を学長推薦としていた。現行制度でも、一名は学長推薦でなく、文部科学大臣が指名任命することとすればよいだろう。

おわりに

第一部で明らかにしたように、大学は、社会制度の一部であったがゆえに、象牙の塔が本来、深遠な学問の世界を高度化する場所であったものを、政治的拠点化と読み替えた者がいたことが問題であったのではないだろうか。

理事会制度の制度設計を明確に行えば、納税者・国民に説明でき、社会に開く教育機能を当然のこととしていれば、大学改革も、高度大衆社会に適応したものと理解されたであろう。大衆化した大学教員も自らを省みて自覚し、教育・研究に専念すれば問題はなかったのかもしれない。

しかし、東西冷戦という国際環境は、イデオロギー対立を大学内に持ち込み、真理の追究という学問的営為と政治的行動を同一視することともなった。問題は、大学人が現実に対する洞察力を欠き、希望的な観測で行動する戦前期の失敗を繰り返したことにある。

東西冷戦とポピュリズムにみられる二項対立的な考え方は、安易でわかりやすいものであるが、今日の世界が実証しているように、分断と憎悪を生みやすい。その意味で、本書の第一部で明らかにしたように、逆コース論にみられる歴史認識と思考方法が、漸進的な民主化を阻害し、真に守るべきものを失わせてしまっているのでないか、とも考えている。同様に今日、古くて新しい経済至上主義的な唯物論が、新たな分裂と憎悪を生みつつある。そうであるがゆえに、大学は、本来多元的である自由と豊かさを創出するシステムとして機能すべきではないだろうか。

このようななか、第四次産業革命が進行中である。日本は、第四次産業革命に乗り遅れつつある。その危機感も、現在の大学改革を混乱させている大きな要因の一つである。

『第四次産業革命』の著者、クラウス・シュワブは、全ての人間が第四次産業革命により、多大の恩恵を得るはずであり、得なければならない、としている。同時に、「多様で複雑で破壊的な威力を秘めた技術がもたらす」第四次産業革命のなかで、人間はいかに生きるかがクラウスの著書の主題であるが、実は、三つの問題点がある。

第一は、クラウスの思考には、「自由からの逃走」（エーリッヒ・フロム）の地・ドイツに生まれたにもかかわらず、どこか牧歌的な民主主義に依存しているのではないだろうか。あるいは、それは、リーダーだけの民主主義なのであろうか。

第二は、機動的で柔軟なリーダーシップの必要性を唱えているが、その行動を検証するシステムがないことである。

第三に、あくまでも人間中心主義として「寛容さや尊敬、配慮、思いやり」が必要だ、としているが、どうすればそのような人間を育成できるのか、という視点がないのである。

日本でも、第四次産業革命に対応すべく、大学改革が盛んであるが、どうも、中央教育審議会の「高等教育のグランドデザイン」等を読む限り、パッチワークで玉虫色、第四次産業革命に乗り遅れているためか、現状に汲々としているようにみえる。

第四次産業革命といわれる今日の状況は、約五〇年前の第三の教育改革と呼ばれた四六答申「今後における学校教育の総合的な拡充整備のための基本的施策について」（昭和四六年六月答申）の時とも状況が似ている。

一九七〇年代は、第三次産業革命下にあり、人間の疎外、人間性の回復が主要テーマであった。象牙の塔を自負していた大学が学生の反乱を契機に敗北し、社会に開く存在となることを決められた時期でもあった。当該期、高校進学率が七割となり、大学のマス化が進行していた。このため、長期的な教育政策と、その実施が必要でもあったのである。

そして、今日、一八歳高校卒業者の大学進学率は、現在四九・一％（平成二七（二〇一五）年）であるが、二〇四〇年には大学進学率は五七・四％となることが想定されている。二〇四〇年、高等教育機関全体の進学率は八三・六％になるが、進学者数は、平成二七（二〇一五）年と比較して約二三万人減、大学だけでも約一二万人減少し、約八割の規模となると想定されている。(1)

今日の大学は、高度大衆社会が限界点にあるなか、第四次産業革命のもとで、より社会化を必要とされている。しかし、対応できず、国立大学では国の大学類別化のなかで誤った選択をしたりして、構成員（教職員）が苦しんでいるのが実態である。

少子高齢化し、停滞感が漂う日本は、豊かな人間性とは何か、幸福とは何か、ということを考え、豊かさの質的転換をしなければならない。大学とは、本来、その質的転換の拠点なのである。

四六答申の基本的な姿勢であった人間の育成の「人間」を「人材」に置き換えたものの、今日、必要とされる人間は「材」では足りない存在となっているのである。

グローバル化した国際社会のなかで、日本が負け始めているという危機感は正しいが、それはなぜなのか、なぜそうなったのか、ということを直視するため、検証しなければならない。(2)

長期的な教育政策を展開できなかった政府の責任は明らかである。四六答申で指摘されていた首都圏を中心とする文系私立大学の乱立は、仕方のないところもあるとはいえ、長期的な展望にたったものではなかった。そうであるがゆえに、今日、政府は、遅ればせながら教育振興基本計画を三次にわたって策定し、高等教育のグランドデザインも明らかにしている。

しかし、四六答申とは違い、これらの計画には次の四点が欠けている。

第一は「人間の育成」という観点である。

第二は、多様さ・柔軟さをうたいながら、「先導的試行」にみられた教育システムの柔軟さが具体的に提言されていない、ということである。四六答申では、五歳児教育の重要性が提案され、幼稚園と小学校の連携が提案されたが、「学習指導要領」を金科玉条とするお役所的な発想と、教員免許の問題や、経営主体の問題からうまくいかなかった。高校と大学の連携の必要性は、確かに学問の自由のもとにある大学教育と、「学習指導要領」のもとにある後期中等教育とを明確にわけなければならないが、優秀な青少年のために、大学の枠組みのなかで開く必要性がある。

幼児教育は、東京などで「塾」「スクール」というエリート教育として既に展開されており、地方との間での教育格差をもたらしている。学校教育だからこそ、地方を優先して「先導的試行」を行うべきではないだろうか。

第三に学力と能力を明確にわけていないのである。教育の基本原則に機会均等がある。しかし、人間には個性があり（無理やり「ない」個性を表す者もいるが）、能力に違いがあり、これにともなう志向性も違っている。才能がありながら、地方にあるがゆえに教育機会に恵まれず、また、格差社会のひろがりのなかで、その能力を発揮できないとなれば、それは、国家の、世界の、そして人類の損失だと考えなければならない。学力重視だけでなく、個性あふれる多様な能力開発が重要なのではないだろうか。単線的で固定化された日本の学校教育の枠組みをより柔軟にしてもよいだろう。

第四に、問題発見・解決能力など、常に前向きなのが昨今のトレンドである。しかし、人間だからこそ、間違える。あるいは、人間が介在しているために、予想とは違う結果となる（経済予測が大きく外れる所以である）。そもそも、人は嘘もつくのである。だからこそ、恒常的な「Check」が必要で、柔軟な路線変更が可能となる機動的なガバナンスが必要だとされるのである。しかし、第二部で明らかにしたように、「ＰＤＣＡ」サイクルの最大の問題点は、現実を無視し、理想値を前提とした「Plan」であり、目標値を「Plan」として押し付けているだけではないだろうか。このために、無意味な競争や書類書きにコストをかけ、結果として「Check」をごまかす、こんなことが大学でも横行している。研究者の倫理観は問われるが、大学そのものの倫理観は？　と思えるようなことも日常的である。現実を直視するうえで、大学に限らず組織は第三者による「Check」によって常に検証をうけるシステムが必要である。柔軟さは結構なのだが、それが正しいのか、という疑問とそれを検証するシステムがなければ、第四次産業革命下、地球全体の生態系まで影響を及ぼしかねない問題なのである（ジオエンジニアリング）。

長期的には、それが国や地域、世界の文化・文明としての展開・発展ともつながり、新たな知見と政策的な修正をもたらすものであろう。宗教的な倫理観を有していないこの国では、研究でも、厚生労働省でも、公文書管理問題でも、多くの倫理的な問題が多発し、国際的な信用を損ねる大きな問題ともなっている。教育についても公正・中立の検証機関の再構築は、信用創出の要なのである(3)。

今日の日本は、少子高齢化のなかで、高度経済成長の一発屋的な発想から、人間としての豊かさと幸福というものを考え直す良い時期であろう。日本は、これまでに得た豊かさを全人類的に展開する使命も持たなければならない。学問の府・知の拠点である大学を考え直す好機でもあるだろう。

国の政策は、基本的に現状認識として正しい。しかし、急激な改革は、対処方法もなく実施されれば、混乱と無秩序を生み、体制として勝者総取りや全体主義、独裁を生み出す温床となってしまう。それだけに、コストを最小限とし、それでいて斬新な配置転換と、地方創生につながる大学改革にしなければならない。

その意味で、第三部では、地方・ローカルな立場・視点から考えたのである。大学という存在は、本来、地方創生の核となる存在である。もはや、国立・公立・私立大学などと差別したり、争ったりする時間的な余裕はない。また、国立大学法人化がアメリカの州立大学を模したものであるにもかかわらず、それを単に拠点をどこに置くか、という問題にすりかえて、愚かな地域対立などをしている暇もない。一極集中化した東京は、第四次産業革命のなかで、移動時間・経費、物価、日本人らしい感性や郷土意識のなさ等負の地域となる可能性もある。実際、コロナウィルス等、感染症リスクは、東京が最も高いのである。

にもかかわらず、国の政策はいつでも東京的であり、また、画一的な中央集権的なものである。地方国立大学が東京大学を単にまねて総合大学化した過去の失敗を教訓に、異なる発想をしなければならないだろう。一方の地方国立大学では、これに呼応するかのように、国際標準をふりかざしつつ、国際的な研究大学が必要だと説いて回っている者もいるが、今のことしか念頭になく、そのこと自体にオリジナリティはない。

自由主義・民主主義にとって最も大切なことは、多元的な価値を認めることであり、画一と統一は、自由の敵である。ローカルであるからこその創造性を構築し、将来への希望を失いつつある青少年に、郷土を背景とした追い風を与え、人間として生き抜く力を身につける高等教育機関としての大学が今日必要なのである。

そもそも、ビル・ゲイツ（マイクロソフト）やスティーブ・ジョブズ（アップル）、ジェフリー・プレストン・ベゾス（アマゾン）が最初からグローバルだったわけではなく、郷土を捨て、都市を捨て、国を捨てた者が、グローバル人材になるわけでもない。

今日の状況は、よりローカルな着眼点が、実は新たなグローバルの芽となり、花にもなるのだと思っている。日本が経済でグローバルな世界のトップランナーたりえたのは、そのローカルな日本人の特質にあったのではないだろうか。(4)

国立大学が準公共財としての高等教育機関である理由は、大学が、今の必要のためにだけに存在するのではなく、人間の育成という使命をもって、将来必要となる人間と、研究の芽を生み出すためにある。

そうであるからこそ、利那的にも見える教育無償化などの政策も、大学の類別化も、ローカルであるからこそ、新たなグローバルを生み出すことができるのではないだろうか。

そして、最後に。「真理はわれらを自由にする」、国立国会図書館の図書カウンター上部に刻まれた文字は、学問とともに存在する言葉である。

しかし、そのもとになったヨハネによる福音書（八章二一－三六節）は、真理を知らない者は「自分の罪のうちに死ぬ」とされている。単なる科学主義万能、経済的合理主義、残念ながら、これらだけを唱える者に真理を知る者はほとんど居らず、「自分の罪のうちに死ぬ」べき存在なのだろう。

学問の自由は、単に今いるだけの大学人を守るだけのものではない。真理を知ろうとしない者は、自由を得ることはできない。同時に、それを教育に活かすこともできないのである。

敗戦後の占領下、大学紛争時、そして、今日。大学人が失ったものは、教授会自治としての大学の自治などという大学人の自己満足なものだけではない。今日の大学における民主集中制としての自治によって大学人と職員が苦しんでいるのは、社会に開く存在とされながら、民意を受け入れるシステムを受容できなかった「罪」なのではないだろうか。

本書において森戸辰男は、教養の重要性を説いた。そして、それを教育とする時、天野貞祐と同じく人間の形成と、実践とシステムの形成に心を砕き、努力し続けた。教養の重要性は認識していたものの、象牙の塔としての大学の自治に固執した南原繁は、東大総長退任後、再び「洞窟の哲人」として思想の内在化を目指した。しかし、その後の大学人は、南原の内在化した成果ではなく、南原の固執のみを継承したのではないだろうか。その後、大学人は、南原の固執を政府対大学という二項対立として理解し、自らを常に被害者とするなかで、敗北と欺瞞を正当化してきた。しかし、本質への問いかけを持たないがゆえに、大学は外と内から「近代の野蛮人」に蹂躙される存在に墜している。とはいえ、大学は、「自分の罪のうちに死ぬ」ことを強要されるだけではあってはならない。なぜならば、第四次産業革命という今日の状況は、改めて「人間の育成」を必要としているからである。そうであるがゆえに、本書では、高等教育機関としての大学再生のための解決策として第三部をあてたのである。

そのうえで、必要とされる教養とは何かであるが、それは単に古典を読むことだけを意味しない。[5] 多元化された自由のなかで、新たな創造を行う者は、常に知識を内在化させて真理を問い、社会に問いかけて会得するものである。教養も、多元的な存在であり、唯一ということはない。そうであるがゆえに、リベラルアーツ型の可変性あるシステムが必要なのだと考えている。

注

（1）「二〇四〇年に向けた高等教育のグランドデザイン」中央教育審議会答申、平成三〇年一一月二六日。https://www.mext.go.jp/b_menu/shingi/chukyo/chukyo0/toushin/1411360.htm（二〇二〇年六月二〇日）

（2）本書を書いている令和二年六月現在、世界に蔓延する新型コロナウィルスによって、感染が経済格差（教育格差を含む）のなかで進んでいるため、格差の根源としてグローバリズムも俎上に上がっている。確かに、新自由主義のもと、貧富の格差は拡大した。格差の是正は必要であるが、それを、マルキシズムのような古き革袋で解決が可能だとは思えない。また、この状況を利用した自由を制限する動き、「一九八四年」を現実化させるような動きも不気味である。そして、なによりも、人間が自由から逃走し、全体主義に飲み込まれるようなことを最も恐れている。第四次産業革命にみられるテクノロジーの発達による社会変革は、むしろ加速される状況なのであり、そうであればこそ、より、リーダーにふさわしい「人間の育成」が必要なのである。特に、日本にいれば、それが強く理解できるのではないだろうか。

（3）拙著『アーカイブズと歴史学　日本における公文書管理』刀水書房、二〇二〇年、参照。現行の国立大学法人評価委員会等「Check」機関は、国内の無意味な競争に基づく膨大な提出書類の審査であり、大学側も評価側も多大な労力・コストをかけている。州立化すれば、比較対象は減ることとなる。州（学区）間の個性化による競争は、国家的な審査を必要としない。今日的な意味で監査の対象となるべきものは、主に先端的な研究・病院等であり、これらが独立行政法人化して文部省直轄下となれば、評価業務は著しく軽減されることとなるだろう。州立大学化した場合、大学法人の監事一名を文部科学省・中央教育審議会より派遣し、恒常的な監査を行うようにすればよいだろう。また、監査は、会計検査院のような権限を持ち、実地を含むようなものでなければ意味がない。

（4）コロナウィルスに適切に対応したのは、台湾であり、シンガポールであり、ニュージーランドであった。適切な規模を持ち、また、過去を検証し、それを適切に活かした結果でもある。ローカルも、今日のような細分化されて機能的ではない都道府県制度ではなく、道州制を導入し、地方自治による公的機関の合理化が必要なのである。

（5）その一つの試みが、広島大学難波紘二教授が中心となって行った『大学新入生に薦める一〇一冊の本』（岩波書店、二〇〇五年）であった。

追記

宇宙　そこは最後のフロンティア
これは
USSエンタープライズが―
任務を続行して新世界を探し―
新しい生命と文明を求めて―
人類未踏の地に航海した物語である
（映画「スタートレック」エンディング）

宇宙探査船USSエンタープライズが宇宙に旅立ったのは、二三世紀・西暦二二六四年のことであった（映画「スタートレック」では、宇宙暦二二六〇年）。宇宙の神秘、未知なる生命、新たなる文明と出会いを可能としたのは、個性豊かな乗組員たちのチームワークとジェームズ・T・カーク船長の不屈の精神とリーダーシップによってであった（各シリーズの艦長は、まさにリーダーであるが、個性的であり、私自身は、スタートレックヴォイジャーのキャスリン・ジェインウェイが好きである）。

二三世紀、地球人は、人類の幸福に貢献することを使命として生き、その能力と個性にあった職業についている。貨幣は存在せず、個々の使命達成のために生きている。そのフロントランナーが惑星連邦宇宙艦隊であり、未知との遭遇と交流が人類の幸福につながると信じている。そして、個性豊かな乗組員たちは、博士号を有する科学者でもある。

第四次産業革命後の社会や世界がどのようなものなのか……、実は、第四次産業革命の著者、クラウス・シュワブは、必ずしも明らかにしていない（『第四次産業革命』、『「第四次産業革命」を生き抜く』）。きっと、クラウス・シュワブが理想とする未来社会は、スタートレックの世界に近いのではないだろうか。

しかし、スタートレックの地球は、二〇二六年、アメリカ合衆国と東部連合（ＥＣＯＮ）の間で、双方が核兵器を使用した第三次世界大戦を行っており、世界で約六億人もの犠牲者をだしている。

その後、世界各地で政府や社会秩序が崩壊し、独裁者が台頭、暗黒時代を経験するのだ。地球が統一され、地球人が人類の幸福を使命とするのは、二一五〇年、一〇〇年もかかってのことなのである（平行世界の地球では、暗黒時代が続いており、独裁者が支配するならず者国家となっている）。

また、エンタープライズや、ＤＳ９、ボイジャーが出会う宇宙人達も個性豊かである。

理性と論理を重んじるバルカン人や、戦士としての名誉を重んじるクリンゴン人、軍国主義者ロミュラン人や奪うことで生きてきたカーデシア人、ラチナムの延べ棒を貯め込むことに一生を捧げる超資本主義者のフェレンギ人等、個性的であるが……、地球人もこれらの種族のようになるのかもしれない。実際、クリンゴンは冷戦下のソ連、ロミュランは中国、フェレンギは日本がモデルとされている。

あるいは、新スタートレックおよびスタートレックヴォイジャー最大の敵、個を否定して一つに統合された集合意識のもとに他の種族を同化して拡大を続けるボーグのようになるのかもしれない。その構成員であるボーグ・ドローンは、サイバネティクスによって強化されたヒューマノイドであり、個人としての意思を持たない機械人間なのである。[1]

教育の重要性とは、どのような「人間」を育成するかにある。クラウスの理想は、エンタープライズや、ヴォイジャーのクルーなのであろう。現在、個性豊かな人材の組み合わせによる創造性豊かな社会、政府が目指している理想の社会像もそれに近いもののように感じている。

しかし、高等教育機関である日本の大学、特に国立大学を、象牙の塔、白い巨塔の意識のままにし、「近代の野蛮人」の言う通りにしていたのでは、フェレンギ人のイメージを払しょくできず、また、単にドローンを育成する組織にもなってしまうのではないだろうか。

現状の大学人の良いところと、足りないところを認識し、科学立国の基盤を育成しつつ、将来に向けて、社会性を有した科学者・研究者を、なによりも教養を持った市民と教養豊かな指導者を育成すべきだろう。同時に、大学人は、何よりも今の自分と自らの大学を客観的にみなければ始まらないのではないだろうか。

地方国立大学の適正再配置において、そもそも、研究型と地方型という便宜的な類型化それ自体が東京的である。地方型の国立大学の連携と研究の合理的な再配置によって、東大・京大にない、それぞれが伝統と個性を持った大学として共創社会を地方に形成する、ということが、地方創生のためにも重要である。また、地方創生は、なによりも教育によってであり、そこには、国公私立の違いがあったとしても、教育という目的で一致できるはずである。そのような仕組みを作らずして、教育負担額が世界でも屈指の国民に、政府はなんと答えるのであろうか。

第四次産業革命だけでなく、今の日本には、問題が山積している。日本は、少子高齢化のなかで、老朽化しつつある社会インフラを維持できるのだろうか。そもそも、赤字国債は敗戦時並みである。

北海道伊達市のように地方はどこも、過疎化のためコンパクトシティー化して社会インフラに対する出費を極力すくなくしなければならないかもしれない。それでも維持できるだろうか。少子高齢化で過疎化が進んでいるなか、医療や自然災害、地方は本当に、大丈夫なのだろうか。

一方、国立大学に行政改革や構造改革をぶつけておいて、公的セクターはそのままというのも腑に落ちないことである。道州制の話は、どうなったのだろう。大阪を都にすることだけが問題ではないはずである。

ただし、道州制は、地方が自立する権限と財源の委譲が前提でなければならない。国立大学法人化のような形で、道州制も導入されるとなれば問題である。国立大学法人化は、財政が安定せず、競争的資金・外部資金のためにコストがかさみ、個性化どころでないためである。

第三部で述べた国立大学の州立大学化は、ある意味地方自治の再編を前提とした地方創生・地域活性化の一つの核である。教育権の統合が先行する「先導的試行」でも良いのだが……、本来は、行政権の地方委譲と同時かその後がふさわしいのはいうまでもない。

なによりも重要なことは、大学にとって最大の資産は、土地建物でなく人である。大学は、人間を創る場所であり、学生と教職員、そして多くの卒業生等が資産なのである。その大きな資産を大切にすることなく、また、活用を怠っていたのではないだろうか。

とはいえ、何度もくり返すが、地域的な協働・共創は弱者連合であってはならず、地方の活性化につながるためには財政的な自立は欠かせない。

東京とは違った、地方ならではの感性や自然に親しみを持ってきた自分にとっては、一極集中だけでなく、多様な日本を大事にすることの重要性を感じている。そして、個性とは、地域にある人との対話によって形成されるもののはずである。

郷土に生まれた若者が郷土に活路を見出し、郷土を愛し、都市を愛で、国を誇りとして国際社会で活躍する。そして、老いてなお、その経験をリスクマネジメントとして働き、郷土や都市、国に仕事を残し、自らの誇りを後世につなげていく。

若者が未来に期待し、年長者が尊敬されるような社会を日本は、失ってしまっているのではないだろうか。

少子高齢化のなかで幸せの価値観も世代により多様化しているが、学び、働き続けるという生き方があってもよいだろう。「働かざるもの食うべからず」である日本社会にとっては、誇りを持って働き続けることができる社会こそが、少子高齢化のなかでふさわしいとも考えている。

学びには、常に発見があり、それを自らの経験とともに内在化させていく営みは、人間として重要なことではないだろうか。

その意味で、今日の大学改革は、あまりに刹那的である。今だけを追求して前しか見ていない。それでは、豊かさを実感できないのではないだろうか。

四季のゆたかな日本に住みながら、路傍に咲く小さき花をみつけることもできない、そのような人生は、どこか寂しいように思うのは私だけであろうか。真の豊かさとは、もしかしたら、その小さき花なのかもしれないのに、とも思う。

注

（1）『スタートレック完全ガイド』別冊宝島、二〇〇七年。

あとがき

本書の校正中に政府による日本学術会議新会員任命拒否問題が起きた。日本学術会議は、本書第一部の主人公・森戸辰男（文部大臣）のもとで設立された。しかし当の森戸自身、後に原子力の平和利用をめぐって日本学術会議の対応を「学問の自由」を侵害すると批判し、大学の自治をめぐっても対立した。しかし、今回のような説明不能な任命拒否については、「学問の自由」の侵害であると、森戸も指摘したであろう（森戸は、南原繁が「曲学阿世の徒」と非難された次の朝、南原邸に呼ばれた一人でもあった）。

そもそも、日本学術会議の会員を「国民に理解される存在であるべきだ」とすること自体に無理があり、また、それが単に政府の都合であれば戦前への回帰であり、憂慮すべき問題である（『毎日新聞』二〇二〇年一〇月二一日）。

本書は、日本学術会議会員の多くが大学人であることを考えれば、日本学術会議問題の根本的な原因とその解決方法も含んでいる。根本的な解決方法は教養ある人間の育成であり、制度的には大学の「高等教育機関」としての再生・再編であり、これにともなう研究所・病院の独立行政法人化・外部化である。この過程で、専門家としての大学人も、アメリカのように類別化されていくこととなろう。

今日の国立大学は、「高等教育機関」ではなく、「研究機関」化し（それも今回の騒動でインパクトファクター論文がないなどとツイートして炎上したどこかの教員のような者が中心である）、一方で、身内で固めた役員会で経営責任を問われることもないブラック企業化している。身をもって知っているだけに、大学、特に国立大学が学生本位の高等教育機関として再生され、合わせて地方においては、ローカルであるからこそ、新たなグローバルを創成できる教育組織へと再編されることを心から願っている。

なお、本書の初出については次のとおりである。

第一部

第一章「学問の自由と大学の自治をめぐる戦前と戦後―森戸辰男を中心に」『日本歴史』第七七二号、二〇一二年九月。

第二章「森戸辰男と「文化」ヘゲモニー―一知識人の行動、その戦前と戦後」『史学研究』第三〇〇号、二〇一八年七月。

第四章「森戸辰男の一般教育観」『広島大学文書館紀要』第一四号、二〇一二年三月。

第二部

第一章「国立大学法人の過程」『地方国立大学にとっての国立大学法人』広島大学文書館研究叢書1、二〇〇八年一月。

第二章「国立大学法人化後の法人文書管理とアーカイブズ―広島大学を事例として」『広島大学文書館紀要』第一九号、二〇一七年三月。

これ以外は、全て書きおろしである。

最後に、本書が刊行できたのは、現代史料出版の赤川博昭氏のおかげです。改めて感謝いたします。そして、本書は、私を支えてくれている家族と支援していただいている方々に捧げたいと思います。

小池聖一（こいけ　せいいち）
1960年　大阪府高槻市に生まれる
1985年　中央大学文学部卒業
1990年　中央大学大学院文学研究科博士後期課程単位取得退学
1990年　外務省外交史料館日本外交文書編纂担当官（～1995年）
1995年　広島大学助教授
2008年　広島大学教授
現　在　広島大学人間社会科学研究科教授　博士（史学）
主要著書　『アーカイブズと歴史学』（刀水書房 2020年）
『近代日本文書学研究序説』（現代史料出版 2008年）
『満洲事変と対中国政策』（吉川弘文館 2003年）
『大橋忠一関係文書』（共編、現代史料出版 2014年）
『解明・昭和史』（共著、朝日新聞出版 2010年）
『広島から世界の平和について考える』（共著、現代史料出版 2006年）
『蔣中正與近代中日關係』第二巻（共著、稲郷出版社（台湾）2006年）
『「南方共栄圏」戦時日本の東南アジア経済支配』（共著、多賀出版 1995年）

日本における大学の自治と政策

2021年1月15日　第1刷発行

編著者　小池聖一
発行者　赤川博昭
発行所　株式会社現代史料出版
〒171-0021　東京都豊島区西池袋2-36-11
TEL03-3590-5038　FAX03-3590-5039
http://business3.plala.or.jp/gendaisi
発　売　東出版株式会社
印刷・製本　亜細亜印刷株式会社

ISBN978-4-87785-364-8